THE ONLY THREE QUESTIONS
THAT STILL COUNT

投资大师肯·费雪说
投资中最重要的三个问题

INVESTING BY KNOWING WHAT OTHERS DON'T

［美］肯·费雪（Ken Fisher）　劳拉·霍夫曼斯（Lara Hoffmans）

珍妮弗·周（Jennifer Chou）　著　马林梅　译

中国青年出版社 CHINA YOUTH PRESS　中青文传媒

图书在版编目（CIP）数据

投资大师肯·费雪说，投资中最重要的三个问题 /
（美）肯·费雪（Ken Fisher），（美）劳拉·霍夫曼斯（Lara Hoffmans），（美）珍妮弗·周（Jennifer Chou）著；马林梅译.
—北京：中国青年出版社，2020.9
书名原文：The Only Three Questions That Still Count: Investing By Knowing What Others Don't
ISBN 978-7-5153-6135-2

Ⅰ.①投… Ⅱ.①肯… ②劳… ③珍… ④马… Ⅲ.①投资—基本知识 Ⅳ.①F830.59

中国版本图书馆CIP数据核字（2020）第159686号

The Only Three Questions That Still Count: Investing By Knowing What Others Don't
Copyright © 2012 by Fisher Investments. All rights reserved.
Published by John Wiley & Sons, Inc., Hoboken, New Jersey.
This translation published under license with the original publisher John Wiley & Sons, Inc.
Simplified Chinese translation copyright © 2020 by China Youth Press.
All Rights Reserved.

投资大师肯·费雪说，投资中最重要的三个问题

作　　者：[美]肯·费雪　劳拉·霍夫曼斯　珍妮弗·周
译　　者：马林梅
策划编辑：肖颖慧
责任编辑：庞冰心
文字编辑：张祎琳
美术编辑：张　艳
出　　版：中国青年出版社
发　　行：北京中青文文化传媒有限公司
电　　话：010-65511272/65516873
公司网址：www.cyb.com.cn
购书网址：zqwts.tmall.com
印　　刷：大厂回族自治县益利印刷有限公司
版　　次：2020年9月第1版
印　　次：2023年3月第2次印刷
开　　本：787×1092　1/16
字　　数：237千字
印　　张：29
京权图字：01-2019-4811
书　　号：ISBN 978-7-5153-6135-2
定　　价：79.00元

前　言

我有什么资格告诉你一些重要的事情

我是谁？我有什么资格告诉你任何事情呢？更不必说重要的事情了，或者我怎么敢说重要的问题就三个，而我又恰好知道它们是什么呢？为什么你要阅读我写的内容？要听我的话呢？

2011年修订本书第二版时，我已经在投资行业打拼了近40年。我创立了世界上规模最大的独立全权委托资金管理机构并担任其首席执行官，为全球数以万计的高净值个人和机构服务，包括大公司、公共养老金计划、慈善基金和基金会。我为《福布斯》（Forbes）的"投资组合策略"专栏写作已长达27年，是该杂志历史上撰稿时间第四长的人。我还定期为英国和德国的财经刊物撰写专栏。截至目前，我已出版了8部著作，其中有5部（包括本书）畅销全国。虽无心插柳，但我还是幸运地名列《福布斯》美国400富豪榜。

就人的一生或某段职业生涯而言，这都是无上的荣耀，但我想告诉你的是，我从多年的职业生涯中积累的主要经验是：对投资最重要的只有三个问题，自我动笔写这本书以来，我的看法从未变过。

实际上，只有一个问题最重要，或者至少有一个问题真正重要，但我不知道如何以简单实用的方式表达这一问题，因此才将其一分为三。

那么，真正重要的唯一问题是什么呢？金融学理论已经讲得很清楚了，那就是：通过某种方式，知道独家信息，这是投资唯一合理的依据。因此，这唯一重要的问题就是：

你掌握哪些独家信息

大多数人掌握的信息都是众所周知的，大多数人不认为他们应该掌握独家信息，为什么会这样，我们之后会解释。但是，你必须掌握独家信息这种观点并不新颖。上过大学基础投资课的人都学过这一点，只不过大多数人忘了而已。

不回答这个问题（你掌握哪些独家信息？）就想获得好的投资结果或跑赢大盘是徒劳的。换种方法解释就是，市场能够合理地对当前已知的信息定价。这一观点并无什么新意，它早已是基础的金融学理论之一了，而且在过去几十年里得到了反复的验证。如果你根据人人掌握（或有权访问）的信息做出市场决策，那么你肯定会以失败收场，因为你只是接受了市场自己提供的信息，并没有做出自己的判断。如果你根据报纸上看到的或与朋友、同事聊天的内容猜测大盘的走向或者领先、落后的板块或个股，那么，无论你有多聪明、多训练有素，你都不一定能得到好结果。你可能因好运而猜对，但更可能因运气不佳而猜错，结果可能比根本不做猜测糟糕得多。

我知道你不喜欢听我说这些，但我之前已经说过，我不知道怎样才能以对你有利的方式解释这个问题。我能做的就是向你展示如何掌握独家信息。

为完美的真理投上一票

为什么掌握独家信息如此重要？金融市场是众所周知的信息的"折扣商店"，通常情况下，在我们掌握信息之前，它们的价值就已经被反映在当天的价格中了。我们换一种方式来理解这个问题，即把股市与信息不打折的政治选举进行对比。

为预测全国大选的直接结果，专业的民意调查机构会建立一个能代表美国选民的样本，样本容量约为1000人，样本的预测值与实际的结果之间仅相差几个百分点。这套技术已经相当成熟，并经受住了时间的考验。估计你也已经对它习以为常了。选举前一晚举行民意调查时，我们知道其结果与实际的最终结果之间的差别在3—5个百分点内，这是因为民意调查选中的参与者很有代表性。

设想某个人能对世界上所有的投资者建立类似的样本，这一样本将包括适当比例的所有投资类型，比如，机构和散户、成长型和价值型、大市值和小市值、国外和国内等。假设民意调查机构得到的调查结果是股市下个月将大涨，那么股市真的会大涨吗？不会，因为当每个人都认为股市下个月将上涨时，只有傻瓜才会等到下个月才买入，这样，下个月就不会有后续的购买力推动市场走高了，因此股市可能会下跌或者保持平稳，但不会大涨。这个例子很简单，但它很好地说明了这一点：市场已经将广为人知的信息消化了，因此，人们预测的结果不会发生。尽管投资者都热衷于搜集信息，但他们所获得的信息都已经体现在股价中了。

相反，推动市场变化的往往是出人意料的因素，很少有人能提前预知接下来会发生什么。与人们的预期一致的信息不会推动股市出现大变化，因为投资者已经根据这些信息下注了。换句话说，你可能比另一位投资者更聪明、更睿智或更训练有素，但金融学理论认为，仅有这些还不够。当你掌握的信息与他人一样时，想靠聪明或训练有素击败他人的想法是愚蠢的。本书旨在展示如何掌握独家信息。

以独家信息进行投资

投资很难，但也是许多人毕生的追求。只知道对投资重要的问题还不够，还必须知道问题的真正含义是什么以及如何利用它们，之后必须反复实践它们！运用这三个问题与运用一门手艺或者简单的"致富三步走"策略不同，它们也不是击败市场的"必要事项清单"。如果真有这类清单的话，我就不会写这本书，你也不会读它了。我会把它写在《福布斯》的专栏中，你可以从中搜集你需要的信息，借鉴它们，然后赚得盆满钵满。但本书不是教你如何轻松赚钱的，而是教你如何以独家信息进行投资的。

学会了如何利用这三个问题，你就能做出更明智的投资决策，这样，与其他投资者相比，你就具备了一大优势。

想一想其他投资者吧！

投资不是一门手艺

有些投资者堪称白痴，你不怕与他们竞争，但如何与那些经过严格训练、做事认真、聪明绝顶且经验丰富的专业人士竞争呢？根据我的观察，即使是专业人士，他们的长期投资业绩也不见得比普通的业余投资者好多少。为什么会这样？因为尽管很多人都被告知过，要投资必须掌握独家信息，但他们忘记了或者忽略了这一点。

在一般投资者看来，投资就如同做木工活或治病行医，是一门手艺，这样的认知前提是错误的。他们不会把投资视为科学的探索活动，这正是我要向你强调的一个观点。我们先来看看他们如何看待投资。可能他们有一些青睐的信息源，比如，有线电视新闻、博客或来自投资大师的新闻通讯，他们可能会利用软件跟踪价格模式，可能有遵循的投资原则，比如，动量投资、逢低买入、有利空消息时买入。他们寻找买入或卖出的线索或信号，他们可能等标准普尔500指数和纳斯达克指数达到一定水平后买入或卖出，或者惊慌失措。他们关注着90日均线、监测着VIX（标准普尔500波动指数）或者其他预测大盘走势的指数（顺便提一下，从统计学意义上看，VIX是一个毫无意义的预测指数，但很多人每天都在使用它，往往得不偿失）。他们认为，投资类似于手工艺技能，可以通过勤奋和努力习得。他们认为，那些掌握了最佳技能的人必定是出类拔萃的投资者。

投资者会把自己分门别类，并发展相应的技能，例如，价值型投资者掌握的技能与成长型投资者相比略有不同。热衷于大市值股和小市值股的投资者、热衷于国内股和国外股的投资者也是如此。类似这一点在木工中表现得尤其明显，任何人都可以学习基本的木工手艺，尽管一些人更有天赋。如果你足够聪明，行医也是如此。这也适用于大多数以技艺为基础的运动，同样，一些人对某些运动更有天赋。会计、牙医、律师、工程师等，都是可学习的技艺，尽管不同的人需要投入的时间和体力或精力有所不同。

我们知道，学习一门手艺相对比较容易，无数的人在经过充分的训练和学徒期（掌握技艺必须的）后，学习效果都很明显。经过培训的会计师能做审计工作就是最佳范例。但股市中很少有人能跑赢大盘，无论是业余的还是专业的，能跑赢大盘的人凤毛麟角！因此，只靠学习手艺是不够的，精湛的手艺不足以击败市场。

金融学理论认为，不掌握独家信息，手艺帮不了你，这可能是业余投资者无法跑赢大盘的原因，但专业人士呢？专业人士至少要拥有执业资格证书才能向客户提供建议。投资理财专业的大学生和博士在读生花费了数年时间研究市场，他们学会了如何分析企业资产负债表，学会了计算风险和预期收益，还学会了运用广为人知的分析工具如夏普比率、R^2（拟合优度系数）和CAPM（资本资产定价模型）等，但他们跑赢大盘的概率并不比没有博士学位的人高。

一些有志成为专业投资者的年轻人很明智，他们在多年的理论学习之后，会投身到其他功成名就的投资大师门下做学徒。在这些大师的指导下，他们通常会学会一门手艺，就如同多年前铁匠收的学徒一样。一些人成长为通才，而另一些人成长为铸剑和制矛的专才，还有一些人专门铸造齿轮和犁头。今天，投资者的风格多种多样，这都是他们从师傅那里传承而来的。世界上有很多学历高、证书多、做过学徒的专业投资者，但他们中大多数人的业绩仍然落后于市场。

他们会从最简单的地方入手给个人提供投资建议，就如同我几十年前所做的那样。他们是你的股票经纪人、理财规划师、保险和年金销售人员。一些人会给出自己的预测和投资建议，但那些为大牌公司工作的人通常以公司的预测为准。从公司角度看，这无可厚非，因为这是它们控制大量员工的唯一方式。大公司会聘用教育背景卓越、受训经历丰富的员工，这些员工看起来或听起来堪当首席经济学家或首席市场策略师的大任，他们的主要责任是做预测。行业分析师会根据自身的经验和专业领域做出预测。这些著名公司的客户，无论是私人还是机构，不仅从经纪人的教育和经验背景中获益，而且有需要时还能从具有全局观、学识渊博的大佬们那里获得真知灼见。

那么，为什么知识渊博、专业精通、实战经验丰富的众多专业投资者仍然跑不赢大盘呢？他们都是聪明人，而且他们中的很多人都绝顶聪明，肯定比我要聪明。你可能也非常聪明，对吗？你可能比我聪明，但作为一名投资者，聪明不能保证你的业绩比我更出色，聪明和接受过充分的训练是好事，有博士学位也是好事，但有这些还不够，而且这都不是必要的。你必须掌握并利用独家信息，才能比那些更聪明的人做得更好。

因为，投资不是一门手艺

提高胜算的诀窍不在于锤炼技艺，而在于掌握独家信息。

开展更多的学术研究于事无补，学富五车的金融学博士知道，市场是非常有效的（尽管他们就多有效存在分歧）。通过一系列考试或者获得CFA或CIMA证书也说明不了什么，它们涉及的信息是其他数百万人都知道的，也是经媒体提炼后不断被提及的。订阅更多的杂志或者像专家那样冥思苦想也无济于事，他们讨论的都是已知信息，这些信息都已经被市场消化了。如果他们通过媒体告诉了你新信息，那么其他人很快就会知道这些信息，这些信息也会立刻被市场消化，这些信息就不值钱了（后面将介绍如何衡量异常信息）。

你可以研究技术投资，可以购买分析价格走势的软件，但这些做法收效甚微。你可以研究基本面，可以在市盈率达到一定水平时买入或卖出，但这样做效果也不大。你可以雇用头衔众多的人为你操作，但如果你把投资视为手艺活的话，你不会在长期跑赢市场。

当然，这么说也未必正确。若足够多的人尝试了这些做法，总会有那么几个人凭运气实现了目标，这就像有很多人排队掷硬币，有人会连续50次掷出头像朝上的结果一样，但这只是运气好的结果，你未必有这么好的运气，运气不是你投资或战胜市场的基础，你不能靠运气投资。

若投资是一门手艺，那么某种类型的手艺（或者是某些手艺的综合）总会展现出优势，总会有人找出战胜市场的正确组合，无论有多复杂，总有人能破解其中的奥妙！

如果从长期看，投资是一门手艺，那么必定会有特定手艺的追随者，与运用其他方法的投资者相比，他们的长期业绩必定优异，但事实并非如此；若投资是一门手艺，那么过去几十年里就不会出现成千上万册描述内容互相矛盾的技艺的图书了，在这些书籍里，大师、专家和资深人士在兜售相互冲突的策略；若投资是一门手艺，就不应该出现多种不同的策略，策略应具有可重复性和一致性。如果投资与木工、砖瓦工或配药一样是可学习的，其他人可以教你，你能有效地掌握相关技能，那么市场上就不应该有如此多的投资失败案例，你也不会花钱买这本书阅读了，因为我写的任何内容都会是老生常谈。

学习拉丁文的经历促使我开始像科学家一样思考

在我孩提时代，想成为科学家的人需要学习拉丁语或希腊语。总体来看，我算得上一名好学生，我学习拉丁语不是因为我想成为一名科学家，而是因为我不清楚其他选择，如西班牙语或法语的好处。因为周围没有人说拉丁语，所以除了富含人生哲理的小故事外，我把学过的其他拉丁语内容几乎忘了个一干二净。比如，恺撒大帝总是身先士卒，而不是像大多数将军一样跟在队伍后面，这可能是与领导力有关的最重要的例子。我在于2008年出版的《费雪论创富》（*The Ten Roads to Riches*）一书中详述过这个例子。

我从中学到的另一点是："科学"（science）一词源于拉丁语"scio"，是去了解、理解、掌握如何去做的意思。所有科学家都会告诉你，科学不是一门手艺，相反，它是永无止境的探索过程。科学家不会在某天早晨醒来就创造出一个方程式来表示万有引力。相反，牛顿首先提出了一个简单的问题，即"是什么力量让一切物体下落呢"。伽利略不是因为赞同亚里士多德的观点而被逐出教会，他只是问道："若星体的运转方式与人们设想的不一样会如何？"这一想法是不是很疯狂？

如果我们能面见那些青史留名的科学家，我们大多数人会认为他们是怪人。我的朋友史蒂夫·西列特（Steven Sillett）是当今首屈一指的研究红杉树的科学家，他改变了科学家研究红杉树的方法。他把带有钓鱼线的箭头射向了350英尺高的红杉树的顶部，然后在自己身上绑上结实的绳子，爬到树顶，在那里，他发现了无人知晓的生命形态和结构。把自己悬挂在离地350英尺高的绳子上是疯狂之举，这毫无疑问，但他提出了这些问题：若把树砍断，树顶上的生物不存在了怎么办？如果树顶上存在生物，那么这些生物与树之间存在什么关联？在此过程中，他发现了其他人未曾探知的秘密。

我为什么要说这些呢？大部分投资知识有待科学的探索和发现，它们不在书本里，也不是有限的。我们还不太了解股市的运行机制，尽管与50年前相比，我们进步很大，但与今后10年、30年和50年能够了解的相比，我们现在所知甚少。与许多专家和专业人士的看法相反，我认为，对资本市场的研究既是一门手艺，也是一门科学，其理论和方法在不断演变、增加和调整。我们正处于探索和发现旅程的开端，而不是结尾，从科学角度来看，我们正处于萌芽期。

科学探索提供了前所未有的机会，我们可以通过不断的学习了解市场的运行机制，这是我们之前不敢想象的。更重要的是，任何人都能学到现在不为人知但未来几十年内可能成为常识的知识。提供资本市场运行机制的知识是每个人的责任，无论你是否认同这一点，你都是其中的一分子。当你认同这一点时，你可能获知连金融学教授都不知道的信息。你不必是金融学教授，也不必拥有任何金融背景就能做到这一点。要掌握独家信息，你只需要像科学家一样思考、保持好奇心和开放的心态即可。

对待投资不应该墨守成规，而是要保持开放、好奇的心态。要像一位优秀的科学家一样提出问题，问题能够帮助你确定可验证的假设。在科学探索的过程中，如果你没有找到问题的最佳答案，那么你最好不要轻举妄动，而应顺势而为。但提出问题本身并不能助你击败市场。你提出的问题必须是正确的，应当能引导你做出正确的投资决策。

那么，哪些问题正确呢？

最重要的三个问题

首先，我们需要利用一个问题确认我们哪里有错；接下来，我们需要利用一个问题确认未知的领域；最后，当我们看不到问题时，我们需要利用一个问题感知现实。

我们利用问题一确认那些实际上错误但我们信以为真的理念。问题一是：我深信不疑的哪些理念实际上是错误的？注意你深信不疑的可能也是大多数人深信不疑的。我们将在第一章详述这个问题。当你我都认为某些事情是真的时，其他大多数人可能也这样认为。若其他大多数人都这样认为，那么我们可以预测他们将如何下注，此时我们可反其道而行之，因为市场已经将他们掌握的信息和他们所持的错误理念消化了。

假设你认为X因素导致了结果Y，可能其他大多数人也这样认为，而且我们能够验证这一点。然后，当你看到X发生时，你知道人们会认为接下来Y会发生。但假如你能证明，实际上X不会导致Y发生，那么当别人赌Y发生的时候，你可以赌Y不发生。你可以逆流而动，因为你掌握了独家信息。我会告诉你如何做到这一点。

第二个问题是：我能理解哪些其他人无法理解之事？对于这个问题，我们需要进行一番探索，需要思考大多数人根本不会考虑的事情。从本质上说，这是在打破思维定势，这正是爱迪生和爱因斯坦这些科学家如此成功但看起来却又如此怪异的原因。他们可以思考常人无法想象的事情，想一想他们的行为是多么不可思议，堪称异端！做到这一点要比大多数人想象的容易得多，而且可通过训练提高相关技能。我将在第二章介绍具体的操作方法。凭直觉可知，当无人知晓导致特定结果（我们称结果Q）的原因而我们能证明因素Z导致了Q时，那么，每次当我们看到Z发生时，我们就会赌Q将发生，因为我们手握独家信息。

最后是第三个问题，即我的大脑究竟是如何误导我，使我遭受意外的打击的？换一种方式提问就是：我的大脑无法使我明晰考虑市场，我如何才能突破大脑的约束？这是行为心理学领域的问题。通过这个问题你能认识到，你的大脑是如何运转的——它对市场机制的哪些方面有很好的理解，对哪些方面的理解很差劲，以至于你必须做出调整。

很少有投资者花时间了解自己的大脑如何运转，大多数人关注的是技艺，而非自身固有的缺陷（注意，手艺人根本不会想到这一点）。你可以弄清楚你的大脑是如何伤害你的，你会掌握独一无二的信息，你的大脑既与他人的大脑有相似之处，同时又有自己的特色。第三章将以简单实用的例子阐述这一主题。

在之后的章节里，我们将探讨如何在实践中运用这三个问题。我们将阐述如何利用这三个问题来思考整个股市和个股。我们也会把它们应用于利率和货币市场。过去多年里，我们运用这三个问题考察了很多方面，我们也讨论了一些之前存疑但很有可能实现突破的领域，你可能会在未来几年内解决这些问题。当然，我们不可能覆盖方方面面，也没有必要这样做。

我会陈述很多你之前不曾听过或认为完全是错误的、疯狂的观点，这些观点是我运用前述的这三个问题得出的，我会一一对它们做出解释。你可以不赞同我的看法，这没关系。但是，如果你学会了运用这三个问题探讨任何领域，包括我探索过的这些领域，而且你时间充裕，那么你可以自行探索并得出不同的结论。任何时候都可以！你可以运用这三个问题向我展示我的错误之处，我会非常高兴，你可以随时给我来信，用这三个问题证明我哪里有错。

我们不知道的事情太多了，你不必知晓一切，你只需要掌握独家信息。学会了运用这三个问题，你余生都能掌握独家信息。

阅读第二版时请注意：我已尽可能地更新了图表和数据，只留下了几张原有的图表，因为它们很好地例证了我的要点。我还替换了一些图表，因为我找到了更好的例证。我还在一些地方增加了评论和新图表。

还是那句老话，"若时间充裕的话，我会写得更简短些"。事后来看，有许多地方可以写得更具可读性（实用）一些，不用去掉任何概念，只需简化评论即可。或许，在2006年比较重要的一些例子和轶事，现在已经不那么重要了。

重读本书时最令我惊讶的是，三个问题的基本框架没有发生多大的改变，也就是说，基本的思想没变。随着时光的流逝，你学到的知识和获得的数据将不断增加，曾经用过的方法会失效，而曾经无效的方法会变得愈加重要。世界瞬息万变，但科学探索的方法和基本过程不会改变。这就是这三个问题至今仍然非常重要的原因。

Ken Fisher

Woodside, California

肯·费雪

加利福尼亚，伍德赛德

致　谢

当初有人建议我写本书第二版时，我的第一反应是："为什么？"我喜欢旧投资书籍，我从中受益良多。阅读这些书籍后，我知道了在某个时间点影响人们决策的因素是什么，他们是怎么想的，以及他们的想法是如何演变的，因此，我认为2007年问世的本书第一版仍然具有生命力，仍能给读者很多启迪。

这一观点至今未变，但我们在新版中提供了大量的数据和图表。我在更新内容时发现了很有意思的一点：尽管时光流逝，但一些基本的内容仍然适用，没有过时。要知道，过去的5年并不平静（再说一次，我不认为资本市场会在5年的时间里表现平静。人们往往认为，现在和最近几年的变化才是剧烈的。这是我在2011年出版的《费雪论股市获利》一书中谈及的常见认知错误）。正如我在2011年所写的，股市走出历史上最严重的熊市底部已有近3年的时间了，然而，三个问题仍如以前一样有效，更新后的图表、数据和评论会证明这一点。

我再次邀请劳拉·霍夫曼斯放下手头的其他工作，协助我完成了本书的第一轮编辑工作，并请她监督了数据和图表更新这项繁重的任务。劳拉是我们公司的网络杂志《市场看守者》（*Market Minder*）的总编，她还负责监督一个创建面向客户内容的团队。当她忙于其他事务时，她团队里其他出色的写作者会代她完成这些工作，这些写作者包括：托德·布利曼（Todd Bliman）、阿曼达·威廉姆斯（Amanda Williams）、伊丽莎白·德林格（Elisabeth Dellinger）和纳吉·斯里尼瓦斯（Naj Srinivas）。以其他方式支持劳拉的还有她团队的其他成员，包括法布·奥纳尼（Fab Ornani）（我非常欣赏他在网络技术方面的才华）、莫莉·莱内什（Molly Lienesch）、科林·史密斯（Collin Smith）、杰克·甘布尔（Jake Gamble）、伊夫林·谢（Evelyn Chea）、克里斯·布拉德（Kris Bullard）、托马斯·麦克南尼（Thomas McEnany）、西恩·麦高（Cianne McGeough）、托马斯·佩雷斯（Thomas Perez）和莱拉·阿米里（Leila Amiri），他们都归属于公司副总裁戴维·埃克里（David Eckerly）领导。

丹妮尔·林奇（Danielle Lynch）和杰西卡·沃尔夫（Jessica Wolfe）完成了整理数据和更新图表的繁重工作。她们都曾为我过去出版的书出过力，她们工作勤奋、重视细节，一遍又一遍地核查数据，非常有耐心，在此对她们表示感谢。马特·施拉德（Matt Schrader）是我公司研究分析和生产团队的负责人，他确保了本书（及我公司）数据的准确性。

还要特别感谢威利出版社的团队，特别是劳拉·沃尔什（Laura Walsh），她一向很专业，而且极富耐心。

修订一本书远没有写一本新书那么耗费时间，尤其是像我这样得到了出版界诸多能人帮助的幸运儿。无论是公司事务，还是与写书有关的事务，公司联合总裁史蒂夫·特里佩特（Steve Triplett）和达米安·奥纳尼（Damian Ornani）都一如既往地支持我。公司董事会副主席杰夫·西尔克（Jeff Silk）和安德鲁·特费尔（Andrew Teufel），还有威廉·格拉泽（William Glaser）和亚伦·安德森（Aaron Anderson）帮我打理公司投资组合事务，与这些聪明睿智的绅士共事，真乃三生有幸！

第二版没有介绍投资工具，但是，如果没有詹妮弗·周（Jennifer Chou）、伊丽莎白·安纳坦（Elizabeth Anathan）、吉尔·希区柯克（Jill Hitchcock）、格雷格·米拉蒙特斯（Greg Miramontes）、大卫·沃茨（David Watts）、皮尔森·克莱尔（Pierson Clair）、托马斯·格鲁纳（Thomas Gruner）和贾斯汀·阿布克尔（Justin Arbuckle）的帮助，第一版就不会问世，更不可能有修订后的第二版了，因此要向他们致以诚挚的谢意。圣克拉拉大学（Santa Clara University）利维商学院的金融学教授格伦·克利梅克（Glen Klimek）、梅尔·斯特曼（Meir Statman）和格罗弗·威克瑟姆（Grover Wickersham）为本书第一版提供了宝贵的反馈意见，尽管有些意见我赞同，有些不赞同，但无论如何，本书因他们的意见得到了进一步完善。我还要感谢威利出版社的戴维·普格（David Pugh），他是第一个编辑本书的人，感谢我的代理人杰夫·赫尔曼（Jeff Herman），他在7年前就建议我开始考虑写另一本书。

最后我要感谢我的夫人谢里琳（Sherrilyn），多年来她一直默默地支持着我，没有她，我不可能完成本书的撰写成稿。

THE ONLY THREE
QUESTIONS
THAT STILL COUNT

目 录

第一章

问题一：我深信不疑的哪些理念实际上是错误的

当你知道某种理念错误时，你就不会再相信它了

当你知道某种理念错误时，你就不会再相信它了，这是人之常情。但是，在这个诸多行业技艺被宣扬成神话的世界里，人们深信不疑的大多数理念都是错误的，就像很久之前人们认为地球是平的一样。

你也不必因为错信了虚假的神话而自责，因为几乎人人如此。一旦你意识到了这一点，你就比别人抢占了先机。

若辨别虚假的神话与事实很容易，世间就不会存在这么多伪真理了。辨别真伪虽不易，却并非不可能。其中一大困难是大多数人不喜欢质疑先前深信不疑的理念，事实上，大多数人都讨厌自我质疑，都喜欢花时间说服自己（及其他人），都试图证明自己深信不疑的理念是正确的。实际上，你不能轻信任何结论。

要全面深入地考虑错误的神话，我们首先要问：为什么有如此多的人相信它？为什么它能持续流传数十年？答案之前已经提到过，即人们坚持错误的看法，是因为他们很少反思自己的理念，特别是当他们认为自己的理念很合理，而且周围的人与他们的观念一致时，他们就更加深信不疑了。

我们经常受到鼓励去挑战别人的观点，例如，"我知道××谎话连篇！"但我们没有接受过挑战自身信仰的训练，没有接受过像爱因斯坦、

爱迪生或牛顿那样质疑宇宙的基本性质的训练。接受我们的先辈或圣人的教诲是我们的本能。这些信念不需要经过考证，因为我们认为，我们没有能力考证一些真相。在生活中持这样的看法情有可原，我的意思是，如果别人都搞不清楚，你又怎么能搞清楚呢？

求医就是个好例子。我们患病时会去看医生，描述症状，医生诊断病情并开处方。一般而言，这是很正面的活动，是科学和技艺并行不悖的范例，虽然这两个行业奉行的理念不同，但总体来看，随着时间的推移，科学改变了技艺，技艺不断得到完善。由于我们的周围有很多这样的例子，导致我们对与此不同的少数领域，如资本市场，视而不见。

你可能想与其他投资者分享无数的理念。这些理念已在文献中被记载了数十年，而且人们在开始学习投资时就已经接受了这些理念，我们周围的大师们也接受了这些理念。你会想自己何德何能敢对它们提出质疑和挑战。

但你还真可以是合适的人选。

例如，投资者相信，市盈率（P/E）高的股市比市盈率低的股市风险大，上行概率小。乍一想，这样的观点有道理，因为较高的市盈率意味着股票（或整个大盘）的价格与收益相比处于高位。顺着这一思路分析，较高的市盈率意味着股票的价格被高估，因此股价可能下跌。很多人认同这一观点，它似乎很合乎逻辑，因而一直被视为投资的基本原则。当你向朋友们指出这种观念是错误的时，你可能遭到强烈的反对和嘲笑，甚至他们可能认为你有些不道德。

然而，我在15年前就以统计方法证明，无论市盈率水平如何，它本身都不会揭示任何有关市场风险或收益的信息。除了统计数据外，如果你深入研究了理论（我们稍后会进行研究），你也会明白市盈率不会揭示任何有关风险或收益的信息。但是，你若把这一点告诉别人，包括那些经受过专业的训练且更熟悉金融学理论的人，他们都会认为你疯了，这对他们而言无疑是一记重击。

接受市盈率与未来的收益无关这一事实有什么好处呢？当市盈率过高、人们惊慌失措时，我们可以赌市场不下跌。尽管其他因素也可能导致股市下跌（我们将在后面的章节里介绍如何做出更准确的预判），因此这样的预判不一定正确，但正确的概率总大于错误的概率。同样，当市盈率较低、人们普遍持乐观态度时，我们也可以赌股市将下跌。关键是要了解真相而不是坚持错误的观点，这是科学操作的基础。

许多虚构的神话，比如，有关市盈率的神话，被最优秀、最聪明的人认可，并通过各种媒体传播给投资大众。它们不会引起你、我或其他任何人的质疑。我们对它们深信不疑，就如同天主教徒对三位一体教义和环保主义者对全球变暖深信不疑一样，他们不需要进一步去验证。它们都是神圣而不容置疑的，没有人提出异议，如果你这样做了，你就会被视为异教徒。由于没有异议，社会上也就没有人觉得有必要以统计学意义上有效的数据来证明这些所谓的投资真理。在这样的背景下，神话仍继续流传着。

为什么鲜有人要求检验支持这些广为流传的投资理念的证据呢？为什么投资决策不能像汽车一样接受修理工的检修呢？我们至少应该对金融行业的声明持怀疑态度啊！若想让投资业绩有所改观，你就要对这些理念持怀疑态度。要敢于质疑一切，要敢于做那个说出皇帝没穿衣服这一真相的人。反思和评估一下你及同事们认同的理念，最重要的是要敢于提出质疑。

很久之前，当我阅读或收听媒体报道时，我会留意那些我认为有错的内容，为了证明我是对的，我会对这些内容进行核验（人人都喜欢证明自己是正确的）。为了证明它们是错误的、我的判断是正确的，我会收集数据并进行统计分析，而且核验结果经常证明我是对的（令人惊讶的是，人们经常能以各种方式证明自己是对的，原告、法官、陪审团和刽子手莫不如此）。但后来我意识到，我的做法是错误的。我应该做的是在媒体上寻找我认为正确的断言，然后验证它们的真伪。

为什么呢？

如果我认为某种主张是正确的，即使不是绝大多数投资者，也有很多人认为该主张是正确的，可能人人都认为它是正确的。如果事实证明我们都错了，这一结果的影响才是巨大的。如果我证明我错了，而且其他大多数人也错了，那么我就得到了有价值的信息。我可以有意识地反着下注。这是获知独家信息的有效方式。

假设我相信X因素导致了结果Y，可能其他大多数人也这么认为。如果我错了，其他大多数人也会错。当X发生时，人们会赌Y将发生。假设我得知X不会导致Y发生，这意味着其他因素导致了Y发生。这意味着X发生后，Y可能会发生，但与X没有必然的联系。现在X发生了，人们仍然赌Y发生，但我赌Y不发生，这样我判断正确的概率要大于我判断错误的概率（如果我能搞清楚导致Y发生的实际因素是什么，我的优势就更大了，我们将在第二章讨论这个问题）。

市盈率就是一个范例。假设股市的市盈率大幅提高，普通投资者会得出这样的结论：风险已然增加，未来的收益率会较低，因此他们赌股市下行。有时候股市表现不佳，但大多数时候表现还是不错的，因为市盈率这个指标本身并不揭示有关市场风险和走势的信息。

当我看到市盈率较高且人们对此忧心忡忡时，我可以赌股市不下跌。有时候，如2000年，这样的预判是不正确的，但通常情况下，如1996年、1997年、1998年、1999年、2003年和2009年，这样的预判是正确的。我不指望你能马上明白我的意思（稍后会详细阐述），我只希望你能接受这一点：如果你能接受广为认可的观念实际上有可能是错误的这个事实，你就可以反着下注，你的胜算会更大。

■ 运用问题一

如何界定成功的投资呢？一个不错的方法是2/3的投资判断不算错，1/3的投资判断正确。古希腊医师希波克拉底曾言道"首要之务是不伤害患者"，借鉴一下，这也是一条很好的投资原则。

要确保投资不受损，你必须确认你深信不疑的理念是否正确。质疑所知的一切，这样的做法看似很疯狂，大多数人都讨厌这么做，所以，如果你能这么做，你就能抢占先机。正如本章的标题所述，第一个问题是：我深信不疑的哪些理念实际上是错误的？

只有坦诚地对待自己时，你才能利用好第一个问题。许多人，特别是投资者，天生不具备自省能力。他们会告诉你，他们做得很好，而且他们可能自欺欺人地相信这一点，但实际上他们做得并不好。他们从未独立地分析过自己的投资决策。你必须接受这一事实：你和向你提供信息的专家及专业人士深信不疑的许多基本理念都可能是错误的。我也是如此！

你是否曾就资本市场提出过这一问题？这实际上需要反省精神。作为人类，我们天生就很自信，这不是新的发展特点。行为学家会告诉你，我们的祖先在石器时代就必须非常自信，这样他们每天才能用石头棍棒猎捕巨型野兽。如果他们反省一下，他们就会得出这一理性的结论：将顶端装有燧石的树枝扔向水牛是极为愚蠢的行为，他们和家人都会饿肚子。事实上，过度自信（当理智给出相反的提示时，仍然相信自己能成功）是人类在大多数领域取得成功的基础，也是人类作为一个物种成功进化所必需的。然而，就资本市场而言，过度自信的危害相当大（更多内容详见第三章）。

因此，投资者都讨厌质疑广为接受的观念。当我们开始这么做时，我们很快就会意识到，市场会千方百计地羞辱我们。我给市场起了个合适的名字，叫"巨大的羞辱者"（The Great Humiliator，缩写为TGH）。我的目标就是，与TGH打交道时不遭受太多的羞辱。

不管你是穷是富，是黑是白，是高是矮，是男是女，是专业的还是业余的，TGH对所有人都一视同仁，它想羞辱我和你，想羞辱所有人。坦白说，我认为它更想羞辱我而不是你，羞辱你很有意思，但羞辱我更有趣，相对而言，我好歹算个公众人物，因此更容易成为TGH的目标。想一想TGH有多喜欢羞辱沃伦·巴菲特（Warren Buffett）吧！你名头越响，TGH就越想羞辱你，但实际上，TGH想羞辱每个人，想把所有人都玩弄于股掌之中，并且乐此不疲。

就你个人来看，你如何给TGH带来最大的乐趣呢？答案是根据人人皆知的信息下注。如何避免TGH的羞辱呢？答案是根据你掌握的独家信息下注。

可以借鉴我之前的方法练习如何运用问题一，即浏览媒体报道，找出你相信的主张，列出一张清单。这些主张可能与个股、大盘、货币或任何事物有关，然后写出能影响你决策的因素，无论决策是有关个股的，还是有关资产配置或其他任何事物的。

记录下没有数据和其他信息支持的决策。对你认为正确的或错误的决策做出标记。特别要当心根据众所周知的信息做出的决策，对这些决策用下划线或星号做出标记。问问自己，哪些是支持这些决策的证据？有没有这样的证据？对大多数投资者而言，这样的证据并不多。

■ 一些常见的错误理念

例如，你可能持有市盈率比较高的股票。你认为较高的市盈率意味着股票的价值被高估，因此你决定抛售它并买入市盈率较低的股票。你之前无数次做出过这样的决策，你认为决策相当合理，而且很多人与你一样。

但是，就个股或整个股市而言，高市盈率是坏事吗？你是否亲自核验过数据？如果有人问你这个问题，你去哪里找答案？你是在看到具体的数据之后做出的决策还是根据传统的理念或一些所谓大师的意见做出的决策？

现在我们来看另一种情况。你持有的一只股票在上涨行情中表现良好，但在下跌行情中表现欠佳，这是一只典型的高波动性股票。然而，你知道美国联邦政府的财政赤字在增加，政府预算不仅出现了赤字，而且赤字水平创下了历史新高，无法长期维持。你知道不加约束的联邦财政赤字对"经济不利"，进而对"股市不利"。赤字导致的所有债务都要由子孙后代偿还，市场迟早会反映出这一点来，对吗？赤字负担具有长期的影响，会抑制经济增长和国民收入。赤字增长到一定规模后，熊市就会出现。在这样的环境下，持有高波动性的股票不利，因此你卖出了那只股票。

但你如何知道财政赤字达到峰值后股票业绩就会变差呢？这是真的吗？大多数人都不会提出质疑或者核查历史记录。如果他们这样做了，他们就会对股票走势感到乐观，而不是担忧不已。从美国和全球各国的历史数据来看，出现巨额财政赤字后，股票收益率一般都远高于均值。不要害怕赤字，事实上，出现巨额盈余之后，一般会出现糟糕的股市业绩。

你可能觉得这样的事实不可思议，在你看来，赤字必定是坏事，盈余必定是好事，对吧？毕竟"赤字"（deficit）与"缺陷的"（deficient）两个词的拉丁词源一样。关于这类话题，大多数人都不会动摇信念。巨额赤字是坏事，这一观念深入人心，很少有观念能像它一样得到持不同政见的专业人士、非专业人士的广泛认可。在政治集会上让无产阶层站在你这一边的好方法就是，发誓降低财政赤字，这样的誓言会让该群体高兴不已。

下面列出了一些你可能相信的流行观点，或者说大多数人相信的观点，有两个我们之前已经提到了：

1.高市盈率股市比低市盈率股市风险大；

2.巨额政府财政赤字是坏事；

3.美元疲软对股市不利；

4.利率上涨对股市不利，利率下降对股市有利；

5.减税导致债务增加，因此对股市不利；

6.油价上涨对股市和经济不利；

7.经济状况良好时，股市也表现良好；

8.经济增长较快的国家，其股市表现更好；

9.小市值股优于大市值股；

10.增长比较快的公司，其股票更优秀；

11.廉价股更值得投资；

12.巨额贸易赤字对股市不利；

13.美国欠债太多了。

你应该很熟悉这些观点，这里仅列出了一部分。它们有的部分有错，有的则是完全错误。例如，美国的债务负担过重这种观点就很落伍。听到我这么说，你可能会发出尖叫。我的看法会令你发狂，因为它挑战了你的信仰。如果我的观点让你不屑或生气，那么这说明你确实需要阅读本书余下的内容。告诉某人其信念错误时，对方往往会不屑一顾，遭到进一步的挑衅时，他会感到愤怒。

愤怒是非常好的警示信号，因为愤怒是内心恐惧的反应。愤怒的人通常不知道自己身处恐惧中。例如，当你表现得不屑一顾或生气时，你肯定会扪心自问，当初自己怎么就认为这一理念是正确的呢？为什么会认为它正确？它是神话吗？是偏见吗？你是否正确？有时候，上述清单中的某一观点或其他观点是部分正确、部分错误的，这要看具体的情境（我们在后面的章节中会详述这些问题）。但最明显的问题是：你为什么会相信这些观点？

我认为，你之所以相信这些观点主要是因为这两个原因：（1）它们是常识，通常情况下，你不会挑战常识；（2）你周围的人都认为这些观点是正确的，你不想被孤立。

■ 让我来证明你是对还是错吧（或者证明你错得离谱了）

当你尝试用问题一揭穿投资神话时，通常会出现三种结果：一是你是正确的（这种结果出现的概率比你预想的小）；二是你错了；三是你错得离谱了。出现任何结果都可以，因为你可以从中得到启示，利于你未来下注。

我们详细地讨论第二种情形。你和大多数投资者同行（业余的和专业的）都相信因果关系，比如，X发生是因为Y发生了，但实际上，二者之间不存在相关性。到现在为止，你还是愿意相信二者之间存在因果关系，否则你就不会继续阅读本书了。我们在前面提到过，人们普遍认为，高市盈率股市的风险更大，因此股票收益率会下降。但事实表明，高市盈率并不预示着收益欠佳，从历史上看，高市盈率反而预示着较高的收益率。另外，低市盈率也不预示着高收益。

虚构的相关性

我们不清楚市盈率神话深得人心的原因，但我们知道绝大多数人相信，较高的市盈率预示着低于平均水平的收益率和高于平均水平的风险。

若事实果真如此的话，你肯定能运用统计学方法证实原因和结果之间的高度相关性，但统计学家也会告诉你，不存在因果关系的两个变量也可能因运气因素具有高度的相关性，同一位统计学家还会告诉你，若两个变量之间不存在高度的相关性，它们就不会存在因果关系（除非遇到了科学的非线性情况，但据我所知，这种情况在资本市场中不存在，你可在阅读完本书后自己核验一下）。当一个神话被广泛接受时，你会发现其相关性很低，人们接受、相信的往往是并不存在的相关性。

投资者会千方百计地为青睐的神话寻找证据，并不遗余力地为他们信奉的理念进行辩护，比如，他们坚信变量X导致了结果Y，但却对X不导致Y的一大堆证据视而不见。即使每个人的意图都是良好的，人们也很容易找到能确认其偏见的证据，忽略与其观点相矛盾的证据。寻找支持自己偏爱的理论的证据是人的天性使然，人们对接受违背自己观点的证据毫无兴趣。人的这种天性的表现形式多种多样，一种表现是，只重视能证实错误信念的特定时期，而忽略了其他时期；另一种表现是以奇怪的方式重新定义X或Y，以便统计数据证明二者间的关联性，然后将这一关联拓展。搜寻支持流行神话的证据成了人们热衷做的事。

■ 为什么高市盈率不能说明什么

哈佛大学的约翰·Y.坎贝尔（John Y. Campbell）和耶鲁大学的罗伯特·J.席勒（Robert J. Shiller）曾完成了一项著名的研究，该研究就是重新界定X和Y的范例。①他们的论文并没有提出什么新观点，人们对高市盈率的恐惧一直存在，他们的研究仅仅为证实高市盈率阶段后紧跟着低收益率阶段这一广为接受的理念提供了新证据。

这实际上是他们对1996年研究的进一步完善，但1998年的论文刊出后备受关注，传播的速度非常快，这是因为他们以新的统计学证据支持了

---

① 约翰·Y.坎贝尔和罗伯特·J.席勒，《估值比率和长期股票市场展望》（*Valuation Ratios and the Long-Run Stock Market Outlook*），《投资组合管理杂志》（*Journal of Portfolio Management*）（1998年秋），第11—26页。

广为认可的观念。坎贝尔和席勒都是知名学者，受他们1996年研究的启发，艾伦·格林斯潘（Alan Greenspan）首创了"非理性繁荣"（irrational exuberance）一词来形容股市，该词很快就在全世界变得家喻户晓，并被收录进了词典中。

圣克拉拉大学利维商学院的金融学教授格伦·克利梅克和梅尔·斯特曼是我的朋友，偶尔也与我合著文章。在一篇论文中，我们没有反驳坎贝尔和席勒的统计数据，而是重构了他们的论证方法，我们研究发现，市盈率指标根本不具有预测性。在整个论证过程中，我们从头至尾一直在运用问题一。以下的部分内容就源自我们合写的《市场预测中的认知偏差》（*Cognitive Biases in Market Forecasts*）一文。[①]

坎贝尔和席勒在研究中发现，正如人们一直认为的那样，高市盈率导致 10 年后股票收益率低于平均水平。首先他们记录了自 1872 年以来每年年初时的市盈率和当年的股票收益率。出于可靠性考虑，数据回溯至 1872 年。1926 年标准普尔 500 指数问世，对于此前的数据，他们运用了考尔斯数据（Cowles data），尽管该数据不完美，但在标准普尔 500 指数问世之前，它是广为认可的大盘代理变量（所有旧数据都不完美，都存在很多错误，但平心而论，考尔斯数据算是其中最好的）。然后他们根据这些数据绘制了散点图，从中得到了一条略显负相关性的趋势线。

图1.1展示了1872—2010年间的市盈率（根据标准普尔500指数和考尔斯数据绘制），大致再现了坎贝尔和席勒的研究结果。

---

① 肯尼斯·L.费雪和梅尔·斯特曼，《市场预测中的认知偏差》，《投资组合管理杂志》（2000年秋），第72—81页。

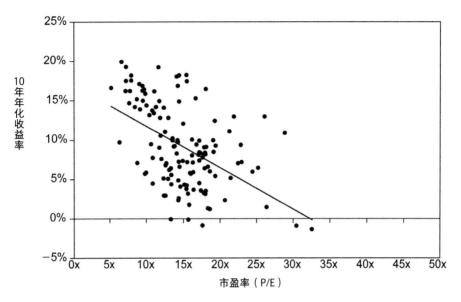

图1.1　年初市盈率与股市全年收益率的关系（1872—2010年）

资料来源：罗伯特·J.席勒、伊博森分析师（Ibbotson Analyst）、全球金融数据公司（Global Financial Data）、标准普尔、美联储（Federal Reserve）和汤森路透（Thomson Reuters）

　　我们增加了1998—2010年的数据，以此确保研究结果的现实意义。即使我们不这么做，你恐怕也会猜到结果。反向趋势线不应该影响观察，你从图中能直观地看出，各个点的分布比较分散、杂乱、无序，就好像在微风中射击的结果。

　　我在研究中关注的问题是，坎贝尔和席勒的研究以对市盈率的奇怪界定为基础，这一界定与人们的直觉不相符。他们提出了一个"价格平滑收益率"指标[①]，根据他们的新界定，市盈率=每股价格/前10年的实际收益均

[①] 约翰·Y.坎贝尔和罗伯特·J.席勒，《估值比率和长期股票市场展望》，《投资组合管理杂志》（1998年秋），第11—26页。

值①（"实际"指的是剔除了通货膨胀的影响）。这样的界定很公平，但它已经不是当初的市盈率了，对吧？

但是，通货膨胀的定义是什么呢？我打赌你会使用像消费者物价指数（Consumer price index，简称CPI）这样的指标（当你在谷歌上搜索"通货膨胀"一词时，排在最前面的可能就是CPI了）。具有讽刺意味的是，他们选择了一个艰涩难懂的批发物价指数（Wholesale price index，简称WPI），这也不是常用指标。因此，他们没有采用一般意义上的市盈率概念，而是在不常用的通货膨胀指数基础上计算了10年滚动均值。明白了吗？

如果运用人们熟悉的市盈率指标，那么根本就不会出现较高的拟合性。然而，由于坎贝尔和席勒的研究结果与社会上流行的理念一致，即高市盈率意味着低收益、高风险，人们似乎很喜欢它。

在统计学中，拟合系数 R^2 表示两个变量间的相关性，即一个变量随另一个变量变化的程度（听起来很复杂，但实际上很简单。我在附录中介绍了如何确认相关系数和 R^2）。在坎贝尔和席勒的研究中，R^2 为0.40②，这意味着40%的股票收益变化与市盈率的变化有关，当然，这里的市盈率是经两位学者改造过的市盈率。从统计学来看，这样的结果并不算糟糕（虽算不上优秀）。尽管数据与理论没有高度契合，但整体上还算支持了他们的假设。

注意：坎贝尔和席勒的研究之所以广受欢迎，是因为它支持了社会长期以来流行的观念。如果你展示的数据与社会上流行的观念不符，那么这些数据就不会受欢迎。这很好，因为当你发现真理时，你会在很长时间内

---

① 约翰·Y.坎贝尔和罗伯特·J.席勒，《估值比率和长期股票市场展望》，《投资组合管理杂志》（1998年秋），第11—26页。

② 约翰·Y.坎贝尔和罗伯特·J.席勒，《估值比率和长期股票市场展望》，《投资组合管理杂志》（1998年秋），第11—26页。

独享它。

运用1872—2010年间的同一套基础数据和传统的市盈率概念并计算未来10年的收益，我们得到的R^2为0.25，也就是说，市盈率只能解释25%的10年收益率变化，从统计学上看，这样的结果是相当随机的。

我不会根据0.25的R^2下注，我想你也应该不会。换句话说，坎贝尔和席勒得出的R^2为0.40，而我们得出的R^2为0.25，其中的差距主要是对市盈率的界定不同所致。

揭穿这个神话并不难。你可以使用谷歌财经和Excel表格得出同样的结论。当你要核验的是事实而非神话时，你根本不需要做过多统计学上的调整，也无需进行复杂花哨的数学分析。

但还有另一个问题。即使坎贝尔和席勒的研究结论是可靠的，那么谁会关心未来10年的收益呢？投资者主要想知道的是今年和明年、现在和不久后的收益，而不是从现在开始10年内的收益。设身处地地想一下，如果现在是1996年，你知道接下来的4年里股市会大涨，接下来会出现一次大熊市，你会关心10年后的股市收益吗？你愿意错过连续几年的大涨，在衰退期间持有股票吗？正如我们将要看到的，当从较短的时期内看待市盈率指标时，高市盈率风险论就完全站不住脚了。

更重要的是，预测长期的股票收益率几乎是不可能的，因为长期的股票价格主要取决于股票供给的变化，就我们目前的知识水平来看，无人知道如何解决这个问题。当我提出这个问题时，我的一些学者朋友们会生气。但请记住这一点：生气是他们内心恐惧且不敢正视自己内心的表现。出现这样的情况是因为他们对股票供需变化的科学研究投入非常少。然而，根据定义，供需的变化决定了价格。这个领域未来的研究前景很广阔，但从目前来看，尽管供需是经济学的基础，相关的研究进展却很小（我们将在第七章分析股票的供需）。

现在我们回过头来看看散点图，不过这次我们使用正常的、未经调整的市盈率和1872—2010年间未来一年收益率的数据绘制该图（见图1.2）。请注意，我们得到的是一条更不明显的反向趋势线，图中的各点分布更加散乱，就好像是用枪胡乱扫射的结果。这能表示某种形式的相关性吗？由于R^2仅为0.01，答案显然是否定的。如果说0.25的R^2表明随机性很强的话，那么0.01的R^2就表明两个变量间的关系纯粹是随机的了。

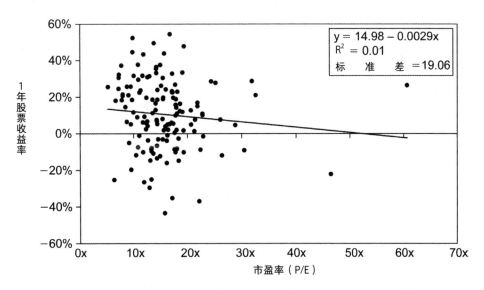

图1.2　1年收益率（有重复部分）与市盈率的关系（1872—2010年）

资料来源：伊博森分析师、全球金融数据公司、标准普尔、美联储和汤森路透

发现根本就不存在的相关性确实需要创造性。这里根本就不存在相关性。要揭穿神话，你不需要成为电脑高手或者具备与斯蒂芬·霍金（Stephen Hawking）一样的头脑。如果你需要用超级复杂的数学公式才能支持股市神话的存在，那么你的假设可能是错误的。你在分析中调整和操作的地方越多，你的研究对假设的支持就越勉强。勉强支持假设的研究是不科学的。

■ 若高市盈率没有对股票收益率造成不利的影响，那么它会对股票市盈率产生有利的影响吗

我们已经证明，高市盈率和股票收益率的高低没有相关性。即使在如此严谨的证据面前，一些人也不愿意放弃"高市盈率等于较低的股票收益率"这一信条。换言之，当你得知较高的市盈率会导致某些年份的收益率较高这一事实时，你会感到十分震惊。另外，在年初市盈率最高的13个年份里，当年的收益率都不算太差，有一些年份的收益率为负，但在更多的年份里，收益率为正。这一结论虽未经过统计验证，但起码能让你舒缓一下紧绷的心情。

需要更多的证据吗？这并不需要复杂的设计。图1.3描绘了市盈率和下一年收益率之间的关系，曲线形态基本上呈钟形。

接下来介绍如何绘制该图形。我们记录了1872年以来每年1月1日的大盘市盈率，将它们从低到高排列，然后为了绘制钟形图将它们分组。将"正常"的市盈率置于钟形的中间部分，将"高"或"低"的市盈率置于两边。

当你记录下过去139年的市盈率及下一年的市场收益率时，你会发现一些经验事实。最令人吃惊的是什么呢？在股市跌幅达两位数（令人恐惧）的大多数年份里，市盈率都低于20，都不太高。

在过去的139年里，美国股市的总收益率低于－10%的年份有20个，其中有16个年份（80%）的市盈率处于中低水平（从钟形曲线可以看出）。15个（75%）位于中间，即市盈率"正常"的部分。这之中没什么秘密可言，任何人都能从网络上获取这些数据，都可以整理它们。不需要花哨复杂的数学计算，只需要花费一些工夫。但大多数人都不愿意提出质疑，不愿意验证真伪，神话依然流行。

　　高市盈率出现之后也不一定会出现两位数的大跌，但是，既然这一错误的观念被广为接受，其中是否存在合理的成分呢？例如，较高的市盈率出现之后股票虽没有暴跌，但与较低的市盈率相比，下跌是否更频繁？事实并非如此。在市盈率低于22.8的116年中，仅有32年（27.5%）的收益率出现了下跌。

　　在市盈率等于或高于22.8的17年中（历史上的最高纪录），有7年（30.4%）的收益率是下降的，无论是高市盈率股市还是低市盈率股市，收益率并没有出现大幅下降趋势。

　　你已经看到数据了，从此以后你就不必再受这一陈旧投资观念的束缚了。

　　这里介绍一个屡试不爽的简单测试法。假设有人告诉你，在美国市场上，变量X能引起Y，就如同市盈率的例子一样，而且有数据证明这是事实。如果在美国市场如此，那么在大多数其他发达国家市场也应该如此。如果这种关系在大多数其他西方发达国家市场上不存在，那么它就不能反映资本主义和资本市场的本质，这种关系在美国就不是规律，而只是一次偶然事件。我不在这里提供数据，本书已经提供了相当多的数据，但是如果你以之前我们绘制钟形图的方法分析国外市场，那么你会发现，只有英国的低市盈率股市具有较高的收益率，而其他国家的情况与美国一样，都具有很大的随机性。[①]不论何时，当有人告诉你某个论断很符合美国的现状时，你都要多个心眼对这一论断进行交叉核验，看看它在其他国家是否也适用。如果结果是否定的，那么该论断在美国的适用性恐怕也得打个问号！

---

① 如果你想验证更多的数据和统计分析，请参阅我与梅尔·斯特曼合著的另一篇学术文章，这篇文章刊发于2006年夏的《投资杂志》（*Journal of Investing*），我们在这篇文章中提供了美国、德国和日本的数据。

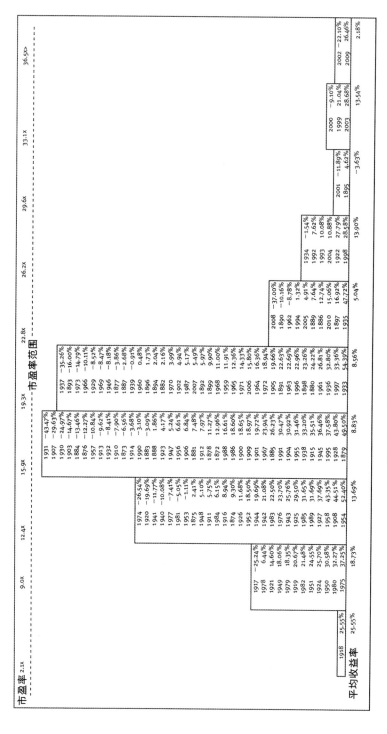

图1.3 139年的市盈率和股票收益率

资料来源：全球金融数据公司

有人会说："你必须以正确的方式看待高市盈率问题。"（警告：这是调整研究设计、试图支持错误观念的前兆）。例如，他们可能会说，高市盈率不一定比低市盈率糟糕，但是，当市盈率超过一定水平后，风险会飙升，而市盈率在一定水平下，风险会直线下降。

例如，他们可能认为，市盈率超过25不是好事，市盈率低于15是好事，市盈率在这两个数值之间会让人摸不着头脑。测试这样的观点也很容易。你记录下市盈率超过25的所有时段，假设你在市盈率达到某一水平（你自行决定）时卖出了股票，后又买入了股票，历史数据表明，无论你选择了哪个市盈率水平，你获得的收益都不如长期持有股票获得的收益。

海外市场也是如此（除了在英国，英国股市的市盈率较低时，其收益率往往较高，但这种现象只出现在英国，这可能只是一种巧合。但是，若不考虑英国少数几个股市大涨的年份，这一论断对英国股市也不适用）。

假设你在市盈率达到22时卖出股票，市盈率降至15时买入股票，以这种方法获得的收益不如一直持有模式。假设你将22改为23，结果依然不变！将15换成13或17呢？结果依然如此。更重要的是，国外不存在即买即卖模式。

你可能不相信我说的这些，这很好。要证明我是错的，你必须找到一个根据简单的市盈率买卖股票的规则，利用这一规则，你可以在一年、两年和三年内跑赢大盘。这一规则要在许多发达国家股市有效，而且要在不同的时期有效。试着找找这一规则吧，可能你比我更出色，我寻觅了多年未果。似乎根本无法找到这样的规则。

每当你发现高市盈率导致低收益率的例子时，如2000年、2001年和2002年，你也会发现相同水平的高市盈率导致高收益率的例子，如1997年、1998年、1999年、2003年和2009年。所以，市盈率的神话是没有根据的。

换个角度考虑问题

投资者会轻信神话，是因为他们以惯常的方式看待投资真理，他们所受的教育要求他们这样做。一旦你开始从不同的角度思考问题——不是以复杂的方式，只是以不同的方式，比如，绘制钟形曲线或者在海外搜寻相同的现象，神话就站不住脚了。无论何时，当你验证一种投资理念时，试着从新的角度考虑它。要大胆一些、富有创意一些。要来回思考，深入分析，细细琢磨，直击要害。不要运用直觉，要反直觉思考，最终这些都会成为你下意识的行为。

我们谈谈为什么从直觉来看，较高的市盈率不会给股票带来灾难。大多数投资者关注高市盈率股票，他们认为这些股票的价格相对于公司的净利润过高了。按这一思路，如果价格相对于净利润高出很多，则股价必定被高估了，因而必定会下跌。但投资者忘记了这一点：价格并非决定市盈率变化的唯一因素。

在高市盈率出现后的几年里，每股收益的增速通常比股价快，而在低市盈率出现后的几年里，经济常陷入低迷，收益几乎消失。事实上，自1929 年有史以来最著名的股市高峰出现时，市盈率就很低，原因就是当时的股票收益极高（但很快就消失了）。

当我们买入股票时，我们买入的是未来的收益。某些时候，我们甚至愿意支付比其他人更高的价格。在高市盈率市场上，收益通常超过预期（如2003年和2009年），在收益数据被公布之前，市场价格通常已经反映股票收益了。只要换个角度思考问题，也就是说，看一看市盈率（P/E）这一指标中的分母的变化，你就能明白固有观念错误的原因了。

高市盈率市场危险、低市盈率市场安全的错误观念仍然存在，但运用相关的数据进行一番验证就能看出，高市盈率年份的收益率并不比低市盈率年份的差。为什么这种错误的观念能一直存在呢？主要是因为TGH是顽固而反常的。广为认可的观念往往是错误的，众所周知的信息会被市场消化，对某些人而言，接受这些事实很痛苦，而且充满羞辱，但事实终究是事实。

■ 祖辈如何考虑这个问题

现在我用第三章的篇幅内容解释一下我们的大脑如何在市盈率问题上误导我们。人们担忧高市盈率，有遗传方面的原因，我无法证明这一点，但我相信这是事实。你无法证明它是错的，这是看待市盈率问题的完全不同的视角。你从父母那里遗传了基因和信息处理器官——大脑，你的父母又从他们的父母那里遗传了这些。你的远祖有善于处理某类信息（与他们遇到的问题有关）的大脑，而且会把基因成功遗传给后代。如果不是这样，这个世界上就不会有你我存在了。当初没有处理好与这些问题相关的信息的人早已没有后代存世了。

你的大脑并没有进化到能处理股市问题的程度，它只能解决与人类生存相关的基本问题。祖先们知道如何处理高度问题。他们清楚，当人从高处跌落时，死亡或致残（在当时，死亡或致残几乎是同义词）的风险极高。跌落的位置越高，风险越大。从两英尺高的地方跌落，只算得上摔了一跤。对一个10岁的孩子来说，从10英尺高的地方跌落不算什么，但对于老年人来说，可能摔成骨折。从40英尺高的地方跌落，死亡的概率很大。而从400英尺高的地方跌落，几乎无生还的可能。

对于高度框架中的问题，人们很清楚：越高越危险。站得越高，跌落的距离越远，人们也是这样看待市盈率的。他们认为，更高的市盈率意味着更远的跌落距离，更低的市盈率意味着更近的跌落距离，因此冲击风险较小。

每当遇到与高度有关的问题时，你就会认为越高越危险，越低越安全。若不以高度框架呈现信息，你的恐惧感立马就会消失（我们很快就将试一试）。

■ **快速预览问题三**

当市盈率高于正常水平时，大多数投资者都能意识到。即使那些对市盈率不甚了解的人也会告诉你，"这些天，股价被大大高估了。"我们可以运用行为金融学理论来解释他们对高度的恐惧，以及对可能遭受的损失的担忧，这一理论就是：人们对损失的厌恶程度远远超过他们对收益的喜爱程度。[①]

人们认为，投资者是厌恶风险的，这并不完全正确，更确切地说是，投资者是厌恶损失的。行为金融学领域的两位先驱，即丹尼尔·卡尼曼（Daniel Kahneman）和已故的阿莫斯·特沃斯基（Amos Tversky）证明，正常的美国人对损失的厌恶程度是他们对收益的喜爱程度的2.5倍。[②]货币损失给投资者带来的痛苦远甚于他们得到收益时享受的欢乐。由于损失带来的痛苦大于收益带来的快乐，投资者会为了避免损失而花更多的心思。

当承担额外的风险能让投资者避免损失时，他们愿意这样做。卡尼曼和特沃斯基创立的"前景理论"（Prospect Theory）就描述了这种现象。他们发现，普通投资者在全力避免损失时，会把实际的风险与感知的风险相

---

① 丹尼尔·卡尼曼和阿莫斯·特沃斯基，《前景理论：风险条件下的决策分析》（*Prospect Theory: An Analysis of Decision Under Risk*），《经济计量学》（*Econometrica*）第42卷第2期（1979年3月），第263—292页。

② 理查德·H.泰勒（Richard H. Thaler）、丹尼尔·卡尼曼、阿莫斯·特沃斯基和艾伦·施瓦兹（Alan Schwartz），《短视和损失厌恶对承担风险的影响：一个实验》（*The Effect of Myopia and Loss Aversion on Risk Taking: An Experimental Test*），《经济学季刊》（*Quarterly Journal of Economics*）（1997年5月），第647—661页。

混淆。①高市盈率可能导致损失的认知（或者说是误解）会让投资者对原本低风险的市场环境感到恐惧。在熊市阶段的底部也可能出现这样的状况，投资者往往在熊市行将结束之际感到很恐惧，实际上，此时风险已经减弱，上行潜力很大。这都是投资者的认知在作怪。

投资者，尤其是许多自诩为"价值投资者"的人，听到这种观点时会暴怒，就好似它亵渎了他们的信仰一样。他们不反省，不提出问题一，即你深信不疑的哪些理念实际上是错误的，而是试图抓住任何机会，否认他们受到了自身偏见的影响。他们在反驳时声称，这种现象之所以产生，是因为经济衰退末期收益受到抑制从而导致了超高的市盈率。事实并非如此，这种情况偶有发生，但并不具有普遍性，1996年、1997年、1998年和1999年年都不是这样的。一些投资者又提出了市场是不理性的说辞。投资者强烈认为，超高的市盈率必定具有高风险，这是TGH戏弄人们的又一表现。

■ 颠覆传统观念

我们已经展示了如何运用问题一澄清根深蒂固的误解，当你自己动手测试深信不疑的理念时，你要确保追根究底。一名优秀的科学家不会只满足于得到答案，他会从不同的角度反复考虑问题。

首先，要实事求是地看待你的发现，不要太快得出结论。有的人可能在验证了之前的数据后得出了这一新结论：高市盈率是高收益率的预测性指标。不要落入这样的思维陷阱。本书给出的证据确实足以颠覆高市盈率于股票不利的观念，但也仅此而已，并不能带来其他方面的启示，你仅凭

---

① 丹尼尔·卡尼曼、保罗·斯洛维奇（Paul Slovic）和阿莫斯·特沃斯基，《在不确定基础上的判断：直观推断和偏见》（*Judgment Under Uncertainty: Heuristics and Biases*），纽约：剑桥大学出版社（Cambridge University Press）1982年出版，第480—481页。

这一点不一定能以较大的概率赌赢。最后，你应该铭记，市盈率指标本身并不具有预测性。

另外，如果你得到了支持你假设的结果，那么无论结果多么引人注目，它也具有偶然性，并不代表一种规律。这适用于你遇到的任何事情。你不会根据偶然间得到的结果下注。例如，你可能想得出这一结论：市盈率超高的股市风险较低、收益率较高。没错，超高的市盈率曾经导致过几次较高的股票收益率，但是，并没有足够的事件验证这一结论的正确性，它充其量只是一次观测的有趣结果，而且可能是碰巧出现的结果。在测试时，你必须观察尽可能多的事件。

我们现在知道，市盈率不具备预测性，那么，它有什么用处吗？为了找到这个问题的答案，我们需要利用第二章要介绍的有关问题二的内容。我们能从市盈率中得到哪些其他人难以获知的信息呢？将别人无法理解的事情看透的一个标准方法是，从不同的视角看待它。测试你信念和发现的一种有效方法是，从完全相反的角度来审视它。

因此，我们把市盈率（P/E）倒转过来，看看会发生什么。此时，盈利处在了分子位置，价格处在了分母位置，你可以在这一不同的框架中（E/P）获得与之前完全相同的信息，我们称这一比率为收益率，它是市盈率的倒数。

投资者习惯于用这一指标衡量债券和现金的收益率，而大多数投资者习惯运用市盈率对股票估值。将市盈率的两个变量位置调换便可得到收益率，可运用该指标进行比较分析。另外，这样做能让你摆脱前述的高度框架困扰。表1.1显示了如何根据市盈率得到收益率。若股价为20美元，每股盈余为1美元，20除以1得20，市盈率为20，则收益率为1/20或5%。当你从收益率的角度来考虑价格和收益的关系时，你会发现，收益率更适合与利率进行比较，而令我们恐惧的那个有关市盈率的高度框架不见了。20的市盈率让你害怕，但5%的收益率却不会。这是很简单的数据计算，再次申明，你并不需要具备斯蒂芬·霍金那样的头脑。

表1.1　收益率

市盈率（P/E） ➝	收益价格比（E/P） ＝	收益率（%）
33	1/33	3%
25	1/25	4%
20	1/20	5%
15	1/15	6%
10	1/10	10%
7	1/7	14%
5	1/5	20%

这样的比较要比单独根据市盈率判断股价高低更为合理和直观。由于股票和债券都在争取投资者，比较债券和股票的收益率能给人直观的感受。例如，如果某个市场的市盈率为20，大多数人都会认为这一指标"很高"。但如果是5%的收益率呢？如果债券的利率是8%，那么5%的收益率就没什么吸引力；但如果债券的利率是3%，那么结果就完全不一样了。现在我们比较债券利率和股票收益率。

在你认为收益率为5%的股市投资不如收益率为6%的美国国债投资之前，别忘了税收因素。收益率实际上是公司通过出售股票筹集资金的税后年化成本。这意味着什么呢？

由于市盈率是税后指标，收益率也是税后指标，公司可以通过销售股票或发行公司债券的方式筹集资金，但当公司发行债券时，支付的利息必须扣除收入税，也就是说，公司债券利率是税前指标，而股票收益率是税后指标。

假设某公司股票的市盈率为20，公司信用等级一般，即公司的债券评级为BBB。2011年底，该公司以4.6%的利率发行了10年期债券。[1] 假设税率为33%，那么该债券的税后利率实际上是3.1%，即4.6%×（1−33%）或0.67。股票的收益率为5%，而且是税后值。对公司而言，通过发行利率为3.1%的债券要比销售收益率为5%的股票更划算。要达到与销售市盈率为20的股票一样高的成本，公司债券利率需要增加7.5%以上。这是从公司的角度出发分析的结果。

从投资者的角度来看，结果会有所不同。股票本身就比债券更有吸引力，因此股票收益率不必超过债券的税后利率。你在购买股票时会认为，随着公司的成长，股票未来的收益率会更高。随着时间的推移，股票收益多少会有所增加，但债券利息是固定的，不可能上涨。持有债券到期时，你会获得利息。你购买股票时，你实际上购买的是未来的平均收益，它有可能比现在高。你购买债券时，未来的平均收益就是现在的收益。因此，当前的收益率不需要比债券利率高就能使股票更具吸引力。

有趣的是，至少自1985年以来，美国股票的收益率与债券利率相当接近（见图1.4）。股票收益率高于债券利率的时段不多，但这些时段通常是持有股票的好时机。为什么？当股票收益率高于债券利率时，相对于债券，股票通常是被低估的。也就是说，股票相对便宜。

自2002年以来，美国的股票收益率一直高于债券利率，因此股票非常便宜，但因市盈率高于历史平均水平，大多数人都说股价过高。如果因害怕高市盈率而离开了股市，那么你可能完全错过了2002—2007年以及2009年、2010年的牛市开端。

---

[1] 彭博财经，彭博公允价值美元综合指数（Bloomberg Fair Value USD Composite）（**BBB**），截至2011年12月7日的数据。

　　记住，这绝非预测股市未来走势的方法。在2008年熊市期间，二者间的差距也是很大的，但它是合理评估企业筹集资金的方式和股票相对于债券是被高估还是低估的一种方式。股票相对便宜并不意味着它必定上涨或者其收益率比债券的高。股票可能便宜，而且可能变得更便宜，债券则相反。

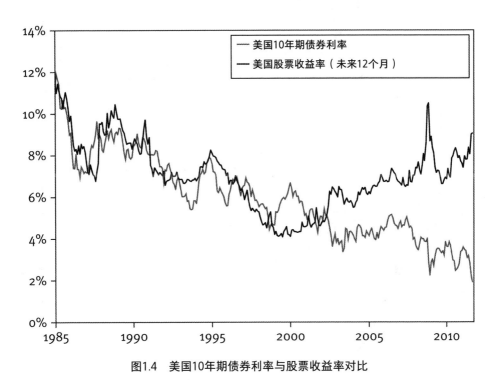

图1.4　美国10年期债券利率与股票收益率对比

资料来源：全球金融数据公司、汤森路透

　　但还要注意一点，如果某种观点符合美国市场，那么它也应当符合大多数其他发达国家股票市场。我们现在可以看出，世界各地的股票收益率超过了债券利率，而且与美国相比，这些地方二者间的差幅更大，这是不同寻常的现象。与过去25年相比，近年来全球股票收益率比长期利率低（见图1.5）。

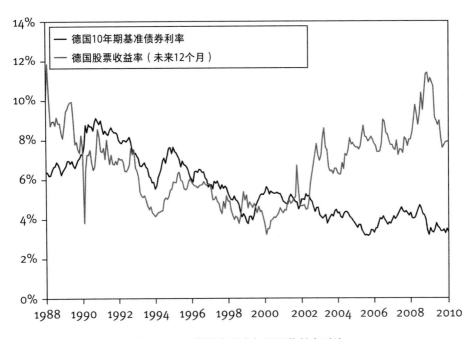

图1.5　10年期债券利率与股票收益率对比

资料来源：全球金融数据公司、汤森路透

■ 当你错得离谱时

我们已经讨论了投资者虚构或想象出来的不存在因果关系的观念。既然这些观念是错误的，那么它们的对立面是否正确呢？有时候，当你提出问题一时，你发现自己不仅错了，而且错得离谱。无须烦恼，当你发现自己错了，而且真相与你预想的截然相反时，你反向对市场进行押注就有了基础，因为你掌握了某些独家信息，你要根据这些信息押注，与其他人背道而驰。

你可能难以想象，你和其他投资者会犯这样的错误，但确实存在一些错误的观念，被误导的投资者虔诚地信奉它们，对它们提出质疑就如同亵渎神灵。仅为了验证它们的可靠性而建议审核它们都会让某些人暴怒、散布谣言、说三道四，甚至可能被逐出教会。在投资者的心目中和社会教义中，这些观念就是最神圣的信仰，根据我们的验证，那些无人敢质疑的观念，恰恰是错得最离谱的，以至于其对立面才是正确的。

最神圣的信仰——联邦财政赤字神话

你可能认为，财政赤字高是坏事，每个人都知道财政赤字不好，我们怎么知道这一点的呢？我们知道是因为人人都知道。专家、政客、爱国者、性变态者、牌友、父母、宠物长尾小鹦鹉，还有肖恩·佩恩（Sean Penn）、布拉德·皮特（Brad Pitt）和多莉·帕顿（Dolly Parton），人人都知道这一点，更重要的是，每个人都相信它。绝对没有理由质疑这一观念，我的意思是，你如何质疑肖恩·佩恩和布拉德·皮特呢？正因为如此，我们把它视为第一个问题分析的对象，即我深信不疑的哪些理念实际上是错误的？要回答这一问题，更好的方式是从完全相反的视角重构这一问题：

联邦财政赤字高是好事吗？对股市有利吗？

若你在公共场合大声地提出这个问题，会有人拿着一张捕蝶网罩住你，然后把你送到一所舒适、安全的精神病院里。坚信财政赤字是坏事是西方集体智慧和文化的一部分，是公民的义务。如前所述，"赤字"一词与"缺乏"一词的拉丁词根相同。为什么要质疑被深信不疑数千年的观念呢？因为它是错误的。

从孩提时代起，家长和老师就教育我们，欠债不是好事，债务越多越糟糕，负债累累不道德。为感恩节折纸火鸡后，我们会得到一块饼干、一些苹果汁，然后听长辈们讲债务的不道德属性，接下来午睡。

作为社会中的一员，我们在道德上反对债务，就这一点来看，我们与之前的清教徒差别不太大。赤字造成更多的债务，不仅美国人憎恶财政赤字，其他西方发达国家的居民也憎恶美国的财政赤字。许多地方的人对财政赤字的憎恶感更强烈，他们对美国赤字的担忧甚于对他们本国赤字的担忧。

这种担忧是否值得？回首过去的20多年，美国仅有4年实现了财政盈余。在20世纪90年代财政盈余期间，股市达到顶峰，随后，熊市和经济衰退接踵而来。经济衰退持续的时间相当短暂，而且不太严重，但熊市持续了整整3年，跌幅巨大。显然，财政盈余并没有带来出色的股票收益。如果没有证据支持财政赤字不利于股市的假设（没错，这只是个假设），那么，相反的假设成立吗？

看起来确是如此。图1.6显示了1947年以来联邦财政赤字占当年国内生

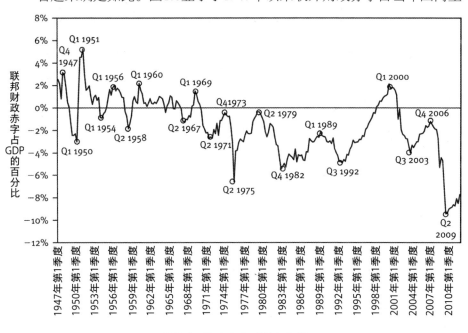

图1.6 财政赤字对股市有利

资料来源：白宫（White House）、经济分析局（Bureau of Economic Analysis）

产总值（GDP）的比重。水平线以上表示财政盈余，水平线以下表示财政赤字。我们记录下了相对峰值和低点。违背直觉的事实是，较高的股票收

益率均值出现在严重的财政赤字后，而不是出现在盈余高峰甚至财政赤字减少后。

表1.2显示了财政出现盈余和赤字后股票的收益率情况。注意财政出现盈余后12个月的收益率，并将其与出现赤字后12个月的收益率进行比较。前者的平均收益率为-1.2%，后者的平均收益率为16.7%，你愿意生活在哪个阶段呢？现在看看36个月的收益率情况。出现严重的赤字后，股市36个月的平均累积收益率为27.1%，而出现盈余后36个月的平均累积收益率为8.8%。

表1.2 财政收支出现极端情况后的股票收益率

盈余峰值		标普500价格收益率		
日期		12个月	24个月	36个月
1947年第4季度	年化收益率	-0.7%	4.7%	10.1%
	累积收益率	-0.7%	9.5%	33.4%
1951年第1季度	年化收益率	13.9%	8.7%	8.0%
	累积收益率	13.9%	18.2%	25.9%
1956年第1季度	年化收益率	-9.0%	-6.8%	4.6%
	累积收益率	-9.0%	-13.2%	14.4%
1960年第1季度	年化收益率	17.6%	12.1%	6.4%
	累积收益率	17.6%	25.7%	20.3%
1969年第1季度	年化收益率	-11.7%	-0.6%	1.8%
	累积收益率	-11.7%	-1.2%	5.6%
1973年第4季度	年化收益率	-29.7%	-3.8%	3.3%
	累积收益率	-29.7%	-7.5%	10.2%
1979年第2季度	年化收益率	11.0%	12.9%	2.1%
	累积收益率	11.0%	27.5%	6.5%
1989年第1季度	年化收益率	15.3%	12.8%	11.0%
	累积收益率	15.3%	27.2 %	36.9%
2000年第1季度	年化收益率	-22.6%	-12.5%	-17.3%
	累积收益率	-22.6%	-23.4%	-43.4%
2006年第4季度	年化收益率	3.5%	-20.2%	-7.7%
	累积收益率	3.5%	-36.3%	-21.4%
均值	年化收益率	-1.2%	0.7%	2.2%
均值	累积收益率	-1.2%	2.6%	8.8%

赤字峰值		标普500价格收益率		
日期		12个月	24个月	36个月
1950年第1季度	年化收益率	23.8%	18.7%	13.5%
	累积收益率	23.8%	41.0%	46.3%
1954年第1季度	年化收益率	35.8%	34.1%	17.9%
	累积收益率	35.8%	80.0%	63.7%
1958年第1季度	年化收益率	29.2%	12.2%	12.6%
	累积收益率	29.2%	25.8%	42.9%
1967年第2季度	年化收益率	9.9%	3.8%	−7.1%
	累积收益率	9.9%	7.8%	−19.8%
1971年第2季度	年化收益率	7.5%	2.3%	−4.8%
	累积收益率	7.5%	4.6%	−13.7%
1975年第2季度	年化收益率	9.5%	2.7%	0.1%
	累积收益率	9.5%	5.6%	0.4%
1982年第4季度	年化收益率	17.3%	9.0%	14.5%
	累积收益率	17.3%	18.9%	50.2%
1992年第3季度	年化收益率	9.8%	5.2%	11.8%
	累积收益率	9.8%	10.7%	39.9%
2003年第3季度	年化收益率	11.9%	11.1%	10.3%
	累积收益率	11.9%	23.4%	34.1%
2009年第2季度	年化收益率	12.1%	19.9%	??
	累积收益率	12.1%	43.7%	??
均值	年化收益率	16.7%	11.9%	7.7%
均值	累积收益率	16.7%	26.1%	27.1%

资料来源：经济分析局、全球金融数据公司、标普500价格指数，截至2011年11月30日的数据

　　显而易见的是，自1947年以来，若投资者在联邦财政赤字达到峰值时购买了股票，那么其1年、2年和3年平均收益率会高于其在财政盈余峰值时买入股票的收益率。在财政收支出现盈余后买入股票的收益率要低于平均值。

　　当你开始认为财政盈余对股票不是利好时，你就算领悟了其中的真谛。当你开始怀疑TGH的威力时，你也算悟了道。财政盈余不是灵丹妙

药，从历史数据来看，它曾导致过糟糕的股市表现，不要对它抱有不切实际的希望。

乍一看这可能不合理。在传统的观念中，赤字被视为巨大的锚，它会拖累经济，会使国家债务缠身。作为消费者，我们不愿意透支账户，我们认为政府也应当如此。许多政客试图让你相信，减少赤字是当务之急。没有政客会说，债务多是好事（虽然经常有政客主张减税，这可能会产生类似的影响）。

■ 消灭"吸血动物"

你若不知道"政治"（politics）这个词的起源，我可以在这里简单讲一讲。这个词源于希腊语"poli"和"tics"，前者是"许多"（many）的意思，后者是"小型吸血动物"的意思。除非政客站起来宣称"为了能平步青云，我经常撒谎、欺骗和偷窃，无论你是谁，我都不在乎"，否则，无论他说什么，你都要持保留态度。

理解这一点有些困难。我知道，你不喜欢听任何政客谈与你意识形态不一致的事情。当你的女儿打算嫁给一个不诚实的卑劣之人时，为了保护她，你会向除魅师（cult deprogrammer）求助。但是，当政客说的是你喜欢和相信的事情时，你很难认为他或她是在撒谎。当然，这只是我的看法，你姑且认为它是错误的吧。

绝大多数政客都不是研究资本市场出身的，他们往往是律师，但也有一些例外，比如，艾森豪威尔、卡特、里根和布什，还有阿诺德·施瓦辛格。不要把他们视为金融或经济学专家，他们在成为政客之前可能是诚实的，但他们仍然不是研究市场和经济学的专家，他们永远不会运用本书介绍的三个问题。政客们从不反思他们什么时候犯了错、如何获知其他人无法获知的信息和他们的大脑如何误导他们。在他们必须运用这三个问题时他们也不会运用（也许我在上面几段中有些夸大其词了，但是，如果你不理会政客们所说的97%的观点，那么你会成为一名优秀的投资者，而且你晚上会睡得更香）。

财政赤字对股市有利并不是偶然现象。从经济学角度来看，若你能正确地思考债务和赤字，那么你就能理解这样的结果（我们将在第六章将详述这一点）。目前我们假设财政赤字确实对美国股市有利，财政盈余确实对美国股市不利。为了验证其真伪，我们看看其他发达国家的情况。这种方法很棒，但大多数人都未使用过。

在其他发达国家（如第六章所展示的），较高的股票收益率出现在财政收支出现赤字后，较低的收益率出现在财政收支出现盈余后。这不是从社会经济学或政治学角度得出的结论。我们只是想澄清客观事实，我们鼓励你也这样做。因偏见而陷入困境的人会被蒙蔽，即使真相就摆在他们眼前，他们也会视而不见。相反，应总是问：我深信不疑的哪些理念实际上是错误的？

▪ 其他赤字是怎么回事

联邦财政赤字不是让投资者恐惧的唯一赤字。当我告诉你，财政赤字对股市而言不是坏事时，你的反应可能是不屑一顾、愤怒，然后你会转变框架，说其他赤字，比如，贸易赤字，一定是坏事。你经常听到有人这样说。你也听说过贸易赤字对美元不利。

我们将在第六章和第七章考察这些论断，我的研究表明，这两种形式的赤字对股市或美元也不是坏事。我在这里提及这一点是想说明，人人都相信的一些理念实际上是错误的。请注意，你听说过这一理念，你认可它，相信它千真万确，每次政府部门宣布贸易赤字破新纪录时你都心生畏惧，却从来不敢问："我相信贸易赤字不好，但这是真的吗，我如何验证它呢？"因为你心里知道，若人人都是错的，即贸易赤字对股市和美元不是坏事，那么股市将大涨，因为让大多数人烦恼的巨大负担不复存在了。这是你知道的独家信息。

■ 一切都是相对的

投资者害怕赤字（财政赤字、贸易赤字等）的部分原因是，他们忘记了从相对的角度考虑问题（认知错误）。当他们听说美国有5000亿美元的贸易赤字（截至2010年底）[1]时，他们的反应是："天哪，太多了！""5000亿美元？我没有5000亿美元，比尔·盖茨也没有那么多钱。"报纸编辑和受访者谴责他们认定的罪魁祸首，用"破纪录""令人震惊"和"不负责任"来描述赤字规模。嗯，赤字数额听起来是很高。但果真如此吗？我们的看法正确吗？

要正确看待这个问题，我们必须从宏观角度出发。我们必须看贸易赤字占整体经济规模的比重。如果你认为5000亿美元很多，那么你怎么看待14.5万亿美元[2]呢？这是美国的国内生产总值（截至2010年底）。贸易赤字仅占国内生产总值的3.4%，另外，从历史来看，这一数字也处于居中水平，没什么好担心的。

但媒体不会提及贸易赤字占GDP的比重，因为他们认为你是理性的，不会太在意仅占GDP 3.4%的贸易赤字。

---

[1] 美国人口普查局数据，汤森路透。

[2] 美国经济分析局，截至2010年12月31日的数据。

其他问题也是如此。任何时候，当媒体报道出巨额数字来吓唬你时，你要从相对视角考虑这些数字，将其纳入比例框架中。

■ 质疑你知道的一切

要想投资成功，你就要质疑自己知道的一切，特别是你认为自己真正了解的事情。正确地运用问题一可以防止你犯基本的错误，避免犯错的能力是成功投资的关键。当你审视神话并发现错误的逻辑时，不要只是简单地纠正它就了事了。投资是应用科学，不是一门手艺。当你验证了某个假设时，不要认为你能随时随地应用结论并得到相同的结果。TGH是一位变化无常的对手，你要不断地重新验证假设。

巨额的联邦财政赤字不一定对股市不利，甚至可能相反，这一点确实令人震惊，但这是不可否认的事实。未来总有一天，投资大众可能放弃这个神话，并认识到，整个世界对它的态度都是错误的。当这一天到来时，你的优势将不复存在。因为你知道的事情别人也都知道了，当人人皆知联邦财政赤字广受欢迎而不是备受嘲笑时，市场会为这种认识定价。运用问题一不断测试你的投资信条，你就不会落入这样的境地，尽管这样的情况不大可能出现。

你可能会说（若能这样就太好了）："你在本书中告诉我，股票的市盈率与未来收益无关，财政赤字预示着股票上涨而非下跌，全世界的人岂不都知道了？它们还管用吗？"如果全世界的人都认可了这些事实真相，那么由于市场会将广为人知的信息打折，这些信息最终会被市场消化，它们就不会给你带来优势了，不会再发挥作用了，因为你掌握的是人尽皆知的信息。

但是，自2007年本书第一版问世后，这种情况并未发生。本书中论述的大多数神话仍然流行如故。我估计2012年修订版问世后仍会如此。我敢打赌，阅读了第一章的大多数人都会认为，有关市盈率和赤字的论述太过古怪荒诞，他们会无视这些论述，依旧相信那些流行的错误观念，因为对他们而言，这样做是惬意、轻松的。大多数投资者永远不会阅读本书，在那些买下本书的人中，有一半的人不会阅读它，而在阅读它的人中，有许多人读不完第一章就将它弃如敝屣了。他们拒绝真理，喜欢流行的错误观念，而且将我视为荒唐之人。我倒希望他们能这么做，因为当我看到他们将我视为愚蠢之人，认为我的论断错误时，我知道我可以长期运用这些真理牟利了。如果他们接受了这些观念，我还得继续发现新的他人未知的真理。

坎贝尔和席勒的论文因支持了长期流行的神话而被人们认可，并迅速在全球传播；而与神话相矛盾的证据就如同扔进湖里的石子一样，在人们的心湖里泛起了一阵涟漪后便消失不见了。这不是我第一次写有关市盈率的文章了，我在15年前就开始写了。我敢打赌，从现在起的5至10年内，我的观点的普及程度仍会如现在一样，你可以根据它们下注。当然，我的观点也可能是错误的，如果你不加质疑地相信我说的，你就被另一个神话束缚住了。生活就是这样。

利用问题一的真正好处是，你可以掌握独家信息，否则你有可能做错了还不自知。一旦你掌握了运用问题一的技巧，你就能持续提高自己的判断能力。你可以不断获知独家信息，减少你犯错的概率。

发现新的投资真理是运用问题一时获得的意外收获。如果你想有意识地获取独家信息，你也必须学会运用问题二：我能理解哪些其他人无法理解之事？在大多数人看来，这一问题本身就是不可思议的，但我们要继续下去。请继续阅读本书第二章的内容。

第二章

问题二：我能理解哪些其他人无法理解之事

理解其他人无法理解之事

从字面来看，理解无法理解之事本身就很不可思议，所以大多数人都不会去尝试。然而，如运用问题一一样，做这件事并不需要你有大学问、遗传优势或神奇的魔力。你只需要提出问题二：我能理解哪些其他人无法理解之事？你问得越多，你了解得就越多越深。在市场押注的唯一基础就是掌握独家信息，运用问题二能为你的投注提供更多基础保障。来吧，问问自己：我掌握哪些独家信息？你的回答可能是："呃……啥也没有。"这是大多数人的第一反应。

不要气馁。问题二与问题一不同，你不会遭到信息的冲击。我们每天都在遭受投资谬论的狂轰滥炸。发现其他人不知道的东西没什么，比如，苹果落到了牛顿头上，重要的是之后发生的事情，即牛顿提出"究竟是什么导致了苹果下落"这一问题，并思考这一力量（自然的或邪恶的）到底是什么。当其他人都在抱怨X导致了Y时，你要远离市场和媒体的喧嚣，在一个安静的房间里思考Q因素是否能导致结果Y。

全世界有很多投资者都坚持认为，高市盈率会导致股价下跌（通常是错误的），债务对股票不利（错误），你不应该与美联储对着干（半对半错），及巨额贸易赤字会导致美元疲软（大错特错）。但要掌握独家信息，你就要远离噪声的干扰，弄明白这一问题：若导致汇率变化的不是广为人知的因素，那到底是什么其他因素呢？（我们将在第七章论述这个问题。）如果我不能跟美联储对着干，那么收益率曲线能揭示出有关股票的一些信息吗？或者我必须从不同的角度看待这个问题吗？我想知道这些问题的答案，特别想。刨根问底值得称赞。

■ 刨根问底值得称赞

假设无人知晓什么原因导致了结果Y，而且每个人都知道这一点，那么就没有人愿意思考导致Y的原因了，因为他们认为这纯粹是浪费时间。当今世界，无论是美国还是其他地方，如果某些事情被视为无法理解的，那么正常人就会认为它们是不可触碰的。这些领域特别适合进行探究，因为它们都是未被开垦的处女地。

误解问题二会导致你浪费大量的时间浏览媒体、寻找线索。在大规模生产和电子产品的推动下，媒体无处不在，信息可实现即时传送。你的投资优势不会出现在任何出版物的头条，不会出现在晚间新闻节目、博客或电子邮件时事通讯中。无论新闻如何被埋没，无论博客有多么不起眼，我们都生活在一个瞬息万变的世界里。在你发现"新闻"之前，新闻已经不是新闻了，你的"新闻"优势几乎不存在了。

不要绝望，你仍然可以利用广泛的噪声获取独家信息，但你首先要调整自己的行为模式。下面介绍如何操作。

忽略灌木丛中的石块

数千年前，我们的祖先为了抵御其他部落和大型猛兽的袭击而群居生活。每当夜幕降临时，他们会围着篝火取暖，偶尔还会烤肉吃。他们围坐在熊熊燃烧的篝火旁，讲述着打猎的经历和神话故事，以此把文明传承给下一代。在一个美妙的夜晚，他们在温暖的篝火旁吃完了烤肉，在一片欢乐祥和的氛围中设想美好的未来。

突然间，黑暗中传来一种响亮且不可名状的哺乳动物的叫声，篝火旁的人们顿时不安起来，他们本能地向灌木丛中四处张望，想弄清楚声音的来源，并为可能遭受的威胁做准备。发出声音的可能是敌对部落，也可能是狮子或狂奔的兽群。每个人都竖起了耳朵、睁大了眼睛，他们都关注着噪声，都想确认威胁来自哪里，都想解除威胁。

如果你来自另一个敌对部落，此刻正带领一队人马想攻击这个营地，你会怎么做呢？聪明的做法是，扔出一些石头或做出其他动作以分散对方的注意力，之后从不同的方向进攻。当然，狂奔的兽群不会这么做。但从被攻击的部落来看，为防止遭受聪明的掠夺者攻击，更为先进的军事化反应是，让一些人不理会噪声，而是把注意力放在其他黑暗区域，发现掠夺者真正的藏身之处。

有问题吗？除非组织良好，否则任何一群人都不会这么做。听到黑暗中传来的声音时，你肯定会循声望去。你有时间可去营地体验一下。不理会噪声不是你的本能反应，你的本能反应是全神贯注于噪声。在石器时代，这种本能可以保护生命免受最常见的自然力量的伤害。经过成千上万年的进化，这种对噪声的本能反应已经在我们头脑里固化，当噪声传来时，我们就像一个部落一样，本能地用眼睛和耳朵做出反应。

我怀疑有些读者可能会说："我不是那样的，我很聪明，我会朝另一个方向望去，我不会被骗。"等下次听到意外的声音时，你看看自己的本能反应是什么。我几乎确信，你肯定会向发出声音的地方望去。如果你没有这样做，那你可真是个怪人。认为自己最不可能这样做的人肯定会以最快的速度望向发出声音的地方。没有这种本能反应的人可谓少之又少。要确认其他投资者不知道什么，你必须注意各个方向，必须训练自己不去关注噪声。当其他人关注同一个方向时，无论你是否听到了噪声，你都要把注意力转向其他方向。

警惕大众新闻，避免盲目跟风

你可能特别想屏蔽媒体信息，因为你听到的或读到的是错误的或者人尽皆知的内容。这样的想法具有一定合理性，但是错误的。无论如何，不要避开大众媒体，它们是你的朋友和盟友，你要通过它们了解独家投资信息。媒体是打折机器，你必须通过（观看、听取）媒体内容来了解其他人的关注点，这样你才能确认应忽略哪些方面，重视哪些方面。

无论他们担心什么，你都不需要再担心了，因为他们正在为你做这件事，甚至可以说，你免费得到了服务。从众倾向的人很难理解这一简单的概念，但任何人经过训练都可以做到这一点。

例如，我已经告诉过你，有关财政赤字和贸易赤字的流行观念是错误的。你可能不相信，但我已告诉过你了。你也知道每个人都误解了高市盈率的影响（我们将在后面的章节中揭穿更多流行的神话，但你要领会中心思想）。注意媒体报道的内容，但不必理会无关的内容，这样你能避免从众心理的干扰，踏上探索的新征程。

避免从众心理的影响听起来容易，有人认为，只要看看哪些方面容易受影响，然后有针对性地加以注意就可以了。若真这么简单的话，它就不会被称为"从众心理"了，它该被称为"冷静、不强制、无压力，当我们跳过悬崖时，如果你愿意，你可以加入我们，也可以不加入"的心理。还记得那个叫吉米的酷小孩从桥上跳下去时，你妈妈也问你是否会跟着跳时的情形吗？你当然不会跟着跳，但是，当你的牌友们买入了小市值股而你没有买入，他们因此而嘲笑你时，你可能因他们的影响，在错误的时间买入小市值股。

我在1995年3月的《福布斯》专栏中撰写了一篇题为《如何避免随波逐流》的文章，描述了克服从众心理的方法，这些方法至今仍具有借鉴意义，因此我将它们列了出来。它们是：

1.当你认识的大多数人对价格走势或某些事情的看法与你一致时，不要认为你的判断是正确的。这是在警示你，你可能判断错了。独立自主、愿意被其他人视为狂人才能做出正确的判断。

确实如此，很多人都认为我很疯狂，没有关系，我不觉得难受。随着互联网和博客的发展，我已经习惯了人们阅读我的文章和专栏，习惯了读者对我的观点提出严厉的批评（当然，有时候他们的批评是对的，我是错的，但他们怎么看待我都不关我的事）。我不理会我不太了解的人对我本人或我工作的评论。当我的妻子对我不满时，我才会认真对待。她了解我的缺点和优点，希望我得到幸福。我重视家人、朋友和同事的评论，除了这些人外，对我不满或不喜欢我观点的任何人都可以随意对我进行评论，但我不会理会这些评论。你也可以约束自己做到这一点。大多数人怎么看你都不关你的事，如果他们认为你是个疯子，那可是好事。

2.当你不止一次地通过媒体看到或听到一些投资创意或重大的事件时，这些创意或事件不会起作用。等到评论员思考或评论它们时，它们早就变成旧闻了。

这条建议至今仍然有效。互联网增加了新闻传播的途径和速度。几十年来，一切事物都在加速变化，信息贬值的速度在加快。全球的交易员一天可交易24个小时，每周交易5整天和一个半天。晚上的新闻不会等到第二天早上才被播报，消息会在夜间通过互联网传播，即使在你打盹时，也有人在进行大量的股票交易。

3.观点越古老，其效力就越小。例如，对通货膨胀的担忧可能在1994年推动市场发展，但在1995年初就没什么效果了。

今年令人担忧的热门问题到明年就过时了。敌对部落侵犯你部落吸引注意力的是出人意料的新事物而非去年的噪声。为了更好地理解这一点，请想想你第一次听说某件事时的情形。这件事越古老，你就越肯定它不会对你造成什么影响。它越古老，市场就越有机会对它打折。这里举一个最能说明这个问题的例子。1999年，人们预计，所有的电脑都会出现软件故障，都会在2000年1月1日瘫痪。对"千年虫"病毒的恐惧无处不在，而且在1999年秋天，很多人因此离开了股市。我在1999年10月18日的《福布斯》专栏中刊发了一篇题为《大傻瓜》（*Greater Fools*）的文章，解释了"千年虫"病毒不会对股市造成危害的原因。我当时写道："'千年虫'是现代历史上被宣传得最广泛的'灾难'。有关它的信息可谓铺天盖地，恐怕只有亚马逊上游盆地的原住民不知道它了。我甚至不用介绍'千年虫'的确切含义，你就知道我说什么了。"1998年7月6日，我在专栏中详细解释了"千年虫"病毒不会损害股市的原因。因为这是一个老话题，而且其价值已经大打折扣了，因此在1999年底预计的危机期间，标准普尔500指数反而实现了上涨，当年的总收益率为21%。[①]根据这一简单的规律可知，"千年虫"问题没有掀起多大的波澜，对于"千年虫"问题的恐惧对股市产生了有利的影响，但鲜有人知道这一点，因为大多数人不认可这一规律（若想阅读我的两篇有关"千年虫"的专栏文章，请参见附录B和C）。

4.过去5年里热门的任何股票在未来5年内不一定热门，反之亦然。

---

① 全球金融数据公司，标准普尔500指数总收益率。

这一观点至今仍然有效，具体的年数并不重要。一些股票可能在很长的时间内炙手可热，但它们不会永远热门，投资者可能会落入陷阱，比如，1980年的能源股、2000年的科技股。你可以找到很多这样的例子。股票在过去5年里炙手可热并不意味着它们未来5年里无人无津或者依然抢手，但没有哪个板块能一直受人追捧。如果某个板块长期受人追捧，那么你要小心了，你应该到别的板块寻找更安全、未来收益率更高的股票。

遵循上述4条建议做出投资决策，你能更好地避免受他人影响，更专心致志地探索他人未知的领域。

▪ 投资专业人士——专业的信息打折人

折扣信息的另一个重要来源是投资专业人士，包括股票经纪人、理财规划师、注册会计师、特许金融分析师等。除了同行或者是客户了解的信息，他们基本上得不到其他信息。无论他们关注什么，你都不应该浪费时间，你要把目光投向其他地方。

大学里讲授的金融和经济学内容基本相同，教材大同小异。教科书、方法和理论都是广泛适用的。学生们学习的内容基本相同，因此这些内容已被打折了。几十年来，学生们学习了这些内容，接受的训练千篇一律，思维方式基本一样。这为人们把投资视为一门手艺埋下了伏笔。

许多人都熟悉课堂上讲授的每部分内容，课程设置得很好，却没有提供独家内容，大量的市场参与者运用从这些课程中学到的方法处理投资问题，但他们无法获得未被市场定价的信息。他们要面临的一个严峻现实是，课程内容本身是众所周知的，因此，其价值已被大打折扣了。

学习专业知识本没有错，但问题是你学不到独一无二的内容。如果专业人士群体接受的教育相同，看待和解释信息的思路大致相同，那么，他们的优势何在呢？他们认为自己掌握了什么独特的信息呢？答案通常是否定的。这就是我们利用媒体和专业人士确认哪些信息已经被定价，然后把它们弃之一边的做法颇为安全的原因了。

■ 不要成为逆向投资者

媒体上的内容通常都是错误的。专业人士可能不具有优势，因为他们获得的是广为人知的信息。盲目跟风很危险。那么，这意味着你应当与专家和专业人士反着干吗？你应该成为典型的逆向投资者吗？

不、不、不，重要的事情说三遍，绝对不要这么干。

我就经常被人称为逆向投资者，但我不是，我并非通常意义上的逆向投资者。当然，我还有更糟糕的称呼，或者将来会有更糟糕的称呼，但在我身上贴上逆向投资者的标签绝对是错误的。近几十年来，逆向主义越来越流行，导致的结果是，这种方法与普遍共识一样在市场上被定价了。我们现在都是逆向投资者，也都不是。从长期来看，逆向而行会让你的投资决策完全受《纽约时报》（*New York Times*）和晚间新闻的影响。

"逆向"（contrarian）一词指的是逆潮流而动，也就是说，当众人看涨时，典型的逆向做法是看跌，反之亦然。当每个人都认为某位政治家当选对股市有利时，逆向投资者认为其当选对股市不利。从技术层面讲，逆向投资者知道，其他人认为将发生的事情可能不会发生，但他们错误地认为，其他人认为不可能发生的事情将会发生。

我们进一步探讨这个问题。市场会使一切已知信息的价值打折，因此，正如我们之前多次提及的那样，如果人们认为，股市会发生某些事情，那么这些事情通常不会发生，而其他事情可能发生，但这并不意味着恰好对立的事情会发生。

假设大多数人都认为股市会上涨，这也并不意味着股市会下跌，股市可能持平，不涨也不跌，这样每个人的判断都错了。股市也有可能上涨，但涨幅大于任何人的预期，这也说明所有人的预测错了。从历史来看，这些事情都发生过，而且发生的概率大致相同。

假设你是一名典型的逆向投资者，而且你发现，大多数人都认为股市将上涨，因此你赌股市会下跌，最后股市上涨了，但涨幅超过了大多数人的预期，你成了那个误判最严重的人。做一名逆向投资者比随波逐流好，但逆向投资者并不能保证大多数判断正确，正确的概率仅为1/3。

可以用指南针来说明这个问题。大多数投资者认为，股市会走向北方，逆向投资者认为它会走向南方。但最终股市走向了东方或西方，或者走到了最北或最南的地段，这导致大多数人的判断错误，逆向投资者也是如此，而且折扣机制会发挥作用。由于其他结果比逆向投资者预计的结果更出人意料，因此，这些结果出现的概率更高。

关键要记住这一点：结果往往与众人的预期不一致，但不一定相反。如今，逆向投资者判断的正确率不一定比按共识做出判断的正确率高。推动价格变化的是意料之外的需求变化，问题是，意料之外的需求变化可能源于很多因素。

▪ 无处不在的规律

要了解别人不了解的事物，你就必须关注噪声源之外的地方，弄清楚自己知道哪些独家信息。但你如何掌握独家信息呢？

待发现的规律无处不在，当然，其中有很多是毫无意义的，但还有一些规律我们仍未发现，在未来的几十年内，资本市场将会涌现出很多新发现，你没有理由不贡献一份力量。如果你能早一些采取行动，那么你可以比许多投资专业人士领先一步发现许多新规律，它们会成为你的优势，成为你在市场中下注的依据。

从本质上讲，提出问题二的目的有两个：一是发现一种新规律，即人们认为完全无关的两个或多个变量之间的某种相关性；二是发现许多人能看出但忽略、轻视或误解了的规律。我们接下来会展示这两种情况的例子（后面的章节会展示更多）。

有关收益率曲线的惊人真相

新闻里充斥着有关利率的信息，然而，尽管所有人都关注利率，但许多人都没有看到一个明显的规律，因此错失了许多投资机会。

在我们深入研究规律和因果关系之前，我们先介绍一些有关利率的知识。利率决定了短期或长期贷款成本，还决定了投资者的流动资产被锁定一段时间后可获得的收益。

你经常听到或读过"利率下降""美联储加息"或与各种利率有关的新闻报道。

人们常常把央行（在美国是美联储）设定的利率与市场上形成的利率相混淆。

当美联储觉得应该减少或增加货币供应量时，它可能提高或降低联邦基金基准利率。联邦公开市场委员会（FOMC）每年举行8次会议，讨论是否应提高、降低或维持联邦基金利率（有时也被称为隔夜利率或短期利率）以及调整幅度。

短期利率是银行间相互拆借的利率，它推动了银行存款（活期或定期）利率。投资者在谈论美联储对利率的调整时指的就是这种利率。

美国国债和所有其他债券的利率都不是由美联储、政府、总统或邪恶势力决定的，它们是由全球市场力量决定的（顺便提一下，在业内，10年期美国国债利率被视为长期利率）。在当今的全球经济中，交易者可在自由、开放的全球市场上交易债券。

尽管投资者喋喋不休地谈论"利率下降""利率上升""美联储加息"，但美联储控制的短期利率和国债、其他主权债务、公司债券、市政债券等，彼此是独立的，有时候变化方向一致，有时候相反。

再次申明，它们的变化趋势是不同的。当美联储提高联邦基金利率时，其他利率有时会上涨，有时会下调。各种利率通常表现不一，有的上涨，有的下调，有的保持不变，而且涨幅和跌幅各异。美国和其他国家均是如此。

对于刚接触这一主题的人来说，期限最短的国债的利率（超短期利率，而不是"短期利率"）和各种期限较长的定期利率之间的差异可以通过收益率曲线图直观地展示出来（其他类型的债券的利率也可以用图形展示出来，只要它们的类型和信用质量相同即可，比如，你可以绘制出企业债券利率曲线、市政债券利率曲线等）。我们以纵轴表示利率，最低值为零，以横轴表示时间，最右边表示未来的10年或30年。典型的收益率曲线如图2.1所示。

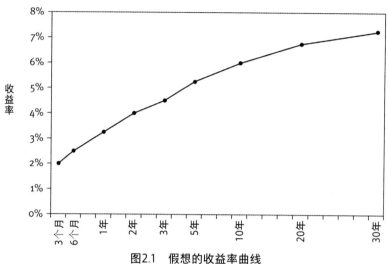

图2.1　假想的收益率曲线

通常情况下，期限越长，利率越高。因为期限越长，锁定资金的风险就越大。当短期利率较低时，图中的曲线向上倾斜，斜率为正。短期实际利率高于长期利率的情况很少见，当这种情况发生时，曲线向右下方倾斜，斜率为负。利率处于同一水平的情况很少见，也就是说，此时收益率曲线呈水平状态。

■ 有关利率的错误观念

你可能听说过这句话，"不要与美联储对着干"，意思是，当美联储提高短期利率时，你要卖空股票。这纯粹是胡说八道。总体来看，当美联储加息时，股市表现良好，尽管也有例外出现，但任何事情都不是绝对的，都可能出现这样或那样的例外。图2.2显示了最近几个时段联邦基金利率上调后标准普尔500指数收益率的情况。

从图中可以看出，标准普尔500指数收益率和联邦基金利率具有很强的相关性。我不认为这意味着什么，因为股市更多地表现出积极态

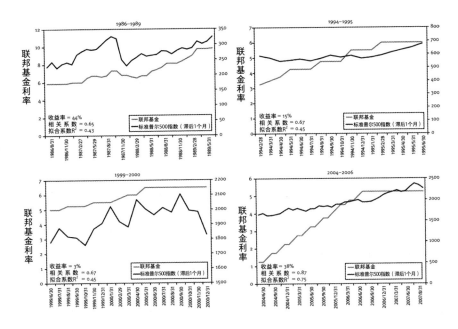

图2.2 联邦基金利率和标准普尔500指数收益率

势，所以出现这样的结果没什么好奇怪的。有时候某个市场的表现比其他市场更积极，但由于积极的市场出现在短期利率上调之后，"不要与美联储对着干"就成了我们运用问题一揭穿的神话。这并不是说短期利率上涨是熊市或牛市到来的迹象，短期利率下降也不是。短期利率的变化与熊市或牛市之间不存在必然的联系。

　　与美联储对着干的人失去了什么呢？要成功地运用问题二，首先要把无关紧要的问题抛诸脑后。任何人都可以用谷歌搜索联邦公开市场委员会或者访问其网站（http://www.federalreserve.gov/fomc/#calendars），了解它什么时候开会。更重要的是，在格林斯潘（Greenspan）和伯南克（Bernanke）的领导下，联邦公开市场委员会计划降低或提高联邦基金利率时变得越来越透明，几乎会告知确切的调整幅度。由于提高0.25个百分点甚至0.5个百分点的计划早在几个月前就已经人尽皆知了，因此，当计划实施时，市场不大可能出现动荡。

不要关注短期利率的变化，而要关注收益率曲线的变化。大多数投资者都会告诉你，收益率为正是好事，收益率为负是坏事，这多少有些道理。收益率曲线的斜率通常是正的，倒挂的收益率曲线很少见，通常被视为看跌的迹象。

但这种看待收益率曲线的方式不正确，会对你不利。在我们探索新信息之前，先利用问题一审视一下我们对收益率曲线的看法是否正确。倒挂的收益率曲线是厄运的先兆吗？这要看你如何界定"收益率曲线"，或者更具体地说，要看你在哪里使用它。

有关收益率曲线的一个问题是，人们往往把经济衰退与熊市联系在一起，这是人们的一种误解。经济衰退与熊市不是一回事。熊市出现时可能没有经济衰退，反之亦然。但它们确实经常相伴出现，因为经济衰退会导致投资者情绪恶化和收益下降，从而拖累股市，但这样的情形不一定总是发生（例如，对衰退的恐惧已持续了很长时间，这种恐惧已经被市场消化了）。

这里需要介绍两个定义：熊市指的是在较长的时间内股市跌幅超过约20%（熊市和调整期之间的差异在于跌幅和持续时间，调整期的持续时间要短得多，只有几个月，而且跌幅在20%以下）。相比之下，经济衰退通常被定义为GDP连续两个季度的增长率为负，但由于GDP数据的公布具有滞后性，即使身处经济危机，你也很难知道。

当GDP连续两个季度出现温和的负增长时，人们很难有所察觉。经济衰退出现一段时间后，有时候甚至经济衰退结束后，人们才恍然大悟。例如，1973—1974年的熊市后出现了严重的经济衰退，一直持续到了1975年。这是第二次世界大战后最严重的一次经济衰退，但直到1975年，人们还未意识到其严重性。1974年9月，福特总统及其经济顾问们还在呼吁以加息对抗通货膨胀，而加息可能抑制经济增长。出现这种情形，是因为当时没有人知道我们处于经济衰退中。

我当时还比较年轻，不过我对当时发生的一切仍记忆犹新，在我看来，这是一段奇怪的岁月。我记得1974年与我交谈过的所有人都认为，经济增长很强劲，但后来我们才得知，当年经济增速连续四个季度下滑。从很多方面来看，我当时都没有异样的感觉。我和我的妻子刚失去我们的小女儿，我们心碎欲裂，只能兼职工作大约6个月的时间。我不确信自己能够很好地理解当时的经济状况，所以花了很多时间向别人请教。这样，我在无意中调查了大量的投资者和商业人士的看法。1974年，几乎没有人知道我们已经陷入了衰退，直到1975年，才有很多人认为经济出现了衰退，此时衰退已接近尾声了，哎，那次衰退真的很严重。当时的高通货膨胀率掩盖了衰退的事实，许多公司的交易量减少了，但利润仍然可观，鲜有人能看出经济出现了衰退。

经济衰退的官方标准来自美国国家经济研究局（NBER；www.nber.com）。其给出的定义涉及很多指标，但突出的指标是GDP，而且该定义精确地描述了经济收缩的特征。NBER对经济衰退的描述为：

NBER并没有将经济衰退定义为GDP连续两个季度出现衰退，相反，该机构认为，经济衰退是整个经济体内经济活动显著下降，持续时间超过几个月，通常可见于实际GDP、实际收入、就业率、工业生产和批发零售销售业。[1]

从历史来看，陡峭的收益率曲线表明，金融机构能从放贷业务中获得利润，而放贷是未来经济活动的重要推动力。然而，倒挂的收益率曲线会对银行的放贷活动产生抑制作用，从而降低流动性（记住这一点有利于理解本章后面的内容），而且它是预测经济衰退的可靠指标。

---

[1] 美国商务部、国家经济研究局（NBER），《经济衰退过程报告》（*The NBER's Recession Dating Procedure*）。

但是，倒挂的收益率曲线是否会导致熊市？这要看利空消息是否已被市场定价。例如，1998年，美国的收益率曲线趋于平缓，人们对收益率曲线的斜率转变为负的恐慌情绪蔓延，再加上俄罗斯的卢布危机和长期资本管理（Long-term Capital Management）基金危机，人们普遍预期股市将在长期内大跌。年中出现了大幅下跌，但没有出现熊市，1998年底，标准普尔500指数上涨了29%。[①]由于对收益率曲线的担忧变得如此普遍，最终反而丧失了导致股市大跌的能力。

到了2000年，倒挂的收益率曲线出现了，这一次，没有人在意这一情况了。相反，人们都在称赞"新经济"，都在说"收益率无关紧要""这次大不一样"，他们纷纷为网络股的发行欢呼不已。1998年发生的事情让他们确信，倒挂的收益率曲线无关紧要。到了2000年，由于很多人不再关注和担忧收益率曲线了，他们把关注的焦点投向其他因素，倒挂的收益率曲线反而成了经济疲软的先兆，在科技股到达顶峰后，出现了持续3年的熊市。当每个人都在说"哈哈，这次大不一样了"时，如2000年早期的情形，倒挂的收益率曲线会给股市带来灾难。

即使澄清了这一点，人们仍然会错误地看待收益率曲线。重要的是，我们要根据倒挂的收益率曲线所蕴含的经济意义正确地看待它们。此刻考虑一下美国的利率和根据利率计算出的收益率曲线，为什么你不能研究一下美国的利率呢？你会考虑其他哪些利率呢？你可以反复运用我提出的问题二进行探索。

问题二：有没有一种收益率曲线比美国的更重要？你可能从未想过这个问题。你为什么要提这个问题呢？有哪种收益率曲线可能比美国的更重要呢？特别是对美国人而言！

---

① 汤森路透，标准普尔500指数总收益率，1997年12月31日—1998年12月31日的数据。

毕竟，当我们观察30年、50年和100年前的美国收益率曲线时，我们会发现，它们是反映美国经济健康发展的长期证据。每个人都知道这一点（或者至少有很多人相信这一点，包括大多数记者，这意味着几乎所有人都相信它）。美国的收益率曲线很重要，它是衡量未来经济兴衰的可靠指标，这是很多人都认同的观点。当短期利率高于长期利率时，银行不愿意积极放贷，这不是什么好事。30年前，当美国的收益率曲线斜率转为负时，银行从放贷业务中赚钱的唯一方法是，把资金以高于银行借款成本的利率贷给信用很差的个人或机构。无论在过去还是现在，这种做法的风险都很大，银行都不喜欢。事实上，风险越大，它们越不喜欢放贷。当然，当时大多数人都不知道收益率曲线的重要性。

■ 放眼全球

现在，我们不仅有国家银行，还有全球银行，各种被用来对冲风险的衍生品和金融期货及电子产品层出不穷，而且我们可以在全球范围内即时获取精准的会计和交易信息。现在，资金可自由地实现跨境流动。一家全球性银行可在一国借款，在另一国放贷，而且能尽快地对冲货币风险。你可以从一家投资银行借款，其资金来源于欧洲一家保险公司集团，而这家集团的资金又来源于全球银行，你可能永远都不知道自己借入的资金来自海外。对你来讲，你借入的只是钱而已。

几十年前，国家银行盛行，电子清算和交易系统的发展刚起步，没有必要的对冲工具，货币价格是固定而非浮动的，此时国家收益率曲线很重要，但现在一切都已经变了。在每个国家，包括美国，全球化倾向都盖过了本地化倾向。外国利率和收益率曲线的变化会导致流动性的变化，从而对美国产生重大的影响。当我们运用杠杆来提高国内和国外资产的价值时，它们也会决定我们运用杠杆的成本效益。

对任何一国收益率曲线的分析，都变得不那么重要了。现在正确的做法是分析GDP加权的全球收益率曲线，这是我首倡的观点。全球收益率曲线代表的是全球的放贷情况。在当今世界，当全球收益率曲线与美国收益率曲线揭示的情况不一致时，要以全球的为准。美国或其他任何单一股票的收益率曲线都不如全球收益率曲线重要。

图2.3显示的是截至2011年9月的全球收益率曲线。为什么说它很重要呢？如果一家银行能以更低的利率从一个国家借入资金，并能以更高的利率在另一个国家放贷，那么它肯定会在这两个国家开展业务。每个主体，包括银行和它们的客户，都喜欢以低成本获得资金。注意，该图是根据GDP加权的全球收益率绘制的。凭直觉可知，GDP规模更大的国家对全球收益率曲线的影响也更大。

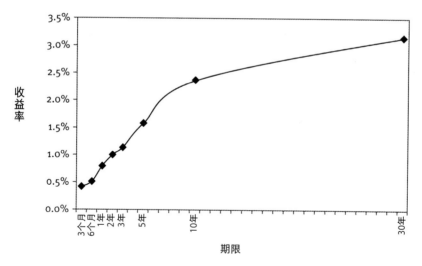

图2.3 2011年9月的全球收益率曲线

资料来源：国际货币基金组织（International Monetary Fund）、世界经济展望数据库（World Economic Outlook Database），2011年9月的数据；全球金融数据公司、彭博财经资讯（Bloomberg Finance, L.P.）。计算全球收益率时将希腊排除在外

在绘制GDP加权的收益率曲线时，我首先整理出了摩根斯坦利国际资本公司（MSCI）世界指数包含的国家的数据。我没有将所有的ACWI国家包含在内，因为与发达国家的GDP相比，新兴国家的GDP规模很小，一些新兴国家的精确利率数据很难获得。我记录的是所列国家最近一年的GDP。所有国家的GDP都可在国际货币基金组织的网站（www.imf.org）上查到。我列出的国家名单大概是这样的：

国家	GDP（10亿美元）	GDP权重（%）
A国	50	14.3
B国	50	14.3
C国	250	71.4
总计	350	

尽可能了解全球股市

在考察全球市场时，我们目前常用的最佳指数是由摩根斯坦利国际资本公司（MSCI）构建的。所有MSCI指数的构建都很合理，换句话说，这些指数都是按市值加权构建的，但我们最关注的是MSCI世界指数和MSCI所有国家指数（简称世界指数和ACWI指数）。

世界指数涵盖了24个发达国家，包括美国、英国、澳大利亚、德国和日本等国。在讨论市场历史时，我经常提及世界指数，因为它提供了充分的历史数据，而且还包括其他有助于解读历史的数据。更重要的是，它覆盖面广，而且股票的权重以其市场流动性为依据。也就是说，如果某只股票的交易不活跃，那么它对市场的影响就很小。一个例子就是伯克希尔·哈撒韦公司的股票，它没有被纳入世界指数或标准普尔500指数，就是因为该股票的换手率比其他股票的低。

作为全球市场的代理变量，另一个不错的选择是ACWI指数，因为它还涵盖新兴国家。目前该指数涵盖45个国家，包括世界指数涵盖的国家和墨西哥、巴西、中国、印度等国。由于新兴市场国家的股票交易历史有限，数据较少，因此，就衡量股市业绩的历史而言，该指数不如世界指数适宜，但它仍是一个构建相当合理的指数，是全球市场的出色代理变量之一。

想查阅有关这些指数的更多信息和历史数据，请登录网址www.msci.com。

显然，这些数据是假设的，目的是为了说明计算全球收益率的过程，你能明白这一点即可。为了得到每个国家的GDP权重，我们将所有国家的GDP加总，然后以每个国家的GDP除以全球GDP总额。

接下来加入短期和长期利率（这里我显示的是3个月和10年期的利率）。我访问了一些优秀的数据库，因此很快搜集到了利率数据。任何人都可以在比较优质的金融网站上免费获取这些信息。

国家	GDP（10亿美元）	GDP权重（%）	3个月利率（%）	10年期利率（%）
A国	50	14.3	3.25	6.5
B国	50	14.3	2.5	7.2
C国	250	71.4	4.5	4.25
总计	350			

上面的数据为基础数据。现在用10年期利率减去3个月期利率，利率差为正表明收益率曲线斜率为正，利率差为负表明收益率曲线斜率为负。

国家	GDP （10亿美元）	GDP权重 （%）	3个月 利率（%）	10年 利率（%）	利率差 （%）
A国	50	14.3	3.25	6.5	3.25
B国	50	14.3	2.5	7.2	4.70
C国	250	71.4	4.5	4.25	- 0.25
总计	350				

注意，C国的利率差为负，这表明其收益率曲线的斜率是负的，而且C国的GDP规模相对较大，这是否说明C国的股市在这段时间内表现不佳呢？我们还不能妄下定论。接下来，我们将每一国的利率差乘以相应的GDP权重，之后将乘积加总就得到了全球收益率差额，将这些数字显示在表格里。

国家	GDP （10亿美元）	GDP 权重（%）	3个月 利率（%）	10年期 利率（%）	利率差 （%）	GDP加权利 率差（%）
A国	50	14.3	3.25	6.5	3.25	0.46
B国	50	14.3	2.5	7.2	4.70	0.67
C国	250	71.4	4.5	4.25	- 0.25	- 0.18
总计	350					0.95

尽管C国的收益率曲线斜率为负值，但全球收益率曲线的斜率仍为正，也就是说10年期利率高于3个月期利率。全球收益率差额为0.95%，这意味着，利率差额的最低值和最高值之间的差额不足1%。你能想象得出，这个假想的指数涵盖的C国的GDP要比其他国家大得多，它肯定是像美国一样的国家。其他国家的收益率曲线也很重要，甚至对C国这样的GDP大国也是如此。

当C国的银行和其他金融机构认为本国的信贷条件不太理想时，它们可以方便地从其他国家借款，几十年前它们可做不到这样（如果你想绘制实际的全球收益率曲线，你可以运用同样的方法计算全球短期和长期利率，只需要将每个国家的利率乘以其GDP权重，然后加总乘积即可得到全球利率。在我们假想的例子中，全球3个月期利率为4.04%，全球10年期利率为4.99%。以长期利率减去短期利率会得到同样的收益率差额0.95%）。

因此，倒挂的收益率曲线本身并不是股市会马上崩盘的依据，你必须考虑全球利率和全球收益率情况。当全球收益率为正时，单个国家的倒挂收益率曲线可能是减持该国股票的一个原因，但这并非看跌全球股市的绝对理由。就预示股市和全球经济未来的走势而言，全球收益率曲线是比任何单一国家收益率曲线更可靠的指标。

图2.4显示了自1985年以来的全球短期利率和长期利率差，以另一种方式描述了全球收益率曲线相对陡峭程度。差额高于0%说明收益率曲线的斜率为正，差额低于0%表示斜率为负。线条越高表示短期利率和长期利率之间的差额越大，收益率曲线就越陡峭。

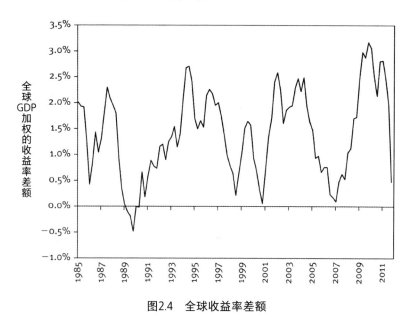

图2.4 全球收益率差额

资料来源：全球金融数据公司、国际货币基金组织、MSCI世界货币区（MSCI World Monetary Zones）

注意，1989年的全球收益率曲线是倒挂的，这表明经济衰退即将到来（全球性的经济衰退）。2000年末和2007年初，收益率曲线比较平坦，这两个时间段后都爆发了全球性的经济衰退。回想一下，2005年和2006年的某些时间段里，美国的收益率曲线非常平坦，若按不同的方法测算，甚至出现了斜率为负的时段，即出现了倒挂的收益率曲线。但2005年和2006年，全球收益率曲线仍然是正常的，而且当时美国和全球没有出现任何衰退。有意思的是，2005年和2006年，美国股市分别上涨了4.9%和15.8%，均落后于世界股市，后者两年的涨幅分别为9.5%和20.1%。[①]如果你知道美国的收益率曲线是倒挂的而世界的是正常的，那么你就不会为这样的结果感到惊讶了。

当收益率曲线倒挂或平坦时，我们要认识到这对股市的未来走势意味着什么。无论正常或倒挂，全球收益率曲线要比任何单个国家的收益率曲线重要。

据我所知，在我之前，还没有人为总结全球信贷状况而构建GDP加权的收益率曲线。这是运用问题二的一个绝佳范例，即理解大多数人难以理解的事情：今天更重要的是全球收益率曲线而非国家收益率曲线。然而，理解大多数人难以理解的事情并不复杂，从理论上讲不是不可能，也不难做到。明白这个道理很重要，也很简单。

我在前面明确提到过，你可以运用这一方法分析其他许多现象。比如，对全球GDP和全球市场而言，重要的（或不重要的）是全球性财政赤字；推动美国和其他国家通货膨胀的是全球通货膨胀水平。你可以运用我介绍的方法创建GDP加权的全球货币供应量指数并观察其增长情况。为什么呢？因为推动全球性通货膨胀的是全球的货币创造而非任何单个国家的行

---

① 汤森路透，标准普尔500指数总收益率和MSCI世界指数净收益率，2004年12月31日—2005年12月31日的数据和2005年12月31日—2006年12月31日的数据。

为。你知道自己很担心贸易赤字和经常账户赤字。从定义来看，这些赤字在全球层面不存在，我们以后再讨论这个问题。你可以把全球思维应用于许多方面，由此也可以看出，"全球化思考、本地化行动"这一在实践中很少被应用的古老理念确实很有价值，有超越时代的意义。

收益率曲线真相的启示

现在你知道如何正确地考虑收益率曲线了，而且你开始寻找其他显著的规律和市场投注依据了。我们提出问题二：收益率曲线能告诉你有关股票的哪些独家信息呢？到目前为止，你知道（或者你应当知道），所有投资风格的地位都是变化的，我们将在后面的章节中讨论原因，但你可能从

年份	1	2	3	4	5	6	7	8
2010年	罗素2000成长股 29.1%	罗素2000 26.9%	罗素2000价值股 24.5%	标普/花旗价值股 17.1%	标普500指数 15.1%	标普/花旗成长股 14.1%	MSCI欧澳远东指数 7.8%	巴克莱综合指数 6.6%
2009年	标普/花旗成长股 34.6%	罗素2000价值股 34.5%	MSCI欧澳远东指数 31.8%	罗素2000 27.2%	标普500指数 26.5%	标普/花旗价值股 21.6%	罗素2000成长股 20.6%	巴克莱综合指数 5.9%
2008年	巴克莱综合指数 5.2%	罗素2000价值股 -28.9%	罗素2000 -33.8%	标普/花旗成长股 -35.5%	标普500指数 -37.0%	罗素2000成长股 -38.5%	标普/花旗价值股 -38.9%	MSCI欧澳远东指数 -43.4%
2007年	MSCI欧澳远东指数 11.2%	标普/花旗成长股 10.3%	罗素2000成长股 7.1%	巴克莱综合指数 7.0%	标普500指数 5.5%	标普/花旗价值股 -1.9%	罗素2000 -1.6%	罗素2000价值股 -9.9%
2006年	MSCI欧澳远东指数 26.3%	罗素2000 23.5%	标普/花旗价值股 19.7%	罗素2000成长股 18.4%	标普500指数 15.8%	标普/花旗成长股 13.3%	罗素2000价值股 11.4%	巴克莱综合指数 4.3%
2005年	MSCI欧澳远东指数 13.5%	标普/花旗成长股 9.3%	标普500指数 4.9%	标普/花旗价值股 4.7%	罗素2000 4.6%	罗素2000成长股 4.2%	巴克莱综合指数 2.4%	罗素2000价值股 2.3%
2004年	罗素2000价值股 22.2%	MSCI欧澳远东指数 20.2%	罗素2000 18.3%	标普/花旗价值股 15.3%	罗素2000成长股 14.3%	标普500指数 10.9%	标普/花旗成长股 6.3%	巴克莱综合指数 4.3%
2003年	罗素2000成长股 48.5%	罗素2000 47.3%	罗素2000价值股 46.0%	MSCI欧澳远东指数 38.6%	标普/花旗价值股 31.6%	标普500指数 28.7%	标普/花旗成长股 26.8%	巴克莱综合指数 4.1%
2002年	巴克莱综合指数 10.3%	罗素2000价值股 -11.4%	MSCI欧澳远东指数 -15.9%	标普/花旗价值股 -16.2%	罗素2000 -20.5%	标普500指数 -22.1%	标普/花旗成长股 -30.2%	罗素2000成长股 -30.3%
2001年	罗素2000价值股 14.0%	巴克莱综合指数 8.4%	罗素2000 2.5%	标普/花旗价值股 -9.2%	标普500指数 -11.9%	罗素2000成长股 -19.5%	标普/花旗成长股 -20.4%	MSCI欧澳远东指数 -21.4%
2000年	罗素2000价值股 22.8%	巴克莱综合指数 11.6%	标普/花旗价值股 6.5%	罗素2000 -3.0%	标普500指数 -9.1%	MSCI欧澳远东指数 -14.2%	标普/花旗成长股 -22.2%	罗素2000成长股 -22.4%
1999年	罗素2000成长股 43.1%	标普/花旗成长股 35.9%	MSCI欧澳远东指数 27.0%	罗素2000 21.3%	标普500指数 21.0%	标普/花旗价值股 4.7%	巴克莱综合指数 -0.8%	罗素2000价值股 -1.5%
1998年	标普/花旗成长股 41.0%	标普500指数 28.6%	MSCI欧澳远东指数 20.0%	标普/花旗价值股 16.3%	巴克莱综合指数 8.7%	罗素2000成长股 1.2%	罗素2000 -2.5%	罗素2000价值股 -6.5%
1997年	标普/花旗成长股 33.5%	标普500指数 33.4%	罗素2000价值股 31.8%	标普/花旗价值股 31.5%	罗素2000 22.4%	罗素2000成长股 12.9%	巴克莱综合指数 9.7%	MSCI欧澳远东指数 1.8%
1996年	标普/花旗成长股 25.7%	标普/花旗价值股 23.9%	标普500指数 23.0%	罗素2000价值股 21.4%	罗素2000 16.5%	罗素2000成长股 11.3%	MSCI欧澳远东指数 6.0%	巴克莱综合指数 3.6%
1995年	标普/花旗成长股 39.4%	标普500指数 37.6%	标普/花旗价值股 37.2%	罗素2000价值股 31.0%	罗素2000 28.5%	罗素2000成长股 25.7%	巴克莱综合指数 18.5%	MSCI欧澳远东指数 11.2%
1994年	MSCI欧澳远东指数 7.8%	标普/花旗成长股 3.9%	标普/花旗价值股 -0.6%	标普500指数 -1.3%	罗素2000价值股 -1.5%	罗素2000 -1.8%	罗素2000成长股 -2.4%	巴克莱综合指数 -2.9%
1993年	MSCI欧澳远东指数 32.6%	罗素2000价值股 23.8%	罗素2000 18.9%	标普/花旗价值股 16.6%	标普500指数 10.1%	巴克莱综合指数 9.8%	罗素2000成长股 3.1%	标普/花旗成长股 0.2%
1992年	罗素2000价值股 29.1%	标普500指数 18.4%	标普/花旗价值股 9.5%	罗素2000成长股 7.8%	标普/花旗成长股 7.6%	巴克莱综合指数 7.4%	罗素2000 4.5%	MSCI欧澳远东指数 -12.2%
1991年	罗素2000成长股 51.2%	罗素2000价值股 46.0%	标普/花旗价值股 44.4%	标普/花旗成长股 41.7%	标普500指数 30.5%	罗素2000 22.2%	巴克莱综合指数 16.0%	MSCI欧澳远东指数 12.1%

图2.5 投资风格热度的变化

资料来源：汤森路透

---

① 罗素2000价值股指数、罗素2000成长股指数、MSCI欧澳远东指数、巴克莱综合指数。1990年12月31日—2010年12月31日的数据。除了MSCI欧澳远东指数以净收益率、所有的收益率均为总收益率。这指数的计算方法是：将市值排名前80%的股票按投资风格进行分类，投资风格按投资风格进行分类。标准普尔500指数/花旗集团基础价值股指数，标普500价值股指数。标准普尔500指数主要由美国大市值成长股指数衡量的是美国大市值成长股的业绩，即将市值排名前80%的股票按投资风格进行分类，投资风格为成长型的，纳入该指数。投资风格为价值型的，纳入该指数。投

图2.5中看出一些端倪，该图显示了股票规模和热门投资风格的变化。

图2.5显示的是，没有哪种规模或投资风格能一直处于领先地位。更明显的是，你无法预知接下来哪种规模或风格将占主导地位。如果你买入了前几年的赢家股，恐怕今年它就成了输家股，除了美国大市值股长期占据主导地位的20世纪90年代后期。当然，你也可能从2000年开始一直狂热地追逐长期业绩堪忧的股票，但你最近可能获利了（正如我之前说过的，投资风格的热度不大可能持续10年之久）。

如果说股票类别的变化有规律可循，那么多年来一直从事投资的聪明人怎么会不知道呢？

原因很简单！

图2.6与图2.4相似，它显示的不是全球收益率曲线，而是短期利率和长期利率的差额，但图2.6加入了价值股和成长股的相对表现。例如，1987年，利率差额扩大到接近2.5%，在接下来的10年内，价值股处于领先位置，其收益率比成长股高出28%。之后收益率曲线趋于平缓并实现了反转，成长股开始居于领先位置，收益率曲线再次变得陡峭。这样的情况反复出现，只不过有时候某一类股票领先的时间长一些，领先幅度大一些而已，领先幅度甚至高达55%和76%。不敢跟美联储对着干或者担心利率太高或太低的人都发现不了这一规律。

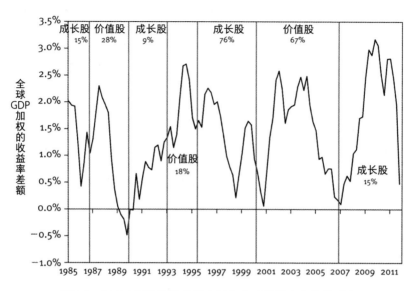

图2.6 全球成长股和价值股表现与全球收益率曲线的对比

资料来源：全球金融数据公司、国际货币基金组织、汤森路透、MSCI世界成长股指数、MSCI世界价值股指数，所有收益率均为净收益率

　　图2.6表明，一般来讲，当全球收益率差额最大时，价值股的表现比较优秀，实际上，在收益率差额到达顶峰之前，价值股的表现就超过成长股了，因为股票行情最先发生变化（毕竟，市场是信息打折的地方）。这样的判断并不完美，因为没有任何方法能解决所有问题，而且资本市场非常复杂，事实上，这种规律在2007年初已经表现出与之前不一样的动向了。

　　根据收益率曲线，当全球短期和长期利率的差额增大时，你可能认为价值股的表现将超越成长股。然而，近些年发生的事情，包括2008年的信贷危机和熊市，对金融股的打击相当严重。金融股往往是价值股，它们的表现较差，拖累了价值股。如果不考虑金融股的表现，价值股的业绩比成长股高出4.9%。①但是，如果你能预测金融股的糟糕业绩和熊市，那么你在这段时间内就不需要为选择价值股还是成长股费心劳力了。再次重申，没有任何指标能完美地预测股市未来的走势，即使过去表现良好、一直有效的指标也是如此。

然而，决定价值股的表现优于成长股或成长股的表现优于价值股的基本因素并没有改变。因此，当你发现收益率曲线变得更加陡峭时，你就知道投资价值股的大好时机来临了；当你发现收益率曲线趋于平缓时，你投资成长股的时机就到了。

更重要的是，不同投资风格的业绩差异很大。此外，某种投资风格会在一段时期内占据主导地位，因此你无需分秒不差地计算好时间（这几乎是不可能的），但你需要参考全球收益率才能做出正确的判断。

除非你参加过我或我的公司举办的研讨会，否则你可能从不知道收益率差额和价值股、成长股的表现会有这么多的说道。没人看出其中的规律，然而，两类股票的关系非常明显，相关的证据也很充分。

你知道了收益率曲线和两类股票的表现之间的关系，但那又如何呢？如前所述，许多现存的规律并不必然意味着什么。在你仓促地改变投资组合之前，你必须核查规律与结果之间是否存在因果关系。如果不存在因果关系，你就没有下注的理由。如果一件事情的发生是因为另一件事情引起的，那么这说明它们之间存在因果关系，反之，若它们总是存在某种程度的相关性，两个相关的事件却不一定存在因果关系。你在学校上统计学课时，老师就告诉过你，高度的相关性不一定意味着因果关系存在，但因果关系确实意味着高度的相关性。因此，利用问题二时，首先要确认两个事

---

① 汤森路透、MSCI世界成长股指数、MSCI世界价值股指数，所有数据均为净收益率，2006年12月31日—2011年12月31日的数据。

件的高度相关性，然后看看能否运用简单的经济学原理证明它们之间存在因果关系。

成长股和价值股的区别

什么是成长股，什么是价值股，如何识别它们呢？

首先，从长期来看，无法判定这两类股票孰优孰劣，也无法确认它们是否存在诸多不同的风险特征，但它们交替占据市场的主导地位。

有相当多的人都认为成长股的市盈率较高，价值股的较低。但所谓高低的标准是什么呢？一些专家很随意地确定了一个水平并以其为依据。在我看来，你最好要有自己的基准（你自己锚定的指数）。确定你基准的市盈率，市盈率高于基准的股票更具有成长股的特征，市盈率低于基准的股票更具有价值股的特征，市盈率接近于基准的股票是风格中立的。切记这一点，因为你基准的平均市盈率会波动。你越偏爱成长股，你投资组合的平均市盈率就越比基准的市盈率高。价值股反之。有时候你想构建风格中立的投资组合。

还要记住这一点：一些公司可能暂时没有收益，因而也没有市盈率。对于这些公司，你需要运用其他指标，比如，市净率（Price-to-book Ratio）或市销率（Price-to-sales Ratio）。运用这些指标和前述的方法，你可以得到相似的结果。

两个事件可能偶然或巧合地（从定义来看，二者是同一回事）显示出相关性。比如，抛一枚硬币，无论之前100次抛出的结果中头像朝上的次数是多少，你下一次抛硬币时头像朝上的概率都为1/2。不能只因为你几次发现Q事件发生后Y事件也发生了，你就认为Q事件发生后Y事件肯定会发生，就像你前100次掷硬币的结果都是头像朝下，你就认为第101次掷硬币时，头像仍旧会朝下一样。

如果事件Q发生后，Y事件经常发生，但你不清楚二者间的经济学联系，那么你应该绘图观察。你在观察Q的时候，有可能发现真正导致Y发生的其他因素，那么你必须在开始下注之前弄清楚神秘的因素究竟是什么（也许是X）。否则，你只会觉得统计结果很怪异。如果你确定事件Q和Y存在相关性但不存在因果关系，那么这样的结果对你不会有多大的帮助。只有确认新发现背后所蕴含的基本经济学意义，你才能把它们应用于实践。

如果你发现事件Q似乎会导致事件Y时该怎么办？这样的发现有意义吗？如果你观察到Q导致Y的概率为70%或80%，你会对这一发现置之不理吗？绝不要这样做！在投资者中，100%的相关性是不存在的。市场压力如此之大，变化因素如此之多，如果你要等100%的相关性出现才采取行动，那么你永远都不会下注。判断准确率能达到70%是相当不错的成绩，以后再考虑其余30%的因素吧！通常情况下，Y是因70%的Q因素和30%的X或X+L因素导致的，然而，凭70%的相关性加因果关系足以做出很好的预测。如果你能把握好这70%的因素，那么你很快就会击败所有的专业投资者。如果你能表明，Q导致Y具有一定的规律性，并且具有经济学意义，而其他任何人都不清楚是什么导致了Y时，你就算发现大宝藏了。

那么，对于收益率差额的变化与价值股或成长股的市场地位变化有联系，能从经济学层面说得通吗？当然能！这种变化源于公司筹集资金的方式和银行贷款的意愿。

银行的核心业务一直是借入短期资金，发放长期贷款，业界称之为"短借长贷"。短期利率和长期利率之间的差异实际上是银行下一笔贷款的总运营利润。曲线越陡峭，银行放贷可获得的利润就越大。当曲线平缓时，银行在下一笔贷款中获得的利润比较少。当曲线的斜率变为负时，银行根本没有放贷的动力，这就是人们将倒挂的收益率曲线视为看跌迹象的原因。在这样的环境下，银行必须寻求高风险的贷款才能获利，银行不希望借款人到期无法偿还贷款。收益率差额决定了银行系统放贷的意愿和热情。

如果你是一家银行的CEO，当你看到陡峭的收益率曲线时，你肯定会鼓励信贷部门多发放贷款。曲线越陡峭，信贷部门发放贷款的热情就越高。当曲线趋缓时，它们的热情会降低。因此，了解银行放贷的意愿并不难。

价值型公司基本上都通过借款的方式筹集资金。它们举债收购其他公司，建立工厂，扩大产品线和营销区域等。当收益率曲线陡峭而且银行放款积极时，它们更倾向于向价值型公司提供贷款（稍后解释原因），这些公司和它们的股票持有者往往会受益。

另一方面，成长型公司基本上通过发行新股来募集资金，它们也可以借入资金，但它们发行股票的成本通常较低（我们稍后将解释原因）。当收益率曲线趋于平缓时，银行对放贷不太感兴趣，因为它们从放贷中获得的利润微薄，或者根本就无利可图，但投资银行非常乐意帮助成长型公司发行新股，因为首次公开募股（IPO）和发行新股能让它们获得丰厚的利润。因此，在这种环境下，价值型公司通常会失宠，而成长股会居于主导地位。此时，成长型公司有许多途径筹集资金，为获得更高的收益奠定基础，价值型公司则无法轻易筹到资金。

■ 逆向考虑问题

再次提醒你，当你无法理解某些事物时，用不同的框架或者进行逆向思考可能比较有用。我们以市盈率（P/E）为例看看这样做的结果如何。

你知道，成长股的市盈率通常比价值股的高，这从两类股票的定义就可以看出来。假设成长股的市盈率是50，而价值股的市盈率是5。50的市盈率实际上是50美元的价格除以1美元的收益得到的，而5的市盈率是5美元的价格除以1美元的收益得到的。现在把市盈率指标倒过来，你就得到了收益率指标（E/P）（见第一章的讨论）。50的倒数是2%，若公司的会计数据正确，而且收益稳定，那么2%的收益率就是公司通过销售股票募集资金的税后成本（记住，P/E是税后指标，因此E/P也是税后指标），与公司以债券利率借入长期债务的成本相比，这一成本是比较低的。公司的P/E为5时，其E/P为20%，与通过借入长期债务来筹集资金的方式相比，这个税后成本太高了。

再说一遍：成长型公司会尽可能通过发行股票的方式募集扩张资本，因为这样做的成本较低。但价值型公司不会这么做，它们会尽可能地通过借贷方式募集扩张资本。

我们再换个角度考虑问题。假定你不是借入资金或发行股票的公司，而是一家银行信贷部的领导。你面对下面4个想借款的客户：

1.著名的成长型大公司微软公司；

2.著名的价值型大公司福特公司；

3.名不见经传的成长型小公司神奇电子科技公司；

4.名不见经传的价值型小公司小镇水泥公司。

你的客户就这4个，每个客户的借款金额相同，假设你任何时候都可以要求他们偿还借款。有一天，老板在电话中告诉你，银行发放的贷款过多了，导致这项业务无利可图了，他让你切断对一个客户的贷款，也就是将客户基数减少25%。你会选择谁呢？

你不会终止对微软公司的贷款，因为该公司被视为世界上最伟大的公司之一。如果你这样做了，你会被业界的资深人士所嘲笑。你也不太想放弃福特，其形象虽不如微软，但也是世界上响当当的大公司。终止对神奇电子科技公司放贷呢？这家公司规模很小，但据说它增长迅速，也许很快就会成为下一个微软！如果放弃了它，你一样会受到嘲笑（假如是这样）。神奇电子科技公司确实够神奇！

你最终选择的是价值型小公司小镇水泥公司。面临这类选择时，你始终需要做出这样的权衡。你看不到它的成长潜力，因此很容易做出对它终止放贷的决定。你保留了微软、福特和神奇电子科技公司，终止了对小镇水泥公司的贷款，这样，那些资深的业内人士就不会嘲笑你了。

我们做了什么呢？我们停止了向价值型公司（主要是价值型小公司）提供资金，尽管你也试图停止向福特这样的大公司提供资金（也许下一次就轮到它了），但你没有终止对成长型公司放款的念头。小镇水泥公司一直计划扩建厂房，但它现在必须放弃这些计划了，它的股票也因此暴跌。未来，它也只能实施防御性战略，主要依靠现金流维持公司运转，除了自身获得的利润，它无法再获得任何扩张资金了。

与此同时，成长型公司可以通过销售股票获得扩张资金，因为它们的市盈率较高，收益率较低。它们不断增长，是投资者眼中的优质股。事实上，如果愿意，高市盈率公司可以通过发行一部分廉价股将业务拓展到小镇水泥公司原本想进入的领域，获得原本属于后者的利益。

■ 继续转变思路

假设3年过去了，你和3个客户的合作一直很愉快，但有一天，你的老板对你说，现在放贷形势大好，获利颇丰，你要扩大贷款的范围。此时收益率曲线确实非常陡峭，这意味着银行会从下一笔贷款业务中获取丰厚的利润。老板命令你："出去谈妥一笔贷款业务吧，约翰逊。""我不叫约翰逊"，你嘟囔道，然后你给微软公司打了个电话，询问是否想借款，但该公司刚发行了新股票，不想借入更多的资金。福特公司的借款已经超过了最高限额，成长型小公司神奇电子科技公司正忙着发行未来可获得1200倍收益的股票，它不愿意与银行接触，怕对其发行新股不利。

突然间你脑海里蹦出了一个奇怪的想法，为什么不与小镇水泥公司联系联系呢？你给该公司打了电话，表明想贷款给它的意愿。接了你的电话后，该公司的CEO从椅子上跳了起来，因为有好几年没有银行找过他了。他打电话给楼下办公室的CFO说："埃德，还记得我们几年前搁置的那些扩张计划吗？把它们找出来，拿到我这里来。有家疯狂的银行想借钱给我们，我们马上就要像神奇电子科技公司一样了。"

事实上，小镇水泥公司不会像神奇电子科技公司那样增长，但是，有了资金支持后，它的增长速度肯定会变快。因此，收益率曲线的变化决定了银行何时给小镇水泥公司贷款，也决定了这家公司的股票何时被按成长股对待，何时被当成一堆冷冰冰的水泥对待。

这个虚构的小故事显示了全球收益率曲线变化背后的经济学逻辑，它反映的是银行系统根据自身的利益决定何时放贷，由此决定了市场上成长股和价值股何时占主导地位。其中的道理很简单。

现在你发现的相关性已经得到了经济学的支持，这是非常基础性的支持。更重要的是，其他投资者并没有考虑收益率曲线如何影响企业的资金需求以及企业募集资金的方式如何影响市场收益率。他们可能从一开始就没有正确地考虑收益率曲线。

问题二的答案为股市下注提供了理性的基础，能使你了解成长股和价值股何时受青睐，何时占主导地位。你要密切关注全球收益率，它们是很强大的预测性指标。

总统任期

我们很容易从统计数据中看出收益率差额的变化如何影响人们对成长股和价值股的选择，不需要具备金融或统计学的高学位，只需一些公开的数据和Excel表格即可，有时甚至会用到一些图纸。正如我们在第一章中提到的，当你需要借助花哨的公式来证明你的假设时，这说明你的假设可能是错误的。

但是，如果你发现了一个难以用数据证明但意义重大的规律时该怎么办呢？当这种规律的可预测性相当高时该怎么办呢？我们举个例子说明。表2.1显示了自1925年以来的历届美国总统及他们任期内标准普尔500指数的年收益率（自1926年以来）。将总统任期的前两年和后两年分开来看可知，总统任期后两年的收益率大多数时候是正数。

拿出一支铅笔，在1929—1932年的数据下画一条线。你应该还记得，这些年是大萧条的初期阶段。得益于银行系统和市场大刀阔斧的改革，以及我们对经济学和中央银行运行机制的深入了解，这样的大萧条近期不大可能重演了。否则，最后4位总统任期后两年的收益率也会是负的。1939年的收益率为−0.4%，并不算太糟糕。即使是1940年，其收益率也仅仅为−10.1%，虽有下降，但降幅不算太大。此外，由于这些年处于第二次世界大战的初期，这样的收益率并不会让人感到震惊。

表2.1 总统任期内标准普尔500指数的年收益率

总统	所属党派	第一年		第二年		第三年		第四年	
柯立芝	共和党	1925	不适用	1926	11.7%	1927	37.7%	1928	43.8%
胡佛	共和党	1929	−8.5%	1930	−25.0%	1931	−43.5%	1932	−8.4%
罗斯福第一任期	民主党	1933	54.4%	1934	−1.5%	1935	47.7%	1936	32.8%
罗斯福第二任期	民主党	1937	−35.3%	1938	33.2%	1939	−0.9%	1940	−10.1%

总统	所属党派	第一年		第二年		第三年		第四年	
罗斯福第三任期	民主党	1941	-11.8%	1942	21.1%	1943	25.8%	1944	19.7%
罗斯福/杜鲁门	民主党	1945	36.5%	1946	-8.2%	1947	5.2%	1948	5.1%
杜鲁门	民主党	1949	18.1%	1950	30.6%	1951	24.6%	1952	18.5%
艾森豪威尔第一任期	共和党	1953	-1.1%	1954	52.4%	1955	31.5%	1956	6.6%
艾森豪威尔第二任期	共和党	1957	-10.8%	1958	43.3%	1959	11.9%	1960	0.5%
肯尼迪/约翰逊	民主党	1961	26.8%	1962	-8.8%	1963	22.7%	1964	16.4%
约翰逊	民主党	1965	12.4%	1966	-10.1%	1967	23.9%	1968	11.0%
尼克松	共和党	1969	-8.5%	1970	4.0%	1971	14.3%	1972	18.9%
尼克松/福特	共和党	1973	-14.8%	1974	-26.5%	1975	37.3%	1976	23.7%
卡特	民主党	1977	-7.4%	1978	6.4%	1979	18.4%	1980	32.3%
里根第一任期	共和党	1981	-5.1%	1982	21.5%	1983	22.5%	1984	6.2%
里根第二任期	共和党	1985	31.6%	1986	18.6%	1987	5.2%	1988	16.6%
老布什	共和党	1989	31.7%	1990	-3.1%	1991	30.5%	1992	7.6%
克林顿第一任期	民主党	1993	10.1%	1994	1.3%	1995	37.6%	1996	23.0%
克林顿第二任期	民主党	1997	33.4%	1998	28.6%	1999	21.0%	2000	-9.1%
小布什第一任期	共和党	2001	-11.9%	2002	-22.1%	2003	28.7%	2004	10.9%
小布什第二任期	共和党	2005	4.9%	2006	15.8%	2007	5.5%	2008	-37.0%
奥巴马第一任期	民主党	2009	26.5%	2010	15.1%	2011	2.1%	2012	—
均值			8.1%		9.0%		18.6%		10.9%

资料来源：全球金融数据公司、标准普尔500指数总收益率，1925年12月31日—2011年12月31日的数据

2000年非常特殊，在经历了20世纪90年代的大牛市之后，科技泡沫破裂了，而且在当年年末，因总统选举出现了近乎违反宪法的危机。

有趣的是，很多人都记得，2000年美国历史上"第一次"出现了当选总统没有赢得大多数民众支持的现象。这次是例外，大多数情况下，当选总统都得到了大多数民众的支持。尽管媒体有相反的评论，但戈尔（Gore）

在2000年并没有得到大多数民众的支持，其支持率为48%。[1]由于罗斯·佩罗（Ross Perot）和拉尔夫·纳德（Ralph Nader）这类少数人支持的候选人的干扰，比尔·克林顿两次大选中的支持率都没有超过半数。[2]1860年亚伯拉罕·林肯当选美国总统时也没有赢得大多数人的支持，他当时的支持率仅为39.8%。[3]但他在1864年的竞选中获得了55%的支持率。[4]人们认为，阿尔·戈尔（Al Gore）获得的票数比乔治·布什的多。2000年没有一位总统候选人的得票率超过50%，他们遇到的情况与1960年约翰·肯尼迪（John Kennedy）和1968年理查德·尼克松（Richard Nixon）遇到的情况类似。[5]

戈尔确实赢得了大多数民众的支持，但却没有赢得选举团的支持，后者决定谁最终当选总统。由于戈尔对佛罗里达州的选票统计结果提出了质疑，这导致大选的结果扑朔迷离。质疑导致了不确定性，并且使2000年股市走势更加诡异。市场讨厌不确定性。2000年9月1日，标准普尔500指数上涨了4.3%[6]，而当年的总涨幅为负，这表明当年第四季度的选举不确定性可能对股市产生了严重的不利影响。

2008年出现了信贷紧缩，巨大的问题、不合理的会计准则（即财务会计标准第157号——"公允价值"会计，现已被废除）和政府不慎重的反应

---

[1] 联邦选举委员会（Federal Election Commission），《附录A：1988—2000年总统大选各州得票比例》（*Appendix A: 1988—2000 Presidential General Election Percentage of Popular Vote Received by State*），见网址：http://www.fec.gov/ pubrec/fe2000/appa.htm。

[2] 联邦选举委员会，《附录A：1988—2000年总统大选各州得票比例》，见网址：http://www.fec.gov/ pubrec/fe2000/appa.htm。

[3] 《美国选举指南》（*Guide to US Elections*），《国会季刊》（*Congressional Quarterly*）（1957），第271页。

[4] 《美国选举指南》，《国会季刊》（1957），第271页。

[5] 《美国选举指南》，《国会季刊》（1957），第271页。

[6] 来自汤森路透，标准普尔500指数总收益率。

加剧了危机。可以说，除非发生史诗般的传奇事件，否则在总统任期的后两年，股票收益率不会为负数。从这些数据中你还能观察到，总统任期第三年的平均收益率最高。

了解这一点可以缓解你对预测的焦虑情绪。在总统任期的后两年，你应略微偏向看涨。相比之下，市场风险往往集中在总统任期的前两年，这样，你就发现了另一个规律。如果在任期的前两年中，有一年的收益率为负，那么另一年的收益率通常（但不总是）为正。如果第一年的收益率为负，那么第二年的收益率通常为正，反之亦然。偶尔也会出现前两年的收益率均为正的情况，但连续两年为负的情况很少见。再次忽略1929年和1930年的数据，因为这两年处于大萧条时期，是非常年份。在尼克松第二任期中断时，出现了连续两年收益率为负的情况，但这也是一个特殊时期。

大萧条

值得注意的是，美国经历的大萧条是全球大萧条的一部分，大多数历史学家都忽略了这一点。你经常听到这样的说法：大萧条是因美联储的失误、个人和公司贪得无厌的行为和胡佛政府实行自由放任的经济政策而导致的，是对美国的惩罚。虽然美国犯了很多错误，但经济史学家试图掩盖这一事实：大萧条是难以避免的全球危机的一部分。

更多相关的讨论，参见我的另一本书《华尔街之舞》（*The Wall Street Waltz*）。

你可能会觉得使用这一预测方法简直是对你智商的侮辱。你可能会说："这种方法太荒唐、太简单了。"确实很简单，但这正是它的出色之处。这一规律没有被掩盖，没有被表述得神乎其神。它就是那样简单、明了，你很容易发现它。你可能已经听说过总统任期这个短语了，它是一个众所周知的、通常被视为迷惑大众的短语（尽管在我看来，还没有人像我一样运用它）。如果每个人都把它视为有用的工具，那么其价值早就在市场上大打折扣、威力尽失了。只要他人依然轻视它，它就仍然是你的一大优势。

■ 无人能预测骗子会做什么

不易被观察到或被认可的趋势通常威力巨大。即便如此，我们也很难运用原始数据做出统计学意义上的证明，但它确实具有很强的经济学意义。市场最不喜欢的就是不确定性，新总统上任，即使是连任，也给市场带来了巨大的不确定性。在政客当中，总统是最虚伪的，他知道如何在竞选时忽略少数人的诉求，在当选后无视多数人的利益。如果说政客是骗子，那么赢得总统大选的人就是能力通天的大骗子。没有人能预测一个真正的大骗子接下来会做什么。

2002年，乔治·W.布什巧妙地违反了一条所有总统都心知肚明的基本规律：在中期选举期间，总统所属的政党会失去部分国会议员席位，反对党会获得这些席位。小布什是100多年以来带领其政党赢得中期选举的首位共和党总统。他心里清楚，共和党可能在中期选举中输给反对党，因此他希望国会能在他执政的前两年里通过最难通过的法律，这是他执政期间具有里程碑意义的事件。如果这些法律无法在前两年里通过，那么在后两年里就更不可能通过了。

有关分配财富、财产权和监管地位（也是财产权）的最大胆、最险恶的尝试几乎总是发生在总统任期的前两年。

资本主义和资本市场稳定的基石是对财产权稳定性的信念。我们常常把财产权视为与生俱来的权利，这是因为美国拥有世界历史上最出色、最完善、最稳定的财产权制度，乔治·梅森（George Mason）的思想影响了美国的开国者，这套制度也成了造就今日之伟大美国的关键力量。任何威胁财产权神圣地位的事物都会引发投资者的避险行为，引起资本市场的恐慌。

在任期的第一年，总统刚入主白宫，万象更新。他急于动用在竞选期间积累的政治资本。他面色红润，两眼放光，身边的家人光彩熠熠。他通常会在总统任期内最声名狼藉的前100天里处理最棘手的事情。从历史来看，产权转移或财富重新分配的威胁会导致更高的风险厌恶程度，而且总统任期的前两年是孕育熊市的沃土，因此，在总统任期的前两年里，立法事务繁忙，熊市更多一些。这并不意味着总统提出的法案会得到批准，请注意这点，但他会想方设法解决问题。而且，法案也有可能被通过，市场不喜欢这种风险。

比尔·克林顿于1992年当选，1993年就增加了税收，尽管他在竞选时承诺减税，到了1994年，他威胁说要把医疗保健体系国有化（产权转移）。所有在任期前两年做出愚蠢的政治行为的总统都是十足的骗子。奥巴马总统就是在他任期的前两年提出了许多重大提案，而到了其任期的后两年，即我写作本书的时候，他表现得相对安静，这是典型的骗子做派。乔治·W.布什总统在两个任期内均没有提出重大的立法提案，避免了过多熊市的出现。

任何拟议的新立法都意味着你的资金和财产权可能发生变化和被重新分配。无论政府决定做什么，无论新计划听起来多么精彩，无论其好处多么无可争议，新立法都意味着金钱和权力的转移。降低穷人和老人的看病成本，谁认为这是坏事呢？社会上罪大恶极的犯罪分子——恋童癖者、强奸犯和杀死小狗的人将受到更严厉的惩罚，我举双手支持！孩子们都能得到免费的小马驹，你要提出反对，那你连禽兽都不如。无论新立法的内容是什么，都是山姆大叔（Uncle Sam）从一个群体获得资金，扣除一部分后，把剩下的资金转移给另一个群体。

我们已经知道，我们对损失的厌恶程度超过我们对收益的喜爱程度。受损的群体比受益的群体情感波动更激烈。不受影响的群体则观察着转移过程，认为他们刚刚目睹了一场抢劫。这会导致恐惧心理扩散，因为见证者意识到，接下来就轮到他们被抢劫了。因此，由于市场不喜欢政府施加的强制性改变，在总统任期的前两年内，市场可能会出现疲软。

到了总统任期的第三、四年，我们已经摸清了总统的行事风格。他可能是典型的政客做派，我们可能不喜欢他，但他是个有经验的吸血动物。接下来他做什么都不会令我们感到惊讶了，因为我们自认为摸清了他的套路，知道他想干什么以及有多大的能力了（或者他没有能力做什么了，有时候无能是好事，因为人们不喜欢强制性的变化）。另外，在任期的后半部分，总统往往避免提出任何可能引起争议的立法提案，因为他们要争取连任，或者他们自己已经疲惫不堪了，在担任总统的第七、八年，这种情况通常会出现。

经验丰富的总统会在任期的第三年谨慎行事，而且在选举期间，当反对党指责其行政团队行事不力时，他可能会说："要不是国会里那些反对我的议员不配合，你本可以得到我承诺的免费小马，所以要淘汰掉那些人，为支持我的其他人投票，下次我就会给你免费的小马。"在无立法或立法少的年份中，市场交易更活跃（这些年份几乎从来都不会有免费的小马）。

我们还未完成对总统任期的分析。现在问问自己：还有什么其他人没有注意到但能给我带来启示的信息？我们知道，大多数市场风险集中在总统任期的前两年，那么担任总统的第二个任期头两年有什么特别之处吗？忽略掉所有只在任一届总统的情况，看看会发现什么规律，具体请参见表2.2。

再次提请你注意，除了尼克松外，在其他总统第二任期的前两年里，收益率没有连续两年皆为负的。但是，当收益率不为负时，它肯定为较高的正数。在连任总统任期的前两年中，一年的平均收益率为21%，另一年的平均收益率为24%[①]，这是相当高的数字，表明在这些年份里，股市非常繁荣。

在这些年里，收益率要么为负，要么非常高，呈杠铃状形态，因此，能把握好市场投资机会就显得更为重要。这是观察均值的好例子。总统任期前两年的均值均低于4年的均值，但这些均值的分布范围又很广泛，有的年份表现非常差，有的年份表现非常好。均值有很大的迷惑性。（从技术层面来讲，1904年，泰迪·罗斯福并没有真正地再次当选，因为最初当选的并不是他，就跟1948年的杜鲁门和1964年的约翰逊一样，但我不确信这种情况是否重要，我们已经习惯将它们视为这些政客的第二任期了。）

---

① 来自全球金融数据公司，标准普尔500指数总收益率。

表2.2 总统第二任期前两年的收益率

第二任选举 年份	党派	总统姓名	第二任期第一年 标准普尔500指数收益率		第二任期第二年 标准普尔500指数收益率	
				赢得连任		
1904	共和党	T.罗斯福	1905	19.7%	1906	6.8%
1916	民主党	威尔逊	1917	−25.2%	1918	25.6%
1924	共和党	柯立芝	1925	29.5%	1926	11.7%
1936	民主党	F.罗斯福	1937	−35.3%	1938	33.2%
1948	民主党	杜鲁门	1949	18.1%	1950	30.6%
1956	共和党	艾森豪威尔	1957	−10.8%	1958	43.3%
1964	民主党	约翰逊	1965	12.4%	1966	−10.1%
1972	共和党	尼克松/福特	1973	−14.8%	1974	−26.5%
1984	共和党	里根	1985	31.6%	1986	18.6%
1996	民主党	克林顿	1997	33.4%	1998	28.6%
2004	共和党	小布什	2005	4.9%	2006	15.8%

资料来源：全球金融数据公司，标准普尔500指数总收益率

你是否应当放弃其他所有因素，只把政治因素视为配置股票、债券和现金的唯一依据呢？绝不要这样做，这样做纯粹是愚蠢之举！虽然总统任期含有一种趋势，而且具有绝对的社会经济意义，但请你记住，发挥作用的市场力量有很多，包括美国以外的所有市场力量。例如，在我们日益全球化的经济中，美国市场与外国市场息息相关，外部力量也会对美国产生影响。绝不要以为你已掌握了赢得胜利的法宝。

总而言之，总统前半个任期内的市场风险往往比较高，后半个任期内的市场趋势向好发展，其中第三年的表现最佳。在前半个任期内，若股票收益率不为负，那么它往往是较高的正值，特别是在第二任期的前两年（2005年和2006年是特例，2009年和2010年正常）。此外，当收益率不为负

时，收益率的数值都很高，这一点很好理解，当对政治风险的担忧逐渐消退后，投资者的情绪会好转，从而导致股票收益率提高。

有趣的是，在2010年即将结束之际，很多人开始提及2011年是奥巴马任期的"第三年"，这是看涨因素。我对这一论断持怀疑态度，因为突然之间有这么多人相信这一规律了，这会削弱其威力。因此，我预测2011年的市场将会呈现波动态势，但年收益率会与上一年持平。我在2011年1月26日的《福布斯》专栏中写道：

我的研究表明，这里有太多的乐观主义者。这是看跌的迹象！但等等，我的研究也表明，这里也有太多的悲观主义者，有的是长期悲观主义者，有的是最近转为悲观的。由于上两年股市一路高歌，因此他们非常担忧，这是看涨的迹象。看涨派和看跌派形成了对峙，这是情绪上的分歧。我经常把市场称为"巨大的羞辱者"，这是一个几乎可以说无所不能的精神实体，它的存在就是为了在尽可能长的时期内以尽可能多的资本羞辱尽可能多的人，它追赶着你我和你年迈的老阿姨。现在它实现目标的方式是，在一年内让股市上下波动并使多头和空头遭受重挫。

事实果真如此，在这一年里，美国和世界股市虽然多次波动，但几乎与上一年持平，这与我当初的猜测一致，这表明我总结的规律很有意义。但要切记一点：这不是做预测的法宝，现实中不存在什么法宝，它只是一种有效的工具。

这是了解其他人难以理解之事的一个简单例子。但是，无论出于何种原因，当其他人都掌握了这一规律时，它就不再发挥作用了，因为其价值已经被反映在价格中了。[有关利用总统任期分析股市走势的更多方法，见我2010年出版的《揭穿投资神话》（*Debunkery*）和2011年出版的《费雪论股市获利》（*Markets Never Forget*）]。

■ 不断测试

你可能会感到奇怪，为什么我要在本章和其他章节中与你分享我掌握的独家信息呢？为什么我要放弃我的独家优势呢？现在很多人都掌握了这些信息，它们很快就会被市场消化，不再起作用，对吧？

可能会这样，也可能不会。很长时间以来，我一直在讨论和撰写有关总统任期的文章，每一次我都会验证我的观点是否有效，就像我提出的有关高市盈率的观点一样。人们认为我是个狂人，因此我才相信这些观点仍有效。我在本书中分享的大多数例子均是如此。一旦我发现了有效的信息，我就会持续地测试它是否已经被定价。一旦我有了新发现，我就会观察是否其他人也掌握了它。一种测试方法是，把它透露给其他人。人们越觉得你的新发现疯狂，越说明他们不了解它，我就越肯定它有效。如果人们认可了新发现，它的威力就会减弱，也有可能已经过时了。当难以理解的事物变得广为人知时，就应该放弃它并转而探寻新的难以理解的事物了。

利用问题二的目的是了解未来3年或30年内可能广为人知的事物。一旦人人都知道了你的新发现，那么它就不再对你有用了，因此要测试一下它的效力。问问你的同事和朋友，他们是否认为收益率曲线的变化预示着占主导地位的投资风格的变化，问问他们是否了解有关总统任期的规律。如果他们一脸茫然地反问你"什么""这太疯狂了""你疯了吗"，说明你还可以继续根据这些观点下注。

我介绍了多年来的一些研究发现，但并非全部。我知道可以继续运用哪些发现，哪些已经失去了效力。有太多的同行坚持运用他们从导师那里学到的知识，而且想知道他们利用这些知识无法跑赢大盘的原因。在投资中取胜需要持续的创新和测试。

现在你可以运用问题一摆脱盲目的状态，运用问题二了解难以理解的事物。但是，如果你不能控制自己的大脑，运用这两个问题也无法阻止你一而再、再而三地犯投资错误。从本质上看，投资是违反直觉的行为，你可以经常提醒自己这一点，但你的大脑不一定会这样做。在你和你的大脑之间的斗争中，除非你学会运用问题三，否则你那不羁的大脑会取胜，这正是我们第三章要讨论的内容。

第三章

问题三：我的大脑究竟是如何误导我的

错不在你，错在大脑的进化

我们在金融领域学到的第一个原则就是："买低卖高。"在电影《颠倒乾坤》（*Trading Places*）中，当艾迪·墨菲（Eddie Murphy）和丹·艾克罗伊德（Dan Aykroyd）准备垄断橙汁市场（以非法、令人难以置信但搞笑的手段）时，编剧就设计了一些金融台词，比如，丹对艾迪说："买低卖高。"你还需要其他什么建议呢？

我们都知道自己的目标是什么，但很多时候，我们的所作所为与目标背道而驰。实现目标有多难呢？无非就是在价低时买入，在价高时卖出而已，这不涉及什么高精尖科学。这一问题无穷无尽，无休无止。投资者通常在价高时买入，价低时卖出，看看图3.1所示的基金流向你就明白这一点了。图3.1显示了2000年科技泡沫破裂前后每个月流入或流出股票共同基金的资金额。

2000年2月流入股票共同基金的资金额是最多的[1]，当时正是3年熊市的谷底，许多人认为，这是离开股市的好时机。到了2002年，牛市见顶了，

---

[1] 投资公司协会，趋势档案（Archive of Trends）公布，《股票共同基金的新资金流》（*Net New Cash-Flow in Stock Mutual Funds*），参见网址：http://www.ici.org/stats/mf/arctrends/index.html#TopOfPage。（于2006年6月29日访问。）

许多人认为，7月份是进入股市的绝佳时机①，因此将资金投进了股市。这是典型的买高卖低的例子。这样的情形不少见，反映了广泛的群体思维，说明投资者是后知后觉的，对进入和离开股市的时机的选择是不明智的。

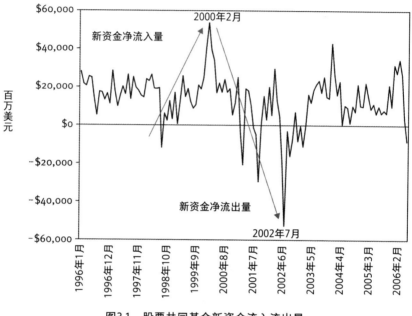

图3.1　股票共同基金新资金流入流出量

资料来源：投资公司协会（Investment Company Institute）

没有人想买高卖低，那是愚蠢的做法，但为什么这么多人最终却这么做了？可以为此找到很多借口。在2000—2002年的熊市之后，人们将矛头对准了不诚实的CEO和会计欺诈行为，安然公司（Enron）、世通公司（MCI）以及其他公司均出现了这种情况。在2007—2009年的熊市之后，贪婪的银行家、过多的债务、房地美（Freddie Mac）和房利美（Fannie Mae）都成了人们指责的对象。腐败的政府官员、一些令人痛恨的社会因

① 投资公司协会，趋势档案公布，《股票共同基金的新资金流》，参见网址：http://www.ici.org/ stats/mf/arctrends/index.html#TopOfPage。（于2006年6月29日访问。）

素等也都曾被视为导致熊市的罪魁祸首。找到替罪羊总是很容易的。

不要再指责别人了，如果你想知道你的投资结果为什么比预想的糟糕，你就多照照镜子吧！更好的做法是，做个CT扫描。你投资中面临的最大敌人就是你的大脑，更确切地说是大脑的进化，进化使你的大脑变成了现在的样子，让你在面对饥饿、背叛和狡猾的野兽时能生存下来。

作为一个物种，人类要生存下去，大脑就要根据特定的目标进化。在原始世界中，这一目标就是活着。从人类发展历史来看，在当地的超市或小酒馆购买食物、不再害怕死于大型猛兽的利爪之下或被其撕得稀烂，这些都是人类具备的新能力，但具备这些能力还远远不够。人类的大部分进化都是在狩猎——采集、游牧、猎捕野生动物、搜寻食物、为繁衍后代而寻找配偶（这比投资股票更有吸引力）、避免捕食者和寻找庇护之所的过程中完成的。这些都是我们的大脑在进化过程中必须考虑的问题，即食物、住所、安全（避免野兽的攻击）等问题。

想一想石器时代我们的祖先及其生存斗争是如何影响我们现在的行为方式的。我们祖先的朋友是本部落的成员（和妇女），这是他们可以信任的人。他们的敌人是其他部落的人、凶猛的野兽和他们无法理解的力量，所以，为了确保安全，他们会聚集在一起并点燃篝火（照亮黑暗）。回想一下之前我们提到的篝火外噪声的例子，同样的认知过程确保了我们的祖先活着并让人类繁衍了数万年。直到最近，我们的大脑才导致我们在与生存无关的有限领域内犯错。

即使到了技术高度发达和复杂的现代社会，之前进化的脑神经路线仍然保持原样。预布脑神经路线在心理学界是一个有争议的概念。批评家有时候会把进化心理学与流行的文化思想画等号。我不打算在这里重述进化心理学相关文献的内容，有关该领域的入门介绍，请参考哈佛大学的斯蒂芬·平克（Steven Pinker）撰写的《心智探奇》（*How the Mind Works*）[诺顿出版社（Norton）1997年出版]，这本书内容涵盖面广，而且通俗易懂。但我坚信，我们在观察市场时表现出的大多数缺陷都源于大脑在多年的进化过程中形成的神经路线，它们已经在我们的大脑里固定了下来，我们无法摆脱它们。我们找不到25000年前的人来仔细核验，因此我们永远都无法证实或否认这一点。但是，通过研究已经证实或未经证实的因素和其他合理的因素，我相信，如果从心理学的角度思考市场，你会发现进化心理学和脑神经路线理论都是非常重要的。

我们的大脑构造非常精妙，当信息以大脑预设的形式出现时，大脑就很好地接受它，我们就能正确、轻松、快速地处理它。当信息以不符合大脑预设的形式出现时，我们会对它视而不见。这是因为我们大脑里的神经路线是进化而来的，只有沿着特定路线传输的信息才能被吸收。市盈率（P/E）和收益率（E/P）的例子即是明证。这一理念贯穿本书始终，体现在不同的现象中。虽然行为金融学不是建立在进化心理学基础之上的，但在过去的35年里，行为金融学中的许多新发现都与进化心理学中的新发现很相似。

■ 行为金融学

行为金融学仍是一个相对较新的研究领域，涉及金融学和人类行为心理学。行为金融学的倡导者希望拓展与市场运行有关的现有知识，但更重要的是了解我们的大脑如何思考与风险和市场有关的问题。直到最近，金融学研究主要关注的还是投资工具，包括统计、历史、理论和市场机制等。X类股通常比Y类股的收益率更高或更低吗？从理论上看应如何构建投资组合？如何理解多元化投资？如何比较指数？衡量波动性的最佳指标是什么？就均值优化方案而言，我们应该使用方差还是协方差？这些问题都很好，但基本上都与机制、历史、统计和理论有关。

20世纪90年代撰写的金融学教科书与20世纪70年代撰写的没有太大差别，它们虽然都涉及了新的技术、规则和产品，但关注的还是投资工具。传统的金融学观念源于传统的经济学观念，即人总体上是理性的，市场是有效的，或者至少是半有效的，行事不理性的个人可被忽略。在传统的观念中，"疯子"已被区隔，他们不会影响市场。

相比之下，行为金融学认为，古怪的行为或金融界人士眼中的疯狂之举是普遍存在的。非理性行为被视为潜在的行为。投资者的行为有时是非理性的，行为主义学家试图找到原因。

我认为，如果人们能接受进化论观念，承认我们的行为仍然受旧石器时代祖先的影响，那么想明白原因就变得非常简单了。事实上，在我们现在的头颅里装的是石器时代的大脑。我们这些投资者不是理性的机器人，而是有着血肉之躯的人。我们在做出财务决策时经常做出疯狂之举，那是因为我们生成和进化大脑不是为了投资，而是为了生存。

如果我们能理解人们做出某些行为的原因，我们就能更好地理解市场的运作，并据此正确地下注。如果你能更深入地了解你的大脑，那么你就能更好地控制自己，就能避免在投资中犯许多典型的错误，降低你犯错的概率。为此，你需要运用问题三。在股市中采取任何行动之前，先问问自己：我的大脑究竟是如何误导我的，让我错估了形势？毕竟，市场只不过是数百万人像穴居人一样做出某些行为的场所。如果你能找到这些问题的答案并能更好地理解你的决策过程，那么你就可以征服你的穴居人大脑，少遭受TGH的羞辱——这就是你的目标。

你的大脑跟穴居人的一样，这不是你的错。在思维的束缚下，我们会做出一些当时看似明智实则愚蠢的事情。你可以利用问题一和问题二找到可下注的对象，但如果你的大脑运行有问题，这两个问题就没什么意义了。

因此，你需要运用问题三。

从某些方面来看，你非常聪明。如果输入信息的方式符合大脑的接受习惯，即使输入的信息部分正确，大脑也能确认信息的意思，这是令人吃惊的事实。如果信息输入方式有误，大脑就无法明白信息的意思。大多数读者都收到过类似的电子邮件：

fi yuo cna raed tihs, yuo hvae a sgtrane mnid too. Cna yuo raed tihs?

i cdnuolt blveiee taht I cluod aulaclty uesdnatnrd waht I was rdanieg. The phaonmneal pweor of the hmuan mnid! It dseno't mtaetr in waht oerdr the ltteres in a wrod are, the olny iproamtnt tihng is taht the frsit and lsat ltteer be in the rghit pclae. The rset can be a taotl mses and you can sitll raed it whotuit a pboerlm. Azanmig huh? yaeh and I awlyas tghuhot slpeling was ipmorantt!

（如果你能读懂以下内容，这说明你的大脑很奇特，你能读懂吗？

难以置信，我竟然真的能读懂。人的大脑可真是神奇！单词中字母的顺序不重要，唯一重要的是第一个字母和最后一个字母的位置要正确。即使其余的字母顺序不对，你也能读懂。神奇吗？过去我一直以为拼写正确很重要！）

大多数读者都能读懂上面的内容，这是你的大脑能够出色地接受信息的范例（"eaxpmle"），此时，即使信息展现得不太正确，你也很容易读懂其意思。但通常情况下，当正确的信息以不符合大脑习惯的方式呈现时，你就察觉不到它了。

我们之前提到的市盈率就是一个完美的例子。也许你在这个指标上已经纠结很长时间了，一直搞不清它的意义。但当你把它倒转过来、转换成收益率指标后，你立马就明白其意义了。市盈率为8表示收益率为12.5%，这一收益率高于6%的税前债券利率。你的大脑很容易明白这一点。关键是要知道你的大脑在哪些方面能正确地接受信息，在哪些方面会阻碍你认清现实。

■ "巨大的羞辱者"

一切问题的根源都在于巨大的羞辱者（TGH）。

TGH有无数种方法来羞辱我们。牛市见顶时，人们欢呼雀跃，兴高采烈，投资者对股票的热情达到了顶峰，几乎所有可能买入股票的人都买入了股票，除了下跌，股市基本没有其他路可走了。更糟糕的是，股市到达顶部时还会出现震荡，不会突然大跌，每个人都在寻找牛市结束的迹象，但几乎没有这样的迹象出现。一种古老的说法是，"牛市会悄然结束，不会突然消失"。从历史数据来看，牛市也不会突然出现，熊市底部也是如此，只不过表现形式有所不同。TGH会以不同的方式迷惑我们。熊市底部的变化通常是猛烈、急速的，会吓坏每个人，人们纷纷抛售股票，而后股市又大涨了，这让踏空的投资者蒙了，不知所以。专家们会说："这只是熊市的调整。"（我在2011年出版的《费雪论股市获利》一书中指出，媒体通常不相信新的牛市到来，哪怕牛市已经持续了多年。）总有一小波专业人士在股市到达顶峰时持看空立场（而且可能在3年里一直看空）并获得赞誉，股市触底时仍然看空。没有人注意到，人们多年来一直按他们的建议与熊市做斗争。TGH可能把你吸入口中，嚼一嚼，然后再吐出来，你最后会赔得所剩无几。

不要以为TGH在高峰和低谷之间会无所事事。在牛市或熊市的正常运行过程中，市场可能多次调整，也就是说，从长期来看，调整的幅度可达

10%—20%或更多。在1998年的调整期内（第二章提到过），从7月17日至8月31日的短短6周之内，美国股市大跌了近20%[1]，这是令人恐惧的跌幅。尽管同等规模的调整在牛市中很常见，但下一次调整发生时，鲜有人能看得出来或意识得到。调整期间，投资者抛售了股票而后股市会回升，股价也会创下新高。1998年就是这样的情形，当年秋季时股票收益率仅能维持盈亏平衡，[2]但到了年底，收益率飙升至28.6%。[3]这次调整来得快，去得也快。TGH出手很快。

市场不需要经历多大的变化就能完成一次调整，就足以让看似理性、聪明的人惊恐不已。当短短几周内出现几个百分点的跌幅时，即使是专业的、经过长期训练和对正常的市场波动无动于衷的投资者也会担心，熊市、衰退和大动乱即将出现，甚至帕丽斯·希尔顿（Paris Hilton）会被提名为美联储理事会（Federal Reserve Board of Governors）理事。股市下跌几个百分点只是TGH玩的把戏。

解码石器时代的思维——骄傲感与懊悔感

要改正错误，首先得确认自己的错误。但是，除非你提出问题三：我的大脑究竟是如何误导我的？否则你无法确认自己的错误。当你思考大脑如何影响你时，你可能得到多个答案。一些答案可能涉及你的配偶、母亲或心理学家。我们这里只关注与市场行为有关的方面。大多数投资错误都是由认知错误引起的，这是我们着重探讨的方面。

---

[1] 来自汤森路透，标准普尔500指数收益率，1998年7月17日—1998年8月31日的数据。

[2] 来自汤森路透，标准普尔500指数总收益率。

[3] 来自汤森路透，标准普尔500指数总收益率，1997年12月31日—1998年12月31日的数据。

■ 瞧，我杀死了巨兽！我非常能干

如第一章所述，行为学家已经表明，正常的美国人（假设你是正常的）对损失的痛心程度是他们对收益喜欢程度的2.5倍。[①]25%的收益给人带来的欢喜程度与10%的损失带给人的痛心程度一样高。换句话说就是，如果你在一笔交易中获得了10%的收益，在另一笔交易中损失了10%，那么你会觉得自己很失败。因此，人们通常会更加努力地避免遭受损失而不是获得收益，这种现象通常被称为损失厌恶，有时也被称为短视的损失厌恶（myopic loss aversion），表示投资者因短视而对短期变化做出了过度反应，它能解释许多投资错误。从根本上说，短视的损失厌恶和它导致的错误同骄傲感和懊悔感有关。

在旧石器时代，我们的祖先为了生存，学会了"积累骄傲感"和"避免懊悔感"。想象一下，两名猎人在天色黄昏时回到了营地，一名猎人带回来一只瞪羚，而另一个人手里只有一支破损了的矛。带回来瞪羚的猎人一进营地的大门，部落里的人就沸腾了。当天晚上，他向人们讲述了自己猎捕瞪羚的经过。他讲述了自己如何制作长矛，他的长矛是如何的锋利。他讲述了自己如何追踪瞪羚，还详细讲述了自己如何将长矛刺到瞪羚身上，如何使其毙命的。他积累了骄傲感。他感觉很好，而且这种感觉激励他一次又一次地出去打猎，他也因此继续体验着荣耀感。这对部落而言也是好事，部落需要年轻力壮的小伙子去猎捕高热量、高蛋白动物，只有这样，部落里的人才能把基因传递下去，繁衍生息。

一无所获的那位猎人就是另一番景象了。他没有猎捕到瞪羚，这不

[①] 理查德·H.泰勒、丹尼尔·卡尼曼、阿莫斯·特沃斯基和艾伦·施瓦兹，《短视的损失厌恶对承担风险的影响：一个实验》，《经济学季刊》（1997年5月），第647—661页。

是他的错。他会制作长矛，也有追踪野兽的经验，但在那一天他瞄准瞪羚时，一道闪电吓跑了瞪羚，或者当天也许有人借走了他的长矛，因此他使用的长矛不够锋利，或者他捕猎时，周围有狮子出没，或者是当时风向不对……他编造了看似合理的借口，这样第二天他可以继续去捕猎。他避免了懊悔感。他的同伴们也同意他这么做，他们相信他说的话，这激励了他再次去尝试。他的部落也需要他出去捕猎，可能他那天确实是不走运。即使是蹩脚的猎人也可能偶然碰到受伤的动物，也许第二天他能碰到一只刚被野狗咬死的瞪羚。无论如何，只要能获得高蛋白猎物，一切尝试都是值得的。

成功时积累骄傲感和失败时避免懊悔感都能激励猎人再次去尝试，这两种行为都对部落有利。部落的生存取决于猎人们反复尝试的意愿。成功的猎人会一次又一次地捕杀猎物，不成功的猎人也会再次出去狩猎。

许多人说，投资者受贪婪和恐惧的驱使。行为学家不同意这一观点，他们认为，驱使投资者的不是贪婪和恐惧，而是积累骄傲感和避免懊悔感的行为，只不过投资者表现得像是受贪婪和恐惧驱使似的。

骄傲是一种将成功与技巧和重复联系在一起的心理过程。成功的猎人认为自己不是靠运气捕获猎物的，他认为自己技能精湛，更重要的是，他相信自己能重复利用这些技能捕获猎物。写作这本书也一样，我也显示出了多年来积累的骄傲感，我不相信我是靠运气写完本书的，我认为自己是一个高瞻远瞩的人，但谁会相信这一点呢？认为成功源于技能和可重复性而不是运气是人类的自然倾向。

想想你买入了一只上涨股后的行为，也许股票的涨幅很大，你是否乐得手舞足蹈？你是否在心里庆贺自己捡到了宝？你是否会向亲朋好友吹嘘一番？更重要的是，你是否还想再来一次这样的成功？"我买了它，它上涨了，我真是明智。想看我再来一次吗？"就像前面提到的成功猎人一样。

懊悔是拒绝为失败担责的心理过程，即不把失败归咎于技能缺乏，而是归咎于运气不好或环境不利。猎人空手而归不是因为技能差，而是因为周围的环境恶劣，他下次会捕到一只瞪羚。"我买入后，股票下跌了，经纪人推荐了它，问题出在他身上。"或者"我买入后，它下跌了，这家公司的CEO是个大骗子。"可归咎于运气差、环境不利的事项有很多。"要不是那天早晨我老婆对我发牢骚，我才不会买它呢。"人们都不会这么想："我买入后，它下跌了，我不知道原因是什么，以后我最好不要再买它了。"或者"我最好想想怎样才能做得更好。"

如果猎人没有积累骄傲感和避免懊悔感，他们就会因失败而变得沮丧，会放弃猎捕巨兽。他们的大脑必须这样运转才能获得足够多的食物来传递基因，这是一种激励方式。如果一名猎人陷于懊悔中无法自拔，最终一蹶不振，那么由于他不能继续提供食物，一些人将会被饿死，这不利于物种的长期繁衍。积累骄傲感和避免懊悔感是我们祖先生存的基础和必要条件，我们现在仍然这样做，这有助于激励我们继续努力。

但在现代，这些行为会导致投资错误。假设比尔持有一只上涨了40%的股票，他选择这只股票很明智，堪称精明的选股者，他相信他以后还可以选出上涨股，此时他积累了骄傲感。

之后比尔持有的股票下跌了10%，损失带给他的痛楚是收益带给他的快乐的2.5倍，事实上，他还盈利26%，但他对此视而不见。股价突然下跌令他很痛苦，他想避免这种痛苦，因此他要想办法甩掉懊悔感。他认为此次股价下跌纯粹是偶然的，因为之前积累的骄傲感让他相信，他会再次取得成功。他开始考虑在适当的时候卖出股票时，他认为，股票将进一步下跌，他忽略了长期目标，变得只关注眼前了，而且他做的一切都是为了减轻短期痛苦。他卖出了股票，保护了第二天继续选股的面子。但之后那只股票反弹了，并且创下了新高。他选择忽略这一事实，因为承认自己判断出错会非常痛苦，不如忽略它，体面地避免懊悔感。

懊悔感导致比尔采取了行动，以相对较低的价格卖出了股票，骄傲感阻碍了他理智地分析自己的行为，所以他注定会陷入恶性循环。损失厌恶心理会导致投资者买高卖低，这可不是什么好策略。

■ **掷出长矛——过度自信的表现**

导致投资错误的另一个沿袭自石器时代的行为是过度自信。近几十年来行为学研究得出的一个结论是：普通投资者往往过于自信。他们认为自己技能高超，但事实并非如此，这就跟75%的驾驶员认为他们的驾驶技能高于一般水平一样。过度自信直接源于对骄傲感的积累和对懊悔感的避免。如果石器时代的猎人没有过分自信的话，他们就不会拿绑着石头的木棍去攻击大型野兽了。他们要杀死那些野兽，否则他们就会挨饿（或者只吃素食，结果跟挨饿一样）。

对于远古时代依靠狩猎和采集为生的人而言，生命短暂，食物稀缺。想一想最近公布的有关肯纳威克人（Kennewick man）的研究结果就能明白这一点。他生活在距今约9000年前的华盛顿州。科学家们在他的臀部发现了矛头样的箭头，这还不是他的致命伤，伤口已经愈合了，他多处骨折，还有其他许多伤口。[①]公元前7000年前，肯纳威，是因为克人及其同伴的生活异常艰难，但对他们而言，冒巨大的风险是值得的，猎捕到一只大型野兽就足以维持部落一个月的蛋白质需要。我们根深蒂固的生存本能促使我们冒险，当面临巨大的困难时，我们通常会选择"战斗"而不

---

① 吉娜·K.洛格（Gina K. Logue），《新发现可能改变大陆的历史》（*Discovery Could Change Continent's History*），《中田纳西州记录》（*Middle Tennessee Record*），第14卷第20期（2006年4月24日），第7、8页。

是"溜之大吉"。

投资者过于自信他们认为自己无所不知，或者高估了自己的技能水平。每天读《华尔街日报》和某些博客、新闻简报并不能使任何人成为投资专家，然而，有一些智商高的人认为，他们每天从媒体获得的信息足以使自己下注并盈利。投资不容易，但受过高等教育和经验丰富的专业人士与业余爱好者一样愚蠢，教育和经验不会降低投资风险。

不要误解了我的意思，我不是在鼓励你穷尽一生探求投资知识或者聘请一位资深的专业人士，恰恰相反（记住，要想投资成功，你只需要掌握独家信息即可，为此你只需要运用三个问题），你应该警惕过分自信，因为它会导致你像其他人一样，犯下严重的错误。

例如，过度自信会导致投资者买入IPO股（在新手眼里，这种股票意味着"价格可能被高估"）、微型股、对冲基金或者其他波动性强或流动性不足的股票，同时忽略或淡化了它们的投资风险。回想一下，你是否听专业人士、朋友或经纪人在谈及某个投资对象时，说它是"下一个微软"。也许他们的判断是对的，但你计算一下概率，有多少新企业可以生存下来，更不用说成为热门股了。

过于自信可能导致你被一只股票套牢，即使存在大量的不利证据，你也希望它有一天能反弹。如果你以每股130美元的价格买入了Level 3通信公司的股票，当其股价猛跌至1.5美元时你仍对妻子说，这家公司非常了不起，终有一天价格会回升，你这就是在避免懊悔感，也是过度自信的表现。

行为学家指出，投资者通常会持有下跌股，他们希望股价能回升至"盈亏平衡点"，此时他们才会卖出股票。他们在内心拒绝承认损失，因此推迟了对全部懊悔感的吸收。认为自己没错并拒绝止损，这样的做法是人类的本能。毫无疑问，仅因为股价下跌就抛售股票是失败者的做派。但有时候，你必须承认自己错了，最好把资金投放到其他地方。

图3.2显示了1980年能源股领跌的熊市出现后，能源板块中一些龙头企业的表现。从图中可以看出，股价回升至盈亏平衡水平需要数年的时间，有时候甚至需要10多年。1980年被这些股票套牢的机会成本是相当高的。如图3.3所示，标准普尔500指数随后5年内的涨幅大大高于陷入困境的能源公司，大多数情况下，标准普尔500指数随后10年内的涨幅也高于它们。科技泡沫破裂之后，许多大科技公司也出现了同样的现象。几年之后，即2007—2009年的金融危机之后，许多金融企业也出现了类似的现象。股票走势无章可循，你也不要指望它有章可循。

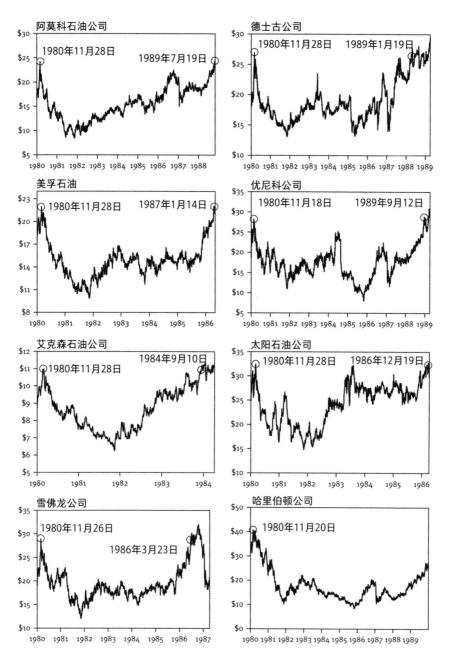

图3.2 不要指望股价能迅速回升

资料来源：彭博财经资讯

133

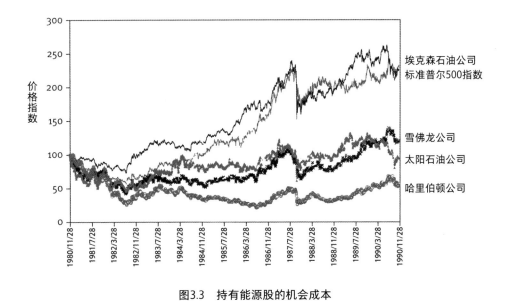

图3.3　持有能源股的机会成本

资料来源：彭博财经资讯

　　过于自信的人持有的股票种数往往比较少，可能只有少数几只。你可能参与了401（k）计划或者购买自己所在公司股票的计划。许多投资者都是这么做的，但你对自己公司（或者对任何一只股票）的投资额超过总投资额的5%了吗？如果答案是肯定的，那么这说明你过于自信了，除非你确实掌握一些独家信息。大多数这么做的人掌握的信息与他人无异。无论一家公司看起来多么强大和健康，它都无法保证股价不下跌。一些投资者之所以买入股票，是因为他们听说某只或某些个股业绩出色，但他们忘记了这些股票也有可能下跌。投资者会说："我很乐意持有这只股票，因为我了解这家公司。"你可能是一位非常高效的员工，但即使有你这样的神人存在，也不能保证你公司的股价不下跌。

■ 安然的悲剧

还记得那家名叫安然的休斯顿小公司吗？这家公司陷入了巨额欺诈丑闻后，股价暴跌，公司破产，大多数员工突然失业。

从安然公司事件中得到的最大教训是，职工们把401（k）的全部或大部分资金都投到安然无异于自取灭亡，他们的储蓄金一夜之间几乎消失殆尽了。这些优秀、勤勤恳恳、自认为了解公司的员工辛辛苦苦攒下的钱，几乎在一夜之间大幅缩水了。

安然事件最大的悲剧不是那么多人几乎失去了一切，而是悲剧本身完全是可预防的。无论安然创始人肯尼斯·莱（Kenneth Lay）、首席执行官安德鲁·法斯托（Andrew Fastow）和财务总监杰夫·斯基林（Jeff Skilling）的内心有多么邪恶，把所有或大部分资金投到一只股票的做法都是极其不明智的。

如果员工们遵循我提出的经验法则，对任何一只股票的投资额度都不要超过总投资额的5%，那么即使发生了安然事件，他们遭受的损失也会很小。是的，员工们会失业，他们会在恶劣的环境中寻找工作，与具有相似从业经历的人展开竞争，会遭受损失，但是，如果他们拥有401（k）账户，而且账户里的资金几乎完好无损或者仅损失了一小部分，那么他们的生活会体面得多。

安然确实用员工401（k）账户中的资金购买了本公司股票[①]，但员工们有很多理由不买一分钱的安然股票，一切都是过度自信在作祟，但不是因肯尼斯·莱、安德鲁·法斯托和杰夫·斯基林的过度自信。当然，这三个人难逃干系，但在这件事上责任不大，而且他们此后都得到了相应的惩罚。

---

① 国会图书馆，法案/决议，《2002年养老金证券法案》，A.H.R编号：3762.14。

无论他们多么罪孽深重，他们也没有用枪指着员工，强迫他们用401（k）账户中的资金购买安然的股票。安然公司的员工本身就是过度自信的，他们将全部流动资产投到了一只股票上，他们自己应该为退休金的全部（或近乎全部）损失和其他储蓄账户的损失负责。这种观点听起来可能很刺耳，但良言苦口，真相就是如此。他们需要消化他们的懊悔感，进行深刻的反省。

■ 瞧，我告诉过你了——确认偏见

我们会刻意寻找那些支持我们青睐的理论和观念的证据，我们往往忽略那些与我们的偏见相矛盾的证据。由于存在不同的偏见，两位投资者针对相同的数据可能得出截然相反的结论，而且两人都信誓旦旦地申明，数据支持自己的结论。我一生见过无数这类的例子。更重要的是，投资者几乎从来不用简单的统计方法证明自己的结论是否正确。每个人都心存偏见，且都过于自信，他们觉得没有必要进行核验和证实。相关性系数？那是其他人该计算的。

为自己的观点寻求支持的另一种方法是，援引持同样观点的大人物的话，利用他的权威做你本来就想做的事情。无论人们所持的观点是多么疯狂，我敢保证，他们总能找到许多支持他们观点的权威人士。

我们怎么会变成这样呢？再次想想石器时代的猎人们。每一位猎人都喜欢特定的狩猎场。也许一位猎人第一次捕获瞪羚的地方是北方羚羊峡谷（Gazelle Gulch），他认为这个地方非常适合捕猎。每当他捕杀一只瞪羚时，他都觉得自己的判断得到了进一步的支持。他想："没错，这正是捕猎的好地方。"而当他空手而归时，他会安慰自己说，不是每次都能捕获瞪羚。多次狩猎后，他确信，有时他肯定会空手而归，但从三四个月内的平均数

来看（在他看来），他在北方羚羊峡谷捕获的瞪羚数最多，而且如果他不去别的地方打猎，他永远都无法证明自己的观点是错误的。

他的狩猎伙伴们认为，南方的羚羊峡谷才是最佳的狩猎场。这两位猎人每天都在狩猎，他们观察着每个人猎杀的瞪羚数量。他们有时候满载而归，有时候空手而返。每个人都坚信他们的狩猎区域是最佳的，尽管他们都没有以统计方法证明这一点（石器时代的人不会运用统计方法，这也正是你天生不会运用统计方法的原因）。两位猎人都不会测试他们的想法，因此也就无法确认他们的错误。这样会令他们很痛苦。

人类的进化程度要比你期望的低。回想第一章讨论的高市盈率预示着股价下跌的例子。这一观念虽毫无依据，却广为认可。这是行为学家所称的确认偏见的范例，即本能地寻求支持自己相信的观念的证据，拒绝或忽视相矛盾的证据。高市盈率神话的信徒们很快就能找到支持数据，但他们往往拒绝相矛盾的证据。

从早期的异教时代到当代流行的环保主义新异教，确认偏见与整个人类历史的宗教观非常吻合。环保主义新异教指的是，人们对环境保护持根深蒂固的信念，但这些信念并没有科学依据（我这么说并不是反对保护环境，或者说环保主义者的许多观点得不到科学的支持，我只是说许多环保主义者只看到了支持他们观点的证据，而忽视了相矛盾但非常可靠的证据。当然，自然崇拜是人类最古老的信仰之一）。

许多神话因确认偏见而得到了支持，这是人类发展过程中的一部分，是人的本能使然。但在市场上，按照本能行事是有害的。确认偏见让我们自我感觉良好，因为它再次证实了我们是聪明的这一信念（当然，也再次证明了我们过度自信），我们喜欢认为自己聪明。但是，医生会告诉你，自我感觉良好并不一定对你有益。

确认偏见完美地诠释了"全年行情看1月"（as goes January, so goes

the year）这一错误观念长久流传的原因。每年年初，特别是当年初股市下跌时，专家们就会大肆宣扬这一观念。一些特别热心的追随者走得更远，声称"一年、一月的行情看第一周"。如果股市恰好在一月份下跌，那么全世界的人都会紧张。这是很吸引人的噱头，深受电视新闻制作人的喜爱。

1月份的收益率和全年收益率均为负证实了这一观念，这正是其信徒们需要的，当收益率为正时，这一理念的信奉者似乎偏爱相反的结果。例如，2006年1月的收益率为正，你很难在媒体上看到人们提及这一事实的影响，如果用谷歌搜索一下，你会发现有大量的人提及了2005年1月的负收益率及其可怕影响。顺便说一句，按MSCI世界指数衡量，2005年全年的收益率为正的9.5%。[①]"全年行情看1月"理念的信徒们忽略了这一事实。

有多少声称"全年行情看1月"的专家会在年底时承认自己的判断错误呢？我从来没见过这样的人，而且他们也没有必要这么做。在2005年或2009年这样的年份里，全年的行情与1月份的行情不一致，一些投资者另找思路来解释这一现象。他们突然之间声称，你不能期望这一观念每年都有效，你应该从更长远的角度来看问题，比如，5年、7年、10年或23年，或者等到专家退休后。信奉该观念的人仍然拒绝接受不一致的证据，坚守偏见，并通过随意变换投资期限来重构观念。

重构观念是确认偏见的重要副产品。行为学家认为，重构对我们正确地理解信息很重要。当信息以我们接受的方式构建时，我们就能接受信息；当信息以我们不认同的方式构建时，我们就接受不了它们。这并不奇怪。鲜有人会提这个问题："如果一年的行情不看1月份，而是看6月份或其他月份呢？如果我们不考虑美国股市，而考虑其他与美国相似的

---

① 汤森路透，MSCI世界指数净收益率（2004年12月31日—2005年12月31日）。

股市呢，比如，英国。"我敢保证，只有奇怪的人才会这么想，而且当他们这么做了的时候，他们会发现数据根本不支持美国流行的"全年行情看1月"观念。

我们年复一年地听到"全年行情看1月"的警示，但这一观念毫无根据。任何能上网、会用Excel的人都能确认其真伪。表3.1显示了以1月份的行情预测全年行情的效果。

表3.1 1月份行情的无效性

标准普尔500指数		1月份		
		上涨	下跌	总计
全年	上涨	45（53%）	16（19%）	61（72%）
	下跌	8（9%）	16（19%）	24（28%）
	总计	53（63.1%）	32（38%）	

资料来源：全球金融数据公司、标准普尔500指数总收益率，1925年12月31日—2010年12月31日的数据

表3.1显示了自1926年以来可能出现的四种结果：美股1月份行情和全年行情均上涨、美股1月份行情下跌但全年行情上涨、美股1月份行情上涨但全年行情下跌、美股1月份和全年行情均下跌。

首先要注意，无论1月份的行情是涨还是跌，有72%的全年行情是上涨的，这是很多人都难以相信的事实；其次要注意，1月份和全年行情均上涨的比例为53%，这能证明1月份的行情具有预测性吗？很难，这只能证明，从历史数据来看，股市上涨的概率很大。1月份上涨而全年下跌的比例仅为9%，但是，当1月份的行情下跌时，全年行情的涨跌就跟掷一枚硬币的结果一样不确定，即1月份的行情不具有预测性。迷信这种投资神话是大脑因确认偏见而陷入瘫痪的典型症状。

▪ 追踪——模式的识别和重复

我们的祖先，也就是那些聪明的狩猎者和采集者以及他们的部落成员，学会了识别有益的模式。他们注意到了致使他们本人和邻居成功的因素，他们可以重复利用这些因素取得更大的成功。例如，他们可能会说："这种武器很好使，所以我一直使用它。"或者"沿着这条路走永远不会迷路，所以我会一直走这条路。"或者"我的邻居吃了这些浆果没中毒，所以我会吃它们。"模式识别和重复是安全、理智的事情，谁会冒险吃有毒的果子呢？

像石器时代的祖先一样，许多投资者仍然制定约束规则并遵循它们，而不是评估每个个体的情况。这导致了"图表"的普及，人们利用这些图表确认可预测的模式。一些人打着"动量投资""技术分析"的旗号，宣称特定的图表形态，包括杯柄形态（cup-and-handle）、碟形底（saucer-bottom）、头肩形态（head-and shoulders）和呆傻形态（deer-in-head-lights）（这个是我自己创造的），可以预测股票的未来走势。

任何人都能看到股票过去的走势，我们想知道的是股票未来的走势，但没有人具备这个能力。没有图表能预测股票接下来会如何变化，因为股价的未来变化是随机的，这是事实。统计学家指出，股票不是序列相关的，这意味着一只股票朝某一特定方向变化的概率是1/2，也就是说，上涨或下跌的概率各为50%。如果有人声称，图表中显示的某种模式能预测未来的结果，那我就能找出更多同一模式无任何预测作用的反例来。股价模式本身很好衡量，但它们没有预测力，然而许多投资者仍在利用它们进行预测。

我们把金融实践当作一门手艺，总是运用死板的技术和不完美的指标，而不是根据现代需要改造它或者创造新的资本市场技术。我们坚持使用过时、无用的技艺，因为我们喜欢模式。使用它们时，我们觉得安全、放心、无害。投资者对多种模式的预测能力心怀敬畏，包括收益率曲线、高市盈率、移动平均线、CPI、财政赤字等。我们很少问："我的大脑是怎么了，为什么我这么后知后觉、行动这么迟缓呢？"如果存在能够可靠地预测市场的指标（或一组指标），那么所有人早就掌握它（或者它们）了，都会运用它（或它们）赚钱了，我们早就发财了。这不是事实，推动市场变化的是未知的因素，因此我们必须克服偏见，不能一直走老路。

■ 后见之明偏见和秩序偏好

后见之明偏见指的是夸大预测能力，同时忽略当初所犯错误的一种倾向，行为学家所称的后见之明偏见绝不是运气能解释的。投资者自欺欺人地认为，他们拥有某种特殊的能力或知识，因此能取得好结果。他们是事后诸葛亮。

一位投资者宣称，他在2000年1月份买入奥驰亚（Altria）的股票时，就觉得它非常棒（在接下来的6年里，这只股票上涨了252%）[1]。当全球股市崩盘时，他持有的这只股票暴涨了。他认为自己是位天才，而且思维敏捷，但这位投资者绝口不提他曾以108美元的价格买入雅虎（Yahoo）股票，两年后以约4美元的价格将其卖出了。过度的骄傲感累积了下来，懊悔感被避免了，与此同时，后见之明偏见也形成了（所有偏见一起发挥作用，导致你做出愚蠢的决策）。

后见之明偏见也会导致我们认为，之前的模式仍会发挥效力，也就是说，我们会认为，之前表现良好的股票会继续受追捧，而冷门股依旧无人

---

[1] 汤森路透，奥驰亚股票总收益率（1999年12月31日—2005年12月31日）。

无津。价格没有发生变化的股票呢？依然会维持原样。后见之明偏见最简单的表现形式就是，以过去判断未来。人们很容易这样做，而且当你这么做时，鲜有人提出反对意见。

秩序偏好是我们预测和搜集信息时本能的体现。例如，许多投资者希望，他们投资组合中的每只股票都表现优秀。当他们对比基准时（像你一样，他们会选择标准普尔500指数或者MSCI世界指数或其他涵盖广泛的指数为基准，并定期对比投资组合与基准），他们希望自己持有的每一只股票都与基准一样优秀或者优于基准。这虽是本能的愿望，却不可能实现。请注意，无论选择的基准是什么，股票的收益率范围都很广。如果你持有的股票的收益率范围比较窄，这意味着你的投资组合不像基准那样多元化。而且，即使你的股票表现都很好，那也可能是因为你选择的基准好，而且你暂时得到了幸运女神的眷顾。

简单来说就是，如果一位投资者持有60只股票（若你在全球进行投资，这不一定是个坏数字），由于秩序偏好，他希望这60只股票中的每一只都能像整个投资组合一样实现上涨。他忘记了这一点：在金融体系中，重要的是整个投资组合的运行情况，它会影响投资者的净资产。

当投资者吹嘘他们买入的股票上涨了800%但却不关注整个投资组合的表现时，他们就在遭受秩序偏好的不利影响。在评估业绩时，整体比部分更重要。大多数投资者都无法理解这一观念。

假设你的投资组合中有两只股票，每只股票价值10000美元，一只股票上涨了25%，另一只下跌了15%。在大脑的影响下，你可能会因持有那只下跌的股票而感到懊悔。标准的金融学理论告诉我们，不要为部分损失感到懊悔，因为整体的表现很不错。标准的金融学理论是正确的。股价过去的变化并不能预示股票未来的走势，我们不应当据此采取行动。

换一种方式思考这个问题。假设你持有一只标准普尔500指数基金，它表现优异（例如，1997年），升值了33%[①]，你对此感觉很好，是不是？现在假设你持有500只个股，对你而言，这个数字太多了，但这样的假设利于说明问题。

在这500只股票中，有一些股票下跌了40%、50%和60%。[②]现在你觉得你的投资组合表现如何呢？你对指数基金的感觉如何，此刻你对这些股票的感觉就应当如何，因为你持有的这500只股票都是指数基金的成分股，权重都一样。少数几只股票下跌了50%，还有少数几只股票上涨了150%，这都无关紧要。[③]总体而言，你的投资组合上涨了33%，这一点才重要。秩序偏好会导致投资者只见树木不见森林。

伟大的"羞辱者"爱玩的把戏

如果我们是更高明的投资者，那么TGH可能会变成"温和的羞辱者"（TMH），甚至是"温柔、和蔼和友好的戏弄者"（TSGKT）。在心理因素的作用下，我们一次又一次地被市场羞辱。不幸的是，正如之前提到过的，我们的偏见不是单独发挥作用的，它们相互影响，使完全荒谬的投资决策看起来很合理。当你犯了一个愚蠢的错误时，你的大脑不会提示你，因为它不认为你所犯的认知错误是愚蠢的。相反，你的大脑会告诉你，投资"只是没有成功"而已。然后，你会寻找其他借口，避免懊悔感。

你唯一可使用的武器就是问题三，每次做出决策时，你都要问："我的大脑究竟是怎么了，为什么会把我带入歧途？"越想做出合理和理性的决策，就越要提出这一问题。我已经介绍过一些大脑把你引入歧途的例子

---

① 全球金融数据公司标准普尔500指数总收益率（1996年12月31日—1997年12月31日）。

② 标普研究洞见，标准普尔500指数成分股1997年收益率。

③ 标普研究洞见，标准普尔500指数成分股1997年收益率。

了，我在后面还会介绍更多的例子。你可以把这些例子整理出来放在桌子或床头柜上。你必须不断地问自己：我的大脑是否在误导我，是否会让我遭受意外的打击？

阅读下面这一假想的（非常合理的）例子，看看你是否做过与吉姆（Jim）相似的投资决策。

在过去的3年里，吉姆的投资组合上涨了50%。在少数牛市年份，得到这样的结果很正常。之后股市出现了调整性的下跌，其投资组合在几个月内下跌了18%。在牛市中，调整性下跌是很常见的，基本上每隔一两年就会出现一次。从历史来看，出现调整的概率要大于不出现调整的概率。吉姆很清楚这一点，而且他认识到，股市是波动的，股价可能瞬间下跌10%—20%，之后仍会上涨。他内心清楚，自己要着眼于长期，不必在意短期变化。即使是这样，当其投资组合收益率下跌时，他仍然感觉非常糟糕。

首先是短视的损失厌恶（myopic loss aversion）。18%的损失带给人的痛苦程度与45%的收益带给人的快乐程度相当，也就是说，近期18%的损失令他很痛心，程度不亚于近年来他获得的收益带给他的快乐（近年和近期都是损失厌恶的短视范围。尽管最终的目标是获得长期收益，但我们往往更重视短期而非长期）。吉姆想缓解这种痛苦。如果他提出了问题三，那么他接下来可能不会陷入恶性循环。他会意识到，短视的损失厌恶正令他在不利的时间点（调整期）卖出股票。不幸的是，吉姆没有读过本书，他那思维还停留在石器时代的大脑控制了他。

其次是秩序偏好。他注意到，他的一些股票正在下跌，他忽视了投资组合的整体表现，即使在股市调整期间，他的整个投资组合仍上涨了20%。他注意到，他持有的一些股票的跌幅超过了40%，其中XYZ这只股票下跌了65%。他觉得，要是当初没买入XYZ的话，他现在的日子会好很多。牌友们告诉他，这只股票会继续走低，会拖累他。他持有的少数几只股票的涨幅达到了80%，甚至更多，表现优异。他为什么要持有XYZ这只跌幅高达65%的股票呢？为什么不买入更多涨幅达到或超过80%的股票呢？

接下来是避免懊悔感。他本不应该把这些决策交给经纪人做出，因为如果他能多加注意的话，现在的结果会好得多。

然后是确认偏见和更多避免懊悔感的行为。他自己选择的最后一只股票在短时间内上涨了50%。他觉得当初选择XYZ股不是他的错，如果当初由他单独做决策的话，他不会选择这只将来会下跌65%的股票。这都是愚蠢的经纪人的错，吉姆可是个聪明人。

紧接着是后见之明偏见。经纪人选定XYZ时，吉姆就知道这只股票很差劲。他本不打算买入它，而是想买入另一只近来涨幅高达140%的股票，他知道他本应该做什么，只是没有花心思而已。他应该根据自己的直觉行事，因为他的直觉往往是正确的。但现在为什么感觉这么差呢？

接下来是损失厌恶。如果他不立即采取行动，他的妻子可能会误以为蠢货是吉姆而非经纪人。

再接下来是过度自信。吉姆忘记了那个愚蠢的经纪人，尽管吉姆没有系统而深入地学习过金融或资本市场的专业知识，但他知道自己能做得更好，毕竟他非常聪明，是毕业于医学院的高材生。这与从金融学院毕业有什么区别呢？聪明之人必会做出明智的决策，吉姆确实非常聪明。

吉姆真这么做了。他无法承受股票下跌18%的痛苦，或者XYZ股大跌65%带来的耻辱，因此他急不可耐地卖出了下跌的股票。两周后，整个股市和吉姆抛掉的股票完成了调整，股价创下了新高。而此时的吉姆坐拥40%的流动净资产——现金。他忙于医疗工作，忙着为即将到来的假期做准备，将股市的事情抛诸脑后。

如果他当初提出问题三或者根本没有做出任何决定，而且意识到他的大脑试图保护他免受剑齿虎的攻击，而不是引导他走向理智的投资决策，那么此时的吉姆会很富有。我们这位聪明的医生，另一领域的科学家，没有从他避免懊悔感的认知错误中吸取一丝一毫的教训，而是安慰自己说"至少我没损失更多。"他以后还会犯同样的错误。

突破思维束缚

吉姆不是不可救药的，我们也不是。当然，我们受这些行为的不利影响，但并非注定会失败。克服石器时代思维的方法就是经常运用问题三。在自省了你相信的观念是否正确、你了解哪些别人难以理解的事物之后，你必须让自己的大脑摆脱石器时代思维的影响，问问自己，你的大脑是否向你传递了无效的信息。

你现在就可以做一些事情来避免常见的认知错误。一旦你学会反复运用问题三，而且怀疑你可能犯了认知错误时，你就可以采用下面的做法，使自己的思维跟得上时代的步伐。

■ 转变行为——积累懊悔感，避免骄傲感

《圣经》有云，骄者必败。在资本市场，骄傲感会引起短视的风险厌恶、过度自信、后见之明偏见，以及其他不利的做法，包括在熊市底部抛售股票。你必须改变你的本能，必须避免骄傲感并积累懊悔感。据我所知，这是成为出色投资者最简单、最基本的方法了。

当你持有的一只股票暴涨时，不要认为自己是天才，要认为这只是你运气好的结果。当你的股票暴跌时，不要逃避懊悔感。每一次受损时你都要反思，要承认损失，不逃避，不找借口。不要认为安然管理层、贪婪的

银行家、你的股票经纪人或者你的配偶（你能否对你的配偶做到这一点，我也不好说）与你的损失有关系。股票下跌时，把自己视为唯一的责任人，你的工作就是吸取教训，弄明白哪里做错了，以便下一次不犯错误。如果你能坦然地面对你的懊悔感，你就不会在低点卖出股票。记住，不要在股价的变化让你感到害怕时卖出原先低价买入的股票。

积累懊悔感和避免骄傲感有很多好处。首先你可以从错误中吸取教训；其次，你不会变得过于自信，而是变得不那么自信，你会更实事求是地看待股市。研究表明，不过度自信的投资者的业绩更出色，而且通过积累懊悔感和避免骄傲感，你可以避免过度自信。

你是否曾因为一只股票下跌就义无反顾地抛售了它，并买入了其他股票？你是否因去掉了一个累赘而沾沾自喜？但那只股票真的是累赘吗？当行情凶险时，你卖掉的可能不是一只股票，而是整个投资组合，然后你可能买入债券、现金和年金。许多投资者都会做出情绪化的行为，事后从不反省自己的决策是对还是错，他们永远无法取得进步。

要坦然面对你的懊悔感。承认自己可能会犯错，承认自己的错误决策会产生不利的影响。在投资游戏中，如果你能保持70%的正确决策率，那么从长远来看，你会取得巨大的成功。这也意味着你会经常出错，出错没什么要紧的。你越是能坦然面对你的错误并将其视为学习的机会，你将来就会越少犯错。

不要忙着以"没有损失更多"给自己找借口，这样，当你卖出或者买入股票时，你才能意识到自己犯下了巨大的错误。也许你抛售的那只股票不是累赘，也许你买入的时机很好，也许你抛掉的股票是此后几年内业绩最好的股票，你抛掉它是因为你的损失厌恶、后见之明偏见和其他简单的认知错误作祟。市场可能不会下行，年底可能上涨25%或者更多，但你仅能获得1.5%的现金回报，远低于股票收益率，这严重阻碍了你长期目标的实现。知道你可能再次犯错并采取相应的措施，这样当错误发生时你就能从中吸取教训了。从错误中学习，将来可以少犯错误。

利用问题三能防止你做出许多疯狂的非理性行为，更重要的是，你需要制定一个能指导你每次决策的总体策略，你还需要有一个对比基准（我们将在第四章讨论基准及其重要性）。现在你要知道的是，基准可以是建构合理的任何指数，它是你构建投资组合的路线图。如果你的基准包含50%的美国股票，那么，只有当你掌握美国股比外国股表现更好或更差的独家信息时，你的投资组合中美国股的比例才能偏离基准。如果你的基准包含10%的能源股，那么你的投资组合中就应当包含10%的能源股，除非你运用问题三获知了独家信息，导致你降低或增加了能源股的比例，否则，你的投资组合应当与基准保持一致。你的目标是，让你的投资组合业绩与基准相当或者当你掌握独家信息时，使你的投资组合的业绩优于基准的业绩。随着时间的推移，基准将指引你实现目标。因大脑的误导，比如，短视的风险厌恶，导致的对基准的偏离会严重影响你长期目标的实现。

举个例子。2000年3月，我认为科技板块的上涨已经见顶，即将进入下行通道。这是我过去20年里做出的比较准确的预判（更详细的讨论见第八章）。我的公司将客户投资组合中的科技股比例大幅调低了（当时科技股占美国股市的1/3，从世界来看，科技股的比例为25%）。事后来看，我当时也应该减持科技股，但我知道自己可能会犯错。特别是，当时我掌握一些独家信息，而且我知道我的大脑会误导我，因此我没有做出太大的动作，没有下太大的赌注。你也应当这么做，要寻求独家信息，而且要清楚你自己可能犯错。如果你判断错了，比如，你看跌的科技股成了业绩最佳的板块，你仍然有一定的筹码在手，不至于落后市场太多。如果你判断对了，那么由于你业绩差的股票占比较低，你的整体收益率会高于市场。

积累懊悔感，避免骄傲感，以选定的基准为指导，做到了这些，你才能利用问题三获得独家信息，才能不受短视的损失厌恶和过度自信的不利影响，才能在与TGH打交道的过程中不受羞辱。

■ 少即是多

在克服过度自信这个问题上，女性具有明显的优势。有人完成了一项精彩的研究，主题是男性和女性投资者谁更胜一筹？结论是从长期来看，女性投资者的表现更为优秀，在我看来，这样的结果很正常[①]，为什么呢？当男人们捕猎野兽和瞪羚时，妇女们正在采集浆果和鼓舞。男人们要以绑着石头的树枝攻击疯狂的野兽，而妇女们在采摘浆果时不需要像男人们那样过度自信，因此她们的交易次数比较少，对投资组合的调整也不像男性那么频繁。

在这项研究中，女性和男性决策错误的概率比决策正确的概率大或者相同，但由于男性更加过于自信，他们会在不了解更多独家信息的情况下频繁地交易，做出不明智决策的次数就会多一些，遭受的损失会更多一些。较少的变化可能导致更好的结果，除非你确实知道独家信息，这也许是女性比男性寿命长的原因，而且她们有更多的钱来养活自己（我一直在想，可能女性觉得男性愚蠢且自负，因此她们才鼓励男性做所有危险的事情，但我对此并不十分肯定）。当然，这是男士们应该反思的问题。

女士们要考虑什么呢？纵观历史，最有名、最富有的投资者基本上都是男性，唯一的例外是19世纪的海蒂·格林（Hetty Green），参见《荣光与原罪：影响美国金融市场的100人》（*100 Minds That Made the Market*）

[①] 布拉德·M.巴伯（Brad M. Barber）和特伦斯·奥登（Terrance Odean），《男孩就是男孩：性别、过度自信和普通股投资》（*Boys Will Be Boys: Gender, Overconfidence, and Common Stock Investment*），《经济学季刊》，第116卷第1期（2001年2月），第261—292页。

一书中有关海蒂·格林的介绍。女性从未进入最成功的投资者行列，原因何在呢？许多女性会告诉你，由于历史的（或者现实的）社会偏见，她们无法取得成功，甚至连投资机会都没有。

当然，TGH才不管你是男是女呢，它对所有人都一视同仁。125年前的海蒂·格林已经证明，女性能在投资领域取得成功，而且在过去的35年里，许多女性都进入了这一行业。在没有确凿证据的情况下，我猜想，由于以下几点原因，很少有女性成为最出色的投资者：女性不如男性自信（如前面的研究所示），平均来看，女性投资者比男性投资者更优秀（可被证明但未得到广泛接受的观点），但是，将单个事件与普遍规律相混淆是错误的。由于女性不如男性自信，她们一般不会做出异常的举动，也就不能像少数男性那样，因判断正确或运气好或者二者兼具而大获成功。然而，不过度自信意味着从事的不理智的交易较少，就这一点而言，女性拥有无可争议的优势。

在准备交易之前，运用前两个问题能确保你不会以错误的观念为基础进行交易，能确保你的行为以你相对于其他投资者的优势为基础。如果你不确定你的交易理由是否正确，或者你是否掌握独家信息，那么你可能存在过度自信的风险。有时候静观其变是最适宜的做法，不要为了交易而交易，要保持低调谦逊。

■ 是天才，还是健忘的幸运儿

幸运地在个股、板块甚至大盘赚钱后，你最可能遭受后见之明偏见的不利影响。避免骄傲感和积累懊悔感有助于克服这种偏见。当你判断正确时，你的反应不应该是"我就知道我是对的"，而应该是"我知道我本可能犯错，做对了可能只是因为幸运。要是运气不好的话，我会犯怎样的错呢？"你做出每一个决策时都要假设你可能出错，若你能这样想，那么你会采取措施，确保自己不会因错误的假设损失太多。

创建一个纯能源股投资组合如何？（如果你有基准，你肯定不会这么做，但我们假设这一事实成立）。可能你在2005年或2006年看到埃克森、康菲和雪佛龙的股票价格连续上涨了几年，因此有了投资能源股的想法。选择这几只股票是多么明智啊！ 你很清楚，经济衰退之后会出现经济扩张，再加上中国和印度的劳动力改革和经济发展，整个世界对全球石油的需求量会大增，因此石油企业的股价会上涨。而且你还知道，人们对天然气价格上涨的担忧会影响行业、导致通货膨胀，这种担忧会加剧，从而对股价产生影响。事实上，早在2003年你就与你的网球球友们分享过这些想法了，虽然他们已经不记得了，但你对此记忆犹新。

此时要停下来问问自己：如果你判断错了该怎么办？如果你的成功不是得益于你对全球石油消费态势的精准分析而是得益于运气好该怎么办？你想要下多大的赌注？你之前判断正确了一次（或者两次）并不意味着你会再次判断正确。许多投资者在1998年、1999年将大量资金投资于科技股或者在2000年中期投资于金融股，依据就是这些股票过去的良好业绩。将大量资金投资于热门板块虽称得上勇敢，但确实是很冒险的行为。这样做绝不会让你成为股市天才。

如果你在20世纪90年代将大量资金投入了科技板块（或者是在20世纪70年代后期投进能源板块或者在2000年中期投进金融公司……），你会春风得意好几年。但是如果你把大量的资金投进了那些已经失势的股票（热门股都会这样）而且没有转移，那么你可能早就输得精光了。靠运气无法管理好你的资产，行事要谨慎，要让正确的判断多于错误的判断，这样你才更有可能实现长期目标。

如果你向别人吹嘘，你早就知道奥驰亚会成为超级明星或你早就知道苹果公司发展形势会一片大好，那你就问问自己，你是否知道这些股票有可能最终会跌得惨不忍睹。你不知道，否则你不会买入它们。避免骄傲感，积累懊悔感，不要偏离你的基准，而且要避免后见之明偏见。

■ 整体与部分之和哪个更重要

就秩序偏好这个问题而言，最重要的是看整体的结果。当你持有的某只股票上涨了800%时，没人会在意；当你持有的某只股票下跌了80%时，你也不必伤心。你的个股会大幅波动，而且会表现出各自板块（例如，技术股、医疗保健股、大市值股、价值股、日股等）内大多数股票的变化特征。

最重要的是要看整个投资组合的情况，学会计算投资组合的效益，不必过于关注个股的变化情况（我们将另行讨论）。

我不是说你不应该考虑每只股票在各自板块内的表现，你应该考虑这个问题，但不能过于频繁。过于频繁地观察个股会导致严重的损失厌恶情绪和其他认知错误。当你查看个股时，你不应当看它们是涨还是跌，你应当看它们相对于整个投资组合的表现如何。如果你的整个投资组合当年上涨了25%，而一些个股的涨幅比这小，有的甚至还跌了，那么这并不意味着这些股票是垃圾股。如果一只股票的表现与板块内的其他股票相似，那么这说明其业绩还不错。如果一只股票的走势与板块大不相同，那么你就得三思了。但若整个板块和板块内个股的涨跌相似，那么这说明个股的业绩是正常的。

股票在一两个月内表现不佳无关紧要，不值得大惊小怪，但在较长的时间内明显差于或优于其他股票，你就得思考它表现与众不同的原因了。

如果你选择的股票很好地反映了你基准的构成，那么这些股票的表现基本上会与它们各自所属的板块一致，这样你就没有必要再去考虑个股的表现了。

下注（无论是针对个股还是板块）的唯一依据是，你掌握独家信息，同时也知道自己可能犯错，这意味着你不能太偏执。如果你投资组合的表现与你的基准类似（再次说明，不要着眼于一周、一个月或一个季度，要着眼于长远），这就说明你眼光很好，比大多数投资者都要好！

■ 是兔子还是大象，始终运用相对思维

另一种克服各类认知错误的方法是运用相对思维。可针对每个投资问题、财务问题、新闻话题运用相对思维。旧石器时代的人知道兔子很小，大象庞大，他们也知道大象很可怕，难以捕杀，而且可能会伤人，而毛茸茸的兔子很可爱，容易捕获，味道鲜美。大的可怕，小的鲜美（不可怕）。但是如果问这些人这个问题：阿尔法悍马H1（H1Alpha Hummer）比猛犸大还是小，他们可能会一脸懵，因为他们没有比较的基础。是按高度、重量、体积、力气还是速度呢？当然，当时悍马还没有问世。

现代人会划分量级并运用相对思维。尽管如此，投资者很少会考虑投资决策的量级和相对性。无法划分量级是一种认知错误，当我们看到大数字时，我们的穴居人大脑就会犯这种认知错误。大数字看似吓人，就像一头疯狂、勇猛的猛犸象。然而，划分量级能使我们正确地看待大数字，包括债务、赤字、GDP、工作、战争等。看新闻时试着运用相对思维。美国广播公司的女记者发布了有关贸易赤字的最新骇人消息，贸易赤字高达数千亿美元（天哪！那架势就好像有数百头狮子扑过来一样），但这位女记者能帮你正确地接受信息吗？你可以通过计算贸易赤字占GDP的比例来更好地理解这些数字的影响，最好用全球GDP。一旦你开

始运用相对思维，正确理解这一问题就不在话下了（我们将在第六章进一步详述这一问题）。

此时我们应能总结出这一规律：如果你能运用问题三确认大脑处于失控状态，如果你能避免骄傲感，积累懊悔感，确定基准，制定策略，运用相对思维并且专注于长期目标，你就可以避免许多认知错误。

利用问题一和问题二能帮助你找到筹码，即你具备而其他投资者不具备的优势，但如果没有问题三，你会随波逐流，受制于你那具有误导性的大脑。在第九章中，我们将向你展示如何综合运用这三个问题，制定出一套自我约束大脑的策略。但首先，我们将在第四章讨论如何综合运用这三个问题，创立一套能击败市场的先进技术。请你继续阅读。

第四章

资本市场技术

创立和应用资本市场技术

到目前为止，你已经知道，综合运用三个问题可以帮助你获知独家信息。虽然本书演示了如何运用三个问题揭穿一些常见的迷信、揭示令人震惊的事实，但不要把这三个问题的应用局限于本书所列举的少数例子中。关键是不要只搜集一些有用的趣闻，而是在每次决策时都要运用它们。要问自己："为什么我要买入或卖出这只股票、这个板块、这只基金？为什么我认为这是个好主意？我知道哪些独家信息？我信奉的哪些理念是错误的？我能挖掘出什么新信息？"仅提出这些问题就能让你领先于大多数投资者。然后问："我的大脑是否在误导我？"本书的目的不是介绍如何操盘，而是要为你的整个投资生涯提供一套策略和工具。

三个问题的答案会给你提供一种看待市场的新方法，一套你可以反复测试和应用的技术。你不断运用三个问题的目标是，创立出一套能一直被应用的动态资本市场技术。实际上，利用每个问题的答案，你就能创立新的资本市场技术。一些资本市场技术可能产生巨大的影响，而另一些可能是比较简单的工具，产生的影响较小一些。本书介绍了许多这样的例子。

我们不知道，10年、20年或50年后的市场运作与今天相比会有什么变化，但我们知道，要掌握独家信息，可采用的一种方法是，创立一套将来可用的资本市场技术。如果你现在知道了别人在5年、10年或20年内不知道的事情，那么你将长期处于领先地位。资本市场技术将有助于解释投资世界中之前从未被人理解的部分，与其他任何技术一样，它能给你提供一套可靠而实用的工具。运用这套技术，你能做出更精准的预测，学会在正确的时机下注，大大降低判断出错的概率。更重要的是，它能让你发现和创立更多独特的技术。

■ 历史就是个实验室

要正确地看待投资（像科学家而非铁匠），你就必须测试你的资本市场技术。没有什么比历史更适合做测试的实验室了。有很多的错误投资观念都源于意识形态、理论奇想、政治倾向或者糟糕的认知偏见。以历史数据进行验证时，它们往往会被证伪，就像有关高市盈率的错误观念和人们对联邦财政赤字的莫名恐惧一样。证实某些观念要比证伪某些观念更需要严密的论证。要证伪某些观念，你只需要显示出极低的相关性即可。历史能告诉我们事实的真相。

如果从整个历史来看，X与Y没有紧密的联系，事实上，X与Y以外的其他很多因素有关联，那么你就没有理由认为X会突然导致Y发生。顽固地坚持一种无证据支持的流行因果理论是错误的观念在我们的文化中长期存在的原因。错误的观念流行的时间越长，想验证其真伪的人就越少。

好消息是，你无需拥有昂贵的彭博终端就可以获得数据，你可以从很多网站上免费获得大量整理好的数据。表4.1列出了一些有用的网址供你参考。

表4.1 数据源

机构	网址	涵盖的数据
彭博社	www.bloomberg.com	全球股市新闻和报价、计算工具、其他媒体
经济分析局	www.bea.gov	GDP、经常账户、进出口数据
劳工统计局（Bureau of Labor Statistics）	www.bls.gov	消费价格指数、失业率、生产率、通货膨胀率
疾控中心（Centers for Disease Control and Prevention, CDC）	www.cdc.gov	出生率、死亡率、健康趋势与统计数据、人口统计数据
商务部（Department of Commerce）	www.commerce.gov	贸易情况
《经济学人》（The Economist）	www.economist.com	世界金融和经济新闻、一周记事
能源署（Energy Information Administration）	www.eia.doe.gov	能源统计、历史数据
《金融时报》（Financial Times）（英国）	www.ft.com	国际股市、商业和世界新闻
国际货币基金组织	www.imf.org	国际经济和金融统计数据
律商联讯（LexisNexis）	www.lexisnexis.com	新闻、公共记录、信息源的综合搜索引擎
摩根士丹利资本国际	www.msci.com	MSCI指数、数据、特征、业绩
国家经济研究局	www.nber.org	商业周期（衰退时间）
纽约证券交易所	www.nyse.com	纽交所股票交易数据
经济合作与发展组织（Organisation for Economic Co-operation and Development）	www.oecd.org	国际经济与贸易统计数据
真正清明政治（Real Clear Politics）	www.realclearpolitics.com	重大的政治新闻、重大事件、博客、民意调查等
罗素指数服务	www.russell.com	罗素指数数据、特征、评价
标准普尔指数服务	www.standardandpoors.com	标普指数、数据、特征、构成

续表

机构	网址	涵盖的数据
托马斯/美国国会图书馆（Thomas/US Library of Congress）	www.loc.gov	立法信息
美国人口普查局（US Census Bureau）	www.census.gov	各地区人口统计数据
美国国会	www.house.gov	议员网址、议案、法律、名册
美国国防部	www.defenselink.mil	官方新闻、报告
美联储	www.federalreserve.gov	银行收支、信贷统计数据、货币存量、资金流动
美国政府官网入口	www.firstgov.gov	链接政府的各个部门、机构、区域
美国众议院办公室（US House of Representatives Office of the Clerk）	clerk.house.gov	立法部门详细信息、历史、选举统计数据
美国行政管理和预算局（US Office of Management and Budget）	www.whitehouse.gov/omb	美国预算
美国财政部	www.ustreas.gov	税收、利率、社会保障、医疗保障
《华尔街日报》（*Wall Street Journal*）	www.wsj.com	国际股市、商业和世界新闻
威尔逊（Wilshire）指数服务	www.wilshire.com	威尔逊股票指数、评价
世界卫生组织（World Health Organization, WHO）	www.who.int	全球健康与疾病统计、人口死亡率、新闻、警示

如果你不清楚如何下载数据和如何使用Excel软件分析数据，请参阅第一章的示例或者可向一位高中生求教。到了2011年，我相信大多数读者已经习惯使用互联网了。

也就是说，你的验证数据既可以是定量的，也可以是定性的。高市盈率神话就是运用定量数据揭穿的。你会发现，通过提出问题、运用标准数据做简单的测试证伪一个被广为接受的理论非常容易！

但是，如果数据难以获得或难以衡量该怎么办？从本质上看，你的资本市场技术可以是定性的吗？当然，只要你有足够的实例进行验证，而且具有经济学意义就可以。一个绝佳范例是第二章提到的总统任期。任期的变化很难用数字来衡量，但到目前为止，它仍然很有影响力。你可以审视自1926年以来的所有选举周期数据，它们不是数值型数据，但仍然显示出了明显的规律。当然，这一规律还在发挥作用的一个重要原因是，人们还未完全理解它、接受它，当你阐述这个规律时，通常会遭到嘲笑。

但你的证据必须具有基本的经济学意义。如果你发现了一种规律，但你不能合理地解释其因果关系，那么你就不要根据它下注。你是否知道，自1926年以来，在尾数为5的年份里，美国股票的收益率都是正数。[1]你可能觉得，在接下来的5年内下注是合理的。不要这么做，这是简单的数字占卜术！每隔10年股票的收益率就应该为正，这种观念没有任何经济理论基础。自1955年以来，在尾数为5的年份里，大型飓风登陆的概率很大（这一点可以从"已退休"的飓风的名字看出来）。[2]这又如何呢？我怀疑国家海洋和大气管理局（National Oceanic and Atmospheric Administration）在

---

[1] 全球金融数据公司，标准普尔500指数总收益率，1926—2010年的数据。

[2] 国家海洋和大气管理局，国家飓风中心（National Hurricane Center），《"已退休"的飓风名单：1954—2005》（*Retired Hurricane Names 1954—2005*），参见网址：http://www.nhc.noaa.gov/retirednames.shtml。（于2005年5月11日访问。）

预测时以"5年"理论为依据。你肯定不会认为飓风登陆与尾数为5的年份里的股市高收益率有关系。这只是出现了统计学上的异常值，是大自然制造的"怪物"。幸运的家伙可能连掷硬币50次，得到的结果都是头像朝上。这样的事情常会发生，因此要小心。再次提请你注意，不存在因果关系的相关性不能作为你下注的依据。

也许你会为尾数为5的年份里股票收益率为正找到一个合理的经济学理由，它可能就是你的个人资本市场技术。这很好，因为这意味着你完成了问题二，即你获知了独家信息。当你能做到这一点时，你就有了下注的基础，这很好。

此外，当你测试并运用了一项新的资本市场技术时，不要变得过于自信，不要认为你每次下注都稳赢，没有技术是完美的或一直有效的。假设X导致Y的概率是70%，这非常好，值得你下注。然而，还有其他因素在30%的时间里导致了Y。因此，虽然值得对X导致Y下注，但你仍然有30%的出错率。世上没有完美的事物。

再者，即使是最出色的资本市场技术也会褪色，这就是为什么你必须不断测试你的假设的原因。以下是两个在各方面都具有开创性的资本市场技术的例子，但它们的效力，至少与最初的预期相比，基本上已不复存在了。

持久有效的才是优秀的

市销率（Price-to-sales Ratio, PSR，有时简写为P/S）就是我提出的具有开创性的资本市场技术范例，它的效力之前很强大，但现在基本上已经过时了。我发现了一种别人从未使用过的辨别股票被高估或低估的方法，它是我在1984年出版的《超级强势股》（*Super Stocks*）一书的主题。虽然本·格雷厄姆（Ben Graham）曾提到，股票的价格和销售量之间存在微妙的关系，但第一部论述二者之间关系的著作是我写的，我为此感到非常自豪，就像我小学三年级撰写的有关危地马拉的报告一样。今天，它们都没什么价值了，只剩下了我满满的回忆。

但在30年前，只要你选择了低市销率的股票，你就很可能击败市场。我的书出版后，PSR被广泛运用，甚至成了CFA考试课程中的一个知识点。直到今天，大多数股票分析网站仍包括PSR内容。但作为资本市场技术和预测工具，PSR的作用已大打折扣了。再伟大的发现也会因人气和时间而变得过时。当它变得人尽皆知时，它的效力就不复存在了，开始探寻另一个发现的时刻也就到了。

对于外行而言，PSR指的是股票价格与每股销售额的比率，它很像市盈率，但分母是年收入或销售额，而市盈率的分母是每股收益。售价为25美元的股票，若每股销售额为25美元，则其PSR值为1，计算非常简单。现在听起来没什么，就像你听到有人说："嘿，如果我们将股价除以每股收益会怎样？"但我是第一个写书讨论它的人。

没有必要再在本书中详尽地重述PSR或《超级强势股》中的内容，但我要重申几点。首先是关于书籍的。阅读旧投资书籍很有用，也是了解资本市场技术发展过程的好方法，可以了解它何时发展、如何发展以及主要的推动人物。

■ 想办法挖掘获利空间

其次，想在股市中赚钱的人都知道，你要在股票变"热门"之前买下它，反过来说就是，你要在股票变冷门之前卖出它。诀窍在于知道哪些目前冷门的股票很快会变得热门。你怎么知道这一点呢？这就是引发我当初对PSR兴趣的问题，我把早期提出的PSR理论直接发展成了分析资本市场的技术。

长期以来，投资者一直运用市盈率来寻找廉价股，这适用于历史悠久的公司，但一些新公司可能没有任何利润。历史悠久的公司也可能在周期性的衰退和危机期间无利可图，在这些情况下，按市盈率计算，其股票就是不受欢迎的。由于分母不能为零，投资者无法计算市盈率指标。有时候一家公司的市盈率竟高达1000，这是因为其利润几乎完全消失了。有时候一家公司的市盈率为5，这是因为公司暂时获得了高利润，但这样的高利润无法持久。

但是，即使公司没有利润，它也仍然在销售（或者至少应该有销售，否则说明它陷入了大危机）。这正是几十年前可运用问题二的地方：我能否理解其他人难以理解的事情？如果某只股票的未来收益很高，高到了足以使现在的PSR转变为较低的未来市盈率（或者说较高的未来收益率）的程度，那么股票现在的价格相对于股票之前12个月的销售价格较低就是很合理的。人们今天不喜欢这只股票，将来仍会不喜欢它吗？人们最终会发现，这只被低估的股票产生了超高的收益，未来的利润也会很高，而且价格低廉，他们会蜂拥而上买入它。因此，如果你是理性的，你会在其价格相对于公司的销售价较低时买入它，而不是根据市盈率做出决策。这类股票的价格相对于市场价较低，更重要的是，相对于其所在的板块和未来的收益，其价格相对较低。

我写《超级强势股》一书时，将低PSR股票定义为公司总市值低于年总收入75%的股票，将高PSR股票定义为公司市值高于年总收入3倍的股票。

这就是我当初提出来的理论，当时没有今天这么多的机构引用PSR，也没有这么多的数据库。彭博社和晨星（Morningstar.com）也没有像今天这样计算每一只股票的PSR值。我从公开信息中搜集数据，并计算市销率。那时候搜集数据可以赚钱，因为数据稀缺且价格不菲，今天，数据基本上是免费的。如果你年纪不大，你可能很难体会到获取数据的难处。1981年，我曾为了计算纽交所股票的PSR值向高盛公司（Goldman Sachs）支付了2万美元。在今天能即时获得免费数据的人看来，这简直是天价。历史数据都是由人整理得来的，除非你清楚自己要用它们干什么，否则你不会花那么多钱买数据。

当我运用历史PSR数据和后续的股票收益率数据进行测试时，我发现自己提出的理论是成立的。我根据一些数据源整理出了几套数据，一个是根据投资银行汉鼎技术投资公司（Hambrecht&Quist）已有的数据整理的20世纪70年代技术股数据，一个是根据穆迪（Moody）的数据整理的20世纪30年代一般股票数据。我的研究表明，PSR值较低的股票，其表现要好得多。不是每一只股票都符合这一规律，但我掌握的数据足以证明，PSR是一个可靠的预测指标，是良好的下注依据。换句话说，PSR较低的股票是优质股票，我的书名也由此而来。

在我写《超级强势股》一书之前，我已经运用这项新技术取得了相当大的成功。实际上，利用PSR，我在投资中如鱼得水。你可能想知道，我为何要在发行量很大的书中公布我成功的秘诀呢？你可能认为我应该保密，这样才能一直保持优势地位。不能这样做，这样的思维是错误的！

你拥有的任何优势都可能是暂时的，除你之外，很多人都渴求新发现。我知道我发现了全新的理论，但我并没有做任何神奇或过于复杂的数学计算。我没有做别人做不到的事情，我只是以新的方法审视了现有数据（虽难以获取，却并非不可能）、做了一些测试，并分析了新的发现与基础理论之间的一点联系而已。其他人迟早会意识到这些，可能很快！因此我把这一发现公之于众，想看看其他人的反应。我发现，一段时间内，没有人认同它。

这本书出版很长时间后才得到人们的认可。在10多年的时间里，主要是我自己在利用PSR理论。例如，1997年，詹姆斯·奥肖内西（James O'Shaughnessy）写了一本畅销书，名为《华尔街的运作》（*What Works on Wall Street*），他在书中分析了可能预测未来高收益率的所有常用比率。[1]他将PSR称为"价值指数之王"，而且他声称，他的分析（当时）表明，与其他任何单一比率相比，PSR产生的收益更高。在书的扉页有詹姆斯的手写题词，上面写道："你遇到过这么好的比率指标吗？想一想如果标准普尔指数不是按照市值而是按照低PSR股票构建的，我们这些资金管理人该是多么惊讶啊！"奥肖内西的书进一步扩大了PSR的知名度，不久之后，它失去了大部分效力，因为市场消化了它的影响。

我的创新变得广为人知并因此失去了效力，我会为此感到伤心吗？一点也不，相反，我很激动。首先，当我的创新很出色时，出现这样的结果是不可避免的，对此我早有了心理准备。若非有人整理和公布PSR数据，人们也无法从网上免费获得它们。我已经利用这项技术获得丰厚的收益，到了该放下它的时候了。从第一次计算PSR起，我开始了从未梦想过的新事业。在20世纪70年代和80年代初，我并没有如此过于自信（一种认知错误）地认为，我比其他所有投资者都深谋远虑。如果说，提出PSR理论在20世纪80年代算聪明之举，那么在使用带5.25英寸软盘且没有硬盘的计算机时代，能创造出Commodore 64的人就是很聪明的。20世纪80年代和90年代，在电子浪潮的推动下，数据基本上免费了。这样人人都能看到PSR数据了。市场在发展，我们也必须跟上它的步伐。

---

① 詹姆斯·奥肖内西，《华尔街的运作：史上最佳投资策略指南》（*What Works on Wall Street: A Guide to the Best-performing Investments Strategies of All Time*），纽约：麦格劳希尔出版社（McGrawHill），1997年出版。

　　既然PSR的效力已经大不如前了，为何还要浪费笔墨介绍它呢？首先，一些人仍然相信这种过时的技术与之前一样有效。这一比率与市盈率、股息、市净率一样，一旦被推广，即使有时候有效，有时候无效，也足以引起人们的关注。即使最无意义的比率，有时也能产生超额收益，就如同每股现金流最高的股票有时候能跑赢大盘、每股现金流最低的股票有时候也能跑赢大盘一样，但从长期来看，这两种股票都无法跑赢大盘。

　　在过去20年左右的时间里，低PSR股票的波动性比低市盈率的股票和大盘低，而且从长期来看，也不会产生风险调整后的超额收益，它们的价值已经被市场消化了。然而，当价值股的表现优于成长股时，低PSR股通常能跑赢大盘和价值股，而且比大盘的波动性更大。当成长股跑赢价值股时，低PSR股通常落后于大盘和价值股。

　　你现在能利用这些知识以及前三章学到的知识做什么呢？也就是说，至少在这些知识变得广为人知之前，你如何把它们应用于实践呢？你该如何利用它们做出理性、有效的决策呢？我们先从问题二开始。你从中挖掘出了哪些独家信息？我们在第一章讨论了如何判断成长股或价值股何时占主导地位。我曾经说过，当价值股引领市场时，PSR股相对于价值股仍然具有吸引力，但成长股引领市场时就不一样了。也就是说，利用PSR指标筛选股票时，你可能暂时获得一些超额收益。PSR不是一个时时适用的工具，而是一个可结合其他成功的资本市场技术使用的工具。你要先弄清楚什么时候价值股引领市场，然后再选择低PSR股票。当成长股引领股市时，你要选择高PSR股票。与其他任何优秀的资本市场技术一样，未来要不断测试PSR与投资风格间的关系，以便确认原先的关系是否还存在。

■ 股市不是圆头锤，但它可以砸懵你

简单地换个思路考虑问题：某一类股票5年内的业绩优于大盘，一大批投资者纷纷涌入，获得了丰厚的利润，但在接下来的5年中，这种情形再也没有发生，这导致投资者认为，以后不会再出现这样的情形了。由于投资者有这样的想法，这种情形有可能再次出现。因为在认知错误的影响下，投资者会忽略这种情形的影响，那么其影响就不会被市场消化。低PSR、低市盈率、股息和其他指标都是这种情况。在很长时间内没有效果后，它们会被忽略很长时间，然后，当价值股重新受青睐时，它们又开始发挥效力了。传统的手艺人痛恨这类市场现象，因为他们希望自己的手艺能一直吃香。

这进一步证明了持续测试和不断创新的重要性。在实际应用之前，我反复测试了我创立的PSR技术，因此当它被市场消化变得无用时，我不会毫无根据地依赖它。我很久之前就不再把它视为主要工具使用了，我已经开发了许多新的资本市场技术，因为只有不断创新才能长期保持优势。但在某些时候，我仍然将其视为辅助性工具。

当然，反复运用三个问题可能会让你获知一些独家信息，但是，假如你没有将提出这三个问题变成你的思维的一部分，你最终会失去你的优势。

我们来谈谈沃伦·巴菲特（Warren Buffett）的投资策略。许多人质疑巴菲特善变，阅读他自20世纪60年代以来撰写的文献你会发现，他在20世纪60年代所持的观点与他在七八十年代所持的观点相去甚远。早期，他根据简单的统计标准购买廉价股，通常是规模比较小的股票，现在被称为小市值股（这一术语直到20世纪80年代末才出现）。后来，他买入的是他所称的"特许经营权股"，然后他进入了一个购买大公司管理层股权资格并长期持有这些公司股票的阶段，今天这类股票被称为成长股，他的很多决

策都是受我父亲和查理·芒格（Charlie Munger）的影响做出的。

当巴菲特先生购买可口可乐（Coke）和吉列（Gillette）的股票时，你很难将这些行为与他20多年前持有的股票相联系。然后，令人惊讶的是，在12年前，即进入21世纪的头几年，当价值股重新变得热门时，他再次买入了低市值廉价股。尽管巴菲特从来没有放弃核心的目标和追求，但在过去几十年里，他巧妙地改变了投资策略。如果你想在下一个10年内运用他在某个10年内运用过的策略，那么你的收益率恐怕永远都不如他的高。他这么做没什么错，也应当这样做。不创立资本市场技术正是他的投资方式，我认为，他主要是依靠直觉投资，但像他这样的人少之又少。但是，无论是开发资本市场技术还是像巴菲特先生那样按直觉灵活地进行调整，它们都是投资成功的基础，停滞不前才会招致失败。由于我不知道如何按直觉行事，因此我才要依靠三个问题和自己开发的资本市场技术。

准确地预测，但不要学专业人士

我开发的资本市场技术的另一个例子是基于情绪的钟形曲线预测法（sentiment-based bell curve forecasting）。如PSR一样，我运用这一方法已有些年头了，但自我20世纪90年代创立这种方法以来，它在某些领域和地方已被市场消化了，但在另一些领域和地方它还有效（我们可以稍微了解一下）。

我们现在都早知道，如果所有人都认为市场会出现某种变化，那么市场最终可能不会出现这种变化，这种现象导致我们创立了一些有价值的技术。还记得我在前言中谈到的有关建立一个具有代表性的投资者民意测验样本的内容吗？民意测验技术已经很成熟了，利用它能够以一定的误差水平预测总统、州长和议员的选举结果。民意测验专家首先会建立一个能真正代表真实选民世界的样本。如果样本构建得不正确，那么民意测验结果就无效。具有代表性的样本，其规模不需要很大。若样本的选择很正确，500人的样本就足以预测一个大州的选举结果。

我们现在自行设置了一个投资者样本集，我们请投资者们谈谈股市下个月（即3月份）的走势。他们中的大多数人都认为，股市将飙升。我们由此得知，3月份股市不会飙升，因为若绝大多数人都认为股市会上涨，而且他们代表了投资者群体时，那么无论他们想买入什么股票，他们都会在3月份股市上涨前完成买入交易，这样就没有后续的购买力推动股价上涨了。他们的信念已经被市场消化了，因此股市在3月份不会大涨。

可悲的是，直到今天我们还没有正确创建投资者样本集的技术。一些机构声称，他们能做到，但事实并非如此。人们通常使用的是投资者情报（Investors' Intelligence）数据，这些数据是根据实时通讯整理而来的。另一个常用的数据是针对美国投资者协会（American Association of Individual Investors）成员的定期调查数据。梅尔·斯特曼和我曾详细核验过这些数据，我们得出的结论是，尽管有很多投资者在使用它们，但它们不具有预测性［有关这一研究的详细情况，请参见《投资者情绪和股票收益》（*Investor Sentiment and Stock Returns*）一文］[1]。这些工具不符合统计分析的要求，而且相应的数据也非常缺乏。

我们今天仍然不知道如何正确地构建样本集有很多原因。首先，个人投资者基本不愿意告诉调查机构他们的真实想法；另外，不同的投资者使用同一词语时表达的意思不尽相同，这会导致相互冲突的结论，投资者实际上对同一词语的理解不完全一样。

而且，个人投资者实际上不愿意或者不能向调查者公开他们的身份，

---

① 肯尼斯·L.费雪和梅尔·斯特曼，《投资者情绪和股票收益》，《金融分析师杂志》（*Financial Analysts Journal*）（2010年3/4月），第16—23页。

这不是什么新鲜事。在1954年达莱尔·哈夫（Darrell Huff）完成《统计陷阱》（*How to Lie With Statistics*）这一经典著作之前，这个问题就已经众所周知了。这本书是有史以来最通俗易懂的统计学读物，我推荐大家阅读。

在我们弄清楚如何构建复杂的样本前，我们可以先做其他事情。专业的投资者都是狂热的信息搜集者。作为一个群体，他们能接触其他投资者可接触的所有信息。但幸运的是，专业人员的人数最少，从统计学的角度来看最易于管理，而且易于分类和排序。他们通常对自己的观点直言不讳，事实上，他们有发声的动力。专业投资者通常训练有素，阐述问题明确清晰，对词汇含义的理解相对一致，因此与个人投资者非常不同。最重要的是，专业人士的观点更加真诚，因为他们相信之前接受过的专业训练，他们往往会在较长的时间内坚持自己的观点。

此外，他们往往会对指数收益率做出非常精准的预测，而且他们喜欢扎堆发布预测，一般是在每年的年初。在1月份发布预测是秩序偏好（这里指的是因社会习惯的影响而形成的顺序）的结果，也是我们的大脑失控的另一种症状。无论好坏、对错，每年大多数机构都会参与预测，就像参与仪式一样。商行内部的经济学家会做出预测，基金管理机构的人也会做出预测。负责规模较小的资金池的专业资金管理者会在每季度发送给客户的报告中做出预测。许多大人物会告诉你，预测是不可能的，但他们转头又告诉你，他们认为接下来会发生什么。你在博客上支付费用后，他们才会告诉你真实的想法。博客污染无处不在！每个人都发表意见本身没有错。多年以来，有越来越多的人发布预测结果，大量的预测人员出现在人们的视野中。

但大多数时候他们的预测是错误的，想必你已经知道这一点了。

任何时候都有少数人预测正确，其中有几个是因为他们掌握了独家信息，而另一些人则纯粹是因为幸运，就好像掷硬币50次，每次的结果都是头像朝上一样。但大多数情况下，他们的预测都是错误的。为什么呢？因为他们是信息的狂热追求者，他们可以接触广泛的信息，他们达成的共识已经在市场上被消化了，因此他们预期的结果就不大可能出现了。

20世纪90年代早期，我想看看股市预测结果有多大的差异。我尽己所能地从各种资源搜集了已公布的年度收益率预测结果，然后把这些预测结果与实际的数据绘制在了图表中。我发现，人们的预测结果的图形类似自然的钟形曲线。一致的预测大多落在了钟形曲线的中间部分，异常的预测位于两端。每年都会出现一些异常值，但大多数人的预测结果都在一定的范围内。

图4.1显示了1996—2003年的钟形曲线图和每年的收益率。每个数字代表一位专业人士的预测结果。钟形的中间部分是他们预测一致的区域。从图中可以看出，每年的实际收益率与共识不符，而是落在了两端或者空白处。在几个年份里，有一两位幸运儿预测对了，但每年预测正确的人都不是同一人。有时候人们预测股市上涨，但股市的表现很差，或者股市的涨幅不如他们的预期。有时候，市场的表现很怪异，与他们的预测截然相反。这很好地解释了典型的逆向投资（见第二章的讨论）行不通的原因，因为市场的表现通常与人们的预测不同，但不一定与预测的结果截然相反。

图4.1显示了预测结果错误的年份，这意味着在这些年份里，预测结果本身已经被市场消化了。人们一致同意的结果，即大多数人认为会出现的结果，实际上不会出现。由此我认为，可以根据共识对市场下注。

那么，运用这种方法做预测实际上就是在运用排除法。既然一致的预测结果不太可能出现，那么两个极端和共识范围内空白处的结果就有可能出现了。我们知道，一年之内，股市只会出现四种变化，即大涨、小涨、小跌和大跌（第八章会进一步论述），因此可以排除最不可能发生的情况。我把宝押在其他人不认同但最有可能发生的情况上。我的判断逻辑与市场

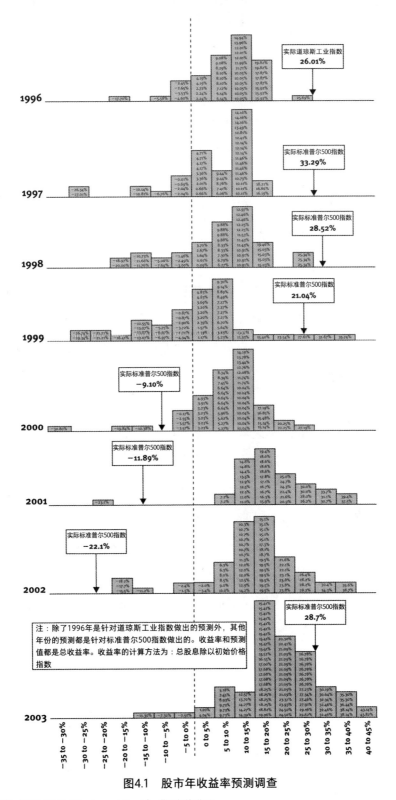

图4.1　股市年收益率预测调查

资料来源：《商业周刊》（Business Week）、费雪投资公司

是所有已知信息的打折相符,与历史数据一致,也与问题二吻合,即理解预测者不理解的事情:预测者本人就是市场的一部分,他们作为一个集体会被市场耍弄。

换一种说法就是,你在年末其他人做出预测之前不做任何预测,这样至少可以确保你不做出其他人那样的预测。

例如,1999年,人们对"千年虫"病毒忧心忡忡,此时股市的上涨行情已经持续了10年,大多数预测者都认为股市会上涨,但涨幅不会突破两位数,我认为股市涨幅可能达到两位数,但也有可能不会。在钟形曲线的大跌一边,存在少量空白处,晚间新闻里也充斥着人们对股市下行的担忧,但我看不出有什么尚未被市场消化的利空消息出现,因此我排除了大跌的可能。

在15%—23%的涨幅之间还有另一段空白处。我看到了很多被大众忽视或忽略的可能推动股市上涨的因素。正如之前在第二章中所讨论的那样,我认为"千年虫"病毒像银样镴枪头,不一定能产生严重的不利影响。人们也忽略了选举周期,1999年是克林顿第二任期的第三个年头,回顾第二章的内容可知,总统任期第三年的收益率很少为负,通常情况下都会大涨。人们对美国企业的前景忧心忡忡,但我认为企业利润会继续上扬。我认为1999年美国股市很有可能大涨,涨幅可能在20%以上。因此我在《福布斯》杂志上预测(在1998年12月28日的专栏中发表了题为《看涨1999年》的文章),标准普尔500指数会大涨20%。事实果真如此,1999年标准普尔500指数的涨幅超过了21%。[1]很幸运,我的预测值与实际值非常接近,这纯粹是运气使然,但我利用在20世纪90年代中期完善的钟形曲线技术做出了正确的判断。

---

[1] 汤森路透,标准普尔500指数总收益率,1998年12月31日—1999年12月31日的数据。

　　我是否因1999年的精准预测而沾沾自喜呢？没有。那样做是后见之明偏见和过度自信的表现。我的目标不是预测的数字与实际数字相吻合，我根本不关心能否预测准数字（但这是《福布斯》编辑的想法），我的目标是运用三个问题确保预测的方向正确，这一点才更为重要。方向比幅度重要得多，方向正确但具体的数字有出入与数字接近实际一样令人欢欣鼓舞（详细论述见第八章）。

　　只要举个例子你就明白了。依靠这项技术，我在20世纪末和21世纪初做出了许多正确的判断，即使股市在2000年和2001年走低时，我依然跑赢了大盘。那些年，我根据这一技术在《福布斯》专栏中做出的预测都是正确的，确实幸运之至。我一般在别人都做出预测后才做出自己的预测，我让他们先行一步，这样我就可以参照他们的预测了。听起来是不是很厉害？在一段时间里确实如此。但我要告诉你一个小秘密：与PSR一样，这项技术已经不再有效了，至少不像过去那么有效了。

　　它发挥了多年的效力，经受住了多年的考验。当我在《福布斯》专栏中或在《研究》（*Research*）[①]杂志中发表有关这一技术的文章时，它被视为迷惑人的巫术。大约自2000年开始，它才被摘掉巫术的帽子。此后，其他人采用了这项技术或类似的技术。

　　当钟形曲线被错误地用作逆向投资工具时，我松了一口气。当市场普遍看涨时，使用这一技术的人就会看跌，反之亦然。2001年和2002年，人们普遍看涨，但实际结果却是下跌。这进一步加剧了逆向投资者对这一技术的滥用。他们错误地使用了它，却给他们带来了收益。

　　但靠错误的做法和运气获益是无法长久维持的。如果你正确地使用了它，那么当人们普遍看涨时，你也可能看涨，比如，1996年、1997年、1998

---

① 肯尼斯·L.费雪，《预测变容易了》（*Forecasting Made Easy*），《研究》（*Research*），（2002年9月），第50—54页。

年、1999年甚至2003年的情况。在这些年份里，人们普遍认为股市会实现温和的上涨，但实际结果是大涨。如果你根据钟形曲线预测这些年份是下跌的，你可能会错失大量的收益。

最后，人们终于开始正确地利用这项技术了。当理查德·伯恩斯坦（Richard Bernstein）被任命为美林证券（Merrill Lynch）的首席市场预测师时，我知道自己遇到了麻烦，因为他也创立了类似的技术，能很好地预测20世纪90年代的股市走势。我和梅尔·斯特曼在之前提到的《投资者情绪和股票收益》一文中提及了他的数据。①从历史数据来看，伯恩斯坦模型的预测力很强，他成了业内举足轻重的人物，这也预示着我的钟形曲线技术会变得无效。

这项技术的效力又持续了几年，到了2004年，它完全失效了。你可以在互联网上看到很多利用或模仿钟形曲线技术分析股市的文章，现在仍是如此。一些人实际上直接使用了我的旧技术，就像PSR一样，曾经新颖的理论变得流行，以至于被市场消化时，它就会变得过时。当然，2004年对许多运用这一技术的人而言是个幸运年，但随着许多专业的预测人士开始运用这一技术，我知道它的效力到头了。到了2005年，它果然失去了预测效力。

几年后，一些预测人员在发布预测结果时会互相观望并调整自己的预测，因此，当他们公布预测时，不像前几年那样严谨和坚定了，人人彼此戏弄，所以是时候进入一个新的游戏时代了。

这一方法适用于美国股市。

创立这种方法后我发现，只要有足够的人发布了预测结果，我这套方法就能在任何自由交易的股市上发挥作用。我经常用它来预测纳斯达克指数，因为在20世纪90年代，相对于标准普尔500指数而言，有很多有关纳

---

① 肯尼斯·L.费雪和梅尔·斯特曼，《投资者情绪和股票收益》，《金融分析师杂志》（2010年3/4月），第16—23页。

斯达克指数的预测。事实上，这项技术在一定程度上影响了我2000年初卖空科技股的决定（你可以阅读我在2000年3月6日的《福布斯》专栏中发表的题为《1980年再审视》的文章，我在其中谈到了技术泡沫问题，详情请参见附录G）。当我发现这项资本市场技术对美国主要的股票指数不再有预测力后，我们就把目光投向了世界其他能运用这项技术的地方。

只要有足够的公共专业预测，它在外国股市上还可以继续发挥作用。除股票外，它还适用于分析美国和其他国家的利率以及主要货币的汇率。

但即使在这些市场上，这项技术的独立预测能力已经大打折扣了，它曾经是非常好的预测工具，这正是你必须不断测试其效力的原因。我们仍然观察钟形曲线，是因为如前所示，当人们对某种技术失去信心时，它有可能再次发挥威力。但是，我的公司在做出前瞻性的预测时，总会以人们的共识作为参照。

■ 为什么要告诉你这些

你可能再次想知道我将这些信息公之于众的原因。为什么不保持沉默，在更长的时间内独自享用这一技术呢？如果我不发声的话，我可以独享它更长时间，但也许不能。如果我没有将钟形曲线技术公之于众，我可能利用它在美国市场上多获利几年，但伯恩斯坦和其他人肯定会创立具有相同效力的技术。我知道，这种优势总有一天会消失。我把它公之于众是否加速了人们对它的利用？可能吧。在20世纪90年代中期，将预测结果绘制成钟形曲线图是我们公司的独特做法，这是不断运用三个问题的必然结果。

那么，为什么要把研究结果和发现公之于众呢？有两个原因。首先，我并不担心失去一种技术优势，因为我们在不断创新，而且我们知道，我们必须不断创新。我们公司使用数百种资本市场技术，自钟形曲线的效力降低后，我们创立了其他很多技术，而且未来我们还将开发数以千计的技术。

其次，若世人一直嘲笑我眼中的优秀技术，如总统周期或者我很早之前就创立的市盈率技术，那么我就知道这些技术仍然是有效的。我知道，由于人们存在认知偏见，他们看不到这些技术的威力，那么它们就仍然有效。我可以集中精力在其他领域进行创新。在我看来，如果不将技术公之于众，你永远都不会知道世人对它的反应。

如果钟形曲线是我唯一的工具，也许我会小心翼翼地保守这个秘密。但是，如果你运用三个问题不断地开发资本市场技术，你就会不断地获得新技术，你也不用担心失去旧的技术优势。没有三个问题的话，当我失去一两个工具时，我可能就得与妻子过退休生活，收拾收拾花草，摆弄摆弄猫狗了。但有了三个问题，我总是能收获创新的惊喜，不断的创新促使我进入了资产管理中最有趣的领域。如果我不在这个时代创新，那么我就管理不好其他人委托给我们的数百亿美元资金。

在投资界保持竞争力需要不断的创新，但大多数人都不喜欢创新或无法实现创新。我认为，金融服务业总体上没有实现创新。当我为我的公司选择榜样时，我没有考虑华尔街。我选择的是20世纪70年代初成立的英特尔公司（Intel）、同一时代的山姆·沃顿（Sam Walton）建立的沃尔玛（WalMart）、宝洁公司（Procter & Gamble）的营销部和通用电气（GE）的管理部。我年轻时就知道，这些企业都是非常有远见的创新型公司。我很仰慕集成电路的共同发明人、英特尔的联合创始人以及戈登·摩尔（Gordon Moore）的长期合作伙伴鲍勃·诺伊斯（Bob Noyce）。

在那个纯真的年代里，我有幸结识了鲍勃·诺伊斯，他的行事风格令我心服口服。诺伊斯知道，他和摩尔不会停止前进。尽管他个头不高（实际上很矮），但却聪慧过人，大多数人都认为，若没有他，英特尔公司就不会成立。但人们往往忽略了鲍勃·诺伊斯和戈登·摩尔的精神力量，他们对半导体的创新有非常清醒的认识：如果不持续创新，他们制造的半导体很快就会被其他创新者制造的半导体赶超。他们的目标是比其他人更快地更新知识。不断学习和创新是他们真正的信仰。

从那时起，我就一直把他们视为我的榜样，这就是我一直不断创新的原因。我不希望我的公司像华尔街的其他公司那样，我想让它与1975年诺伊斯和摩尔创立的英特尔公司一样。因此，当我开发出一些我认为管用的技术时，我不会在乎别人是否接受它，市场是否消化了它并且变得无效了，我认为它肯定会是这样的结局，这是进步的体现。

资本市场新技术——持续的创新

要了解我公司这些年开发的新资本市场技术以及仍在使用的老技术，可参考我近年来出版的图书，包括2010年的《揭穿投资神话》和2011年的《费雪论股市获利》，这两本书均由约翰·威利父子出版集团（John Wiley & Sons）出版。

在全球寻找基准

并非所有的资本市场技术都是为了预测，一些技术能促使你严格要求自己。我们公司仍在使用的这样一项成熟的技术是在全球范围内寻找基准。这不是什么新技术，我也不是其发明者。我们在第三章就讨论过，基准验证法是治疗许多石器时代弊病的好方法。

你可能会嘲笑将追踪一个指数并以它来约束自己的做法视为一种技术。这太简单了，并不是什么新概念，人尽皆知，而且任何人都能做到。没错，它很简单，任何人都能做到，但大多数情况下，人们没有这么做。

如果他们采用了这种方法，他们可能取得更多的成功，会少犯很多错误。这就是这种方法很重要的原因。你可以运用你的基准衡量自己，但更重要的是，你应当以它为鉴，约束好自己。

与许多美国投资者一样，你可能回避全球性投资，你更想专注于标准普尔500指数以及美国股票和共同基金。毕竟你认为投资美国股票让你感觉更舒适。辛辛那提（Cincinnati）不会吓到你，但墨西哥的坦皮科（Tampico）可能会。尽管如此，全球性思维能够帮助你更好地思考一切，包括更好地了解美国。以全球为基准的一个最主要的目的是，更全面地思考问题。

例如，许多人错误地认为，他们不需要具有全球性思维，不需要持有国外股票，因为美国的跨国公司持有大量的海外股票，这就相当于你也持有了国外的股票。可利用第一章学到的知识自行证明这种广泛存在的观点是错误的。如果美国的跨国公司拥有海外股份，那么它们就与国外股市密切相关吗？如果不是的话，你就得不到你想要的信息。但是，当你调查美国、日本、德国和荷兰的跨国公司时，你会发现，这些公司与本国的联系比它们与其他国家的联系密切得多，也就是说，埃克森、可口可乐和福特彼此之间的联系和与标准普尔500指数的联系要比它们与索尼、丰田、日立和摩根斯坦利东证股价指数（Morgan Stanley Topix）的关系密切得多。从中可知，美国跨国公司的股票行为与美国股票一样，并不能给你带来太多有关国外股票行为的启示。

原因在于，每个国家都会对本国的股票产生文化层面的影响。日本公司的员工主要是日本人，主要遵从日本的法律，而且主要是从日本获得融资。这个例子也启示你，若没有全球性思维，你就无法真正了解美国的跨国公司，这是我的基本观点。为了更好地了解今天的美国，无论是通过全球收益率曲线还是美国股市与其业绩之间的联系，你必须具有全球性思维。

仇外的投资者不知道而且很难接受这一点：从长远来看，你选定的指数基准不重要。信不信由你，只要观察的时间足够长，主要的股权基准最终都会收敛于一处，可谓殊途同归（后面会详细阐述）。但理性的投资者会选择波动性最小的基准，而且会选择最可能提供押注机会并获胜、最可能运用三个问题的基准，这样的基准必须是全球性的。

基准的重要性是毋庸置疑的，因为它是你投资组合的路线图。没有基准的投资就如同一个不熟悉车辆的人驾车行驶在不熟悉的国家的道路上，没有地图，没有导航，这样的人会一直在想：我为什么没有离目的地越来越近呢？事实是，你不知道你的目的地在哪里，除非你看到了它，你才能意识到。基准就是你的路线图，它能指示你，投资组合中应包含哪些股票，每只股票的占比和买入股票的时机。

■ 你的基准就是你漫长旅途的路线图

2001年9月11日上午，我与一群东海岸的员工正坐在从华盛顿特区前往费城的火车上，我们打算为当地的客户举办研讨会。恐怖袭击发生后，我们正常的计划都被打乱了。离开费城后，员工们都快速地奔向家里，也就是说，从新罕布什尔州（New Hampshire）奔向佛罗里达州（Florida）。因为没有航班，我和两位同事租了一辆面包车开往加州。由于归心似箭，大部分时间里，我们都超速行驶。当时有两条路线可供选择，我们选择了路途更长的横穿圣路易斯的路线向芝加哥驶去，因为担心发生更多的爆炸，北线不安全，所以我们选择了不太熟悉的南线。在圣路易斯，一位同事下了车，改乘午夜的火车前往达拉斯。剩下我们俩人轮换着开车，每人每次开3个小时。我们在一个加油站给车加了天然气，买了些食物后一路前行，最后，吃惊地发现，我们在32个小时内横穿了美国。如果你下定了决心，中间不休息，那么你横穿美国就需要这么长的时间。

如果没有路线图，我们恐怕永远到达不了目的地。从路线图中可以看出，南线并不比北线长多少，而且开车速度会更快。路线图会告诉我们去哪里，走到岔道上后如何返回正道。我们根据路线图决定了在丹佛（Denver）的行车路线，在丹佛要决定是走北线还是南线，前者要穿过盐湖城（Salt Lake City），后者要穿过莫哈韦沙漠（Mojave Desert），这次我们选择了北线。它帮助我们管理和计划好了我们的旅行，使我们控制好了风险。良好的股市基准就像路线图一样。

该基准也可作为衡量业绩的标准。每年审视你的投资组合时，你是否会考虑其涨跌情况。你如何知道每年业绩的好坏？当投资组合上涨了20%时，这是业绩好的表现吗？如果大盘上涨了35%呢？如果你的投资组合下跌了5%，这是很差劲的业绩吗？如果当年大盘下跌了25%呢？就像你驱车从费城赶往旧金山一样，途中的某些地方限速，有些地方可以超速。市场就是如此。

许多投资者声称，他们的目标是击败"市场"，但他们没有明确"市场"的含义，也不知道如何击败它。市场可以是美国股市、世界股市，甚至可以是债券市场。几年来，有无数投资者想要跑赢纳斯达克指数。如果你没有选定击败的目标，那么你就无法击败"市场"。你选择的市场就是你的基准，它能指引你做出每一个投资组合决策。

一旦选定了基准，你就要把资金投入到少量的股票中，但此时判断失误的风险是巨大的。基准可以帮助你确认风险概况，也就是说，你可以根据路线图来确定你投资组合的集中度和多元性。

涵盖范围较广的指数，比如，标准普尔500指数、MSCI世界指数和MSCI所有国家指数都是市场业绩的良好代理指标，因此，都可以成为管理和衡量投资业绩的基准。但基准也可以是任意一种建构合理的指数，比如，如果你喜欢小市值股的话，可以罗素2000指数为基准，大多数英国投资者使用富时指数，德国人使用德国综合指数（DAX），技术爱好者可选择纳斯达克指数。无论选定了什么指数，你都必须以它为基础构建、调整你的投资组合，管理你的投资活动，而且你必须长期以这个指数为基准。

■ 选择任一指数，任何指数（但不要认为波动频繁能带来更高的收益）

10年后，即另一个熊市结束后，许多投资者仍然对科技股泡沫破裂时的情形记忆犹新，这让他们很担心纳斯达克指数。是的，在2000年、2001年和2002年，纳斯达克指数陷入了泥潭，并拖拽全球市场进入了长期的熊市。这个指数很糟糕吗？应该避免以它作为基准吗？纳斯达克指数并不是一个差劲的指数，事实上，它建构得很完善、很合理，只是它涵盖的范围比较窄，因此很不稳定。指数涵盖的范围越窄，它的波动性就越大，这是很直观的事实。当形势急转直下时，它自身几乎没有可以降低波动性的因素。倚重科技股的纳斯达克指数的变化基本上取决于科技股的发展变化。

但是，由于从长期（20年、30年或40年）来看，所有精心建构的指数的收益率都趋于一致（尽管路径不同），投资者没有理由遭受这种近似过山车式的波动。你可能不相信这一点，我希望能说服你。

你应该可以理解这一点：如果所有精心建构的主要股票基准最终会达到同一水平，那么你关心的应该是过程的顺利程度。图4.2显示了不同的指数或基准经过不同的路线收敛到同一水平的情形。这些指数不是真实的，是为了表示不同的类型假想出来的。

指数4是一个波动性强的基准，其峰值远远高于其他指数，但其低点也远远低于其他指数，可以把它视为涵盖面非常窄的指数类型，比如，纳斯达克指数，或者可能是小国的指数。指数3在早期稍微落后，但在后几年表现突出，这像是规模较大的发达国家的指数。指数2早期表现良好，但在过去的15年里略有下降，这像是日本的指数。理性投资者青睐的是指数1，因为它的波动性最低，路径最为平滑。这样的指数通常涵盖面很广。

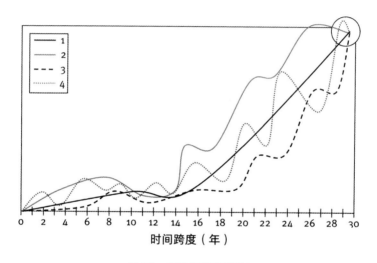

图4.2　基准和时间跨度

注：本图仅作说明用，不应被视为预测依据

目前，涵盖面最广的全球性指数是反映发达国家股市走势的历史悠久的MSCI世界指数和涵盖新兴国家市场（我仍然喜欢称之为"欠发达国家"，毕竟其中一些国家发展起来了，一些还没有）的MSCI所有国家指数。所有国家指数虽然历史较短，在历史分析中的作用不大，但作为基准是可以接受的。

请记住，涵盖面广的指数并不能保证你不遭受系统性的风险。当大盘下跌时，全球性指数也可能下跌，甚至跌幅巨大，但全球性指数确实能够缓解涵盖面窄的指数所固有的与特定国家和行业相关的风险。

■ 风险与收益的权衡

从长期来看，波动性强的纳斯达克指数与标准普尔500指数或者更广泛的MSCI所有国家指数是如何做到殊途同归的呢？纳斯达克的波动性更强，你能从中得到更高收益吗？

许多学习金融专业的学生都相信这个耳熟能详的神话，它是传统智慧的结晶（尽管是错误的），而且被很多受过良好教育的人所传播，这些人本应该看清其中的谬误，但不知何故他们没有。这种观念反过来说就是，要想获得更高的收益，你就必须冒更大的风险。风险以波动性来衡量，因此你要想击败市场，你就必须构建一个波动性大的投资组合。多年来，投资者根据这一观念权衡股票、债券和现金。但在股票市场中，历史数据证明这种观念是错误的。以历史数据验证广为流传的观念是否正确是值得称道的做法。如果这一观念是正确的，那么科技股指数的长期收益率应高于波动性弱的指数，但事实并非如此。

你也可以在某个板块选择短期内价格走势一样的股票构建一个涵盖面较窄的指数，这样其波动性会比较大，但与长期收益率无关（我们在第七章讨论决定长期价格的供给变化时再详述这一问题）。如果波动性与长期收益有关系，那么构成涵盖面较广的指数的所有股票的收益率都会高于指数本身的，但这样的结果是不可能出现的，因为部分与整体的收益不应该有差异。这是可用问题二探索的典型领域，大多数人从来不会深入思考它。就股票而言，短期波动与长期收益无关。如果时间足够长，所有计算正确的股票指数都能让你得到同样的股票收益。即使存在差异，差异也不会很大，而且这样的差异是由股票供应量的异常变化导致的，很快可能就会恢复正常水平。

请注意，很多读者在正统教育的影响下，会认为我说的是错的，但历史数据证明，这种观念的确是错误的。历史很美妙！

这类可用问题一揭穿的神话之所以一直存在，是因为我们不质疑自己的假设，不运用历史数据验证理论的真伪。投资者偏爱他们喜欢的类别，确认偏见支持他们的先入之见。许多投资者错误地认为他们喜欢的类型股，比如，小型成长股、能源股、科技股、高价值股和新兴市场股等，本质上都是优越的。这显然是错误的，但很少有人去验证，这正是流行的神话应该被揭穿的原因。绝没有任何证据表明，某一类型的股票永远比其他类型的股票优秀。热爱某一类型股票的投资者会专门挑该类股票表现突出的时段说事，但选择不同的时段后，这类股票的优势就不存在了。即使是使用同一个名词和形容词，不同的人侧重的含义也会有差异。

数据挖掘是指有意或无意地选择能证明自己观点的数据，但是，如果使用略微不同的数据，或者改变了时间范围，这一观点就站不住脚了。我们以小市值股比大市值股业绩好这一长期流行的神话为例进行说明。从历史上看，这一观点有一定的可靠性，因为自1926年以来，小市值股的平均业绩优于大市值股。大多数观察家将平均值与最常发生的情况和现实相混淆了。我们知道，这是一个神话，因为当你运用数据验证这一观点时，你会发现它不成立。除了四大熊市期间，即1932—1935年、1942—1945年、1974—1976年和2002—2004年（这些时期小市值股的表现比较出色），在其余时间里，大市值股的业绩远远优于小市值股。只有在那几个时期，小市值股的业绩优异，但是，如果你能正确地判断四大熊市何时触底，你也用不着利用小市值股跑赢大盘了（或者说如果你从研究中剔除规模最小和流动性最差的股票，那么上述的神话根本就站不住脚了）。

我的观点是，这么多人长期以来吹捧的小市值股效应实际上是数据挖掘的结果。对于大多数观察家而言，这是一个迷惑人的陷阱（TGH设计的），然而，这种观点根本就站不住脚。在某些时段，比如，在2000年的大部分时间里，小市值股确实显著领先，但在其他时间，它们往往是落后的。

换一种思路解释。假设1945年时你35岁，刚刚从第二次世界大战的战场上归来，你开始投资股票，并认为小市值股的平均业绩优于大市值股，你在1975年65岁时提休，你看到的结果是，大市值股的业绩优于小市值股。

经历了这么漫长的时间你才明白，当初的预想与实际的结果不一致。或者1973年时你25岁，你刚从越南战场回来，经历了5年的心理治疗后，你面目一新，开始进行投资。这一年是1978年，你30岁。在接下来的20多年时间里，大市值股的平均业绩优于小市值股（虽然在最初的几年里，你利用小市值股赚了一些钱并且形成了一些确认偏见）。要等待1/4个世纪，平均业绩才能发生逆转，等待的时间真的太漫长了。

谨慎选择时间范围，你似乎可以证明很多事情。但是，尽管大多数投资者认为自己目光长远，却很少有人能承担在整整1/4个世纪里犯错的代价。你可以通过选择不同规模、风格或板块的股票来应对这个问题。

如果某类股票明显优于其他类股票，那我们肯定早就知道这一事实了，而且我们肯定会对这类股票进行投资，其他类别的股票恐怕早就消失不见了。我们都受资本主义规律的制约，即股价由供需决定。没有任何一种指数、规模、风格或类别的股票会一直表现优异，确实没有，而且你不必等25年就能看到另一类股票领涨市场。

■ 全球性思维是更好的思维

你越能在全球范围内进行投资，你就越能分散投资风险。没有哪个国家能一直独领风骚，没有人知道下一只领头羊会是谁。表4.2展示了各个年份股市业绩领先的国家和地区。不突破地理界限、不在全球范围内分散投资的机会成本是巨大的。不要担心不熟悉国外市场，而要担心失

表4.2 领涨国的变化——自1990年以来股票收益率排名前5的国家（地区）及收益率

年份	1		2		3		4		5		美国
1990	希腊	90.4%	英国	10.3%	中国香港	9.2%	奥地利	6.7%	挪威	1.1%	-2.1%
1991	中国香港	49.5%	澳大利亚	35.6%	美国	31.3%	新加坡	25.0%	新西兰	20.8%	31.3%
1992	中国香港	32.3%	瑞士	18.1%	美国	7.4%	新加坡	6.3%	荷兰	3.4%	7.4%
1993	中国香港	116.7%	芬兰	83.2%	新西兰	70.0%	新加坡	68.0%	瑞士	46.7%	10.1%
1994	芬兰	52.5%	挪威	24.1%	日本	21.6%	瑞典	18.8%	爱尔兰	14.5%	2.0%
1995	瑞士	45.0%	美国	38.2%	瑞典	34.1%	西班牙	31.2%	荷兰	28.9%	38.2%
1996	西班牙	41.3%	瑞典	38.0%	葡萄牙	36.4%	芬兰	34.7%	中国香港	33.1%	24.1%
1997	葡萄牙	47.4%	瑞士	44.8%	意大利	36.4%	希腊	36.2%	丹麦	35.0%	34.1%
1998	芬兰	122.6%	希腊	78.1%	比利时	68.7%	意大利	53.2%	西班牙	50.6%	30.7%
1999	芬兰	153.3%	新加坡	99.4%	瑞典	80.6%	日本	61.8%	中国香港	59.5%	22.4%
2000	瑞士	6.4%	加拿大	5.6%	丹麦	3.7%	挪威	-0.4%	意大利	-0.8%	-12.5%
2001	新西兰	9.5%	澳大利亚	2.7%	爱尔兰	-2.7%	奥地利	-5.0%	比利时	-10.2%	-12.0%
2002	新西兰	26.1%	奥地利	17.3%	澳大利亚	-0.3%	意大利	-6.3%	挪威	-6.7%	-22.7%
2003	希腊	69.5%	瑞典	66.1%	德国	64.8%	西班牙	59.2%	奥地利	57.8%	29.1%
2004	奥地利	72.3%	挪威	54.5%	希腊	46.1%	比利时	44.9%	爱尔兰	43.1%	10.7%
2005	加拿大	28.9%	挪威	25.7%	日本	25.6%	丹麦	25.3%	奥地利	25.2%	5.7%
2006	西班牙	50.2%	葡萄牙	48.4%	爱尔兰	47.6%	新加坡	46.7%	挪威	46.3%	15.3%
2007	芬兰	50.1%	中国香港	41.2%	德国	35.9%	希腊	32.9%	挪威	32.4%	6.0%
2008	日本	-29.1%	瑞士	-29.9%	美国	-37.1%	西班牙	-40.1%	法国	-42.7%	-37.1%
2009	挪威	88.6%	澳大利亚	76.8%	新加坡	74.0%	瑞典	65.9%	中国香港	60.2%	27.1%
2010	瑞典	34.8%	丹麦	31.1%	中国香港	23.2%	新加坡	22.2%	加拿大	21.2%	15.4%

资料来源：汤森路透，各国（地区）股票收益率，1989年12月31日—2010年12月31日的数据。

① 汤森路透，MSCI澳大利亚指数、MSCI澳大利亚指数、MSCI比利时指数、MSCI奥地利指数、MSCI中国香港指数、MSCI加拿大指数、MSCI丹麦指数、MSCI芬兰指数、MSCI法国指数、MSCI德国指数、MSCI希腊指数、MSCI中国香港指数、MSCI爱尔兰指数、MSCI意大利指数、MSCI日本指数、MSCI荷兰指数、MSCI新西兰指数、MSCI挪威指数、MSCI葡萄牙指数、MSCI新加坡指数、MSCI西班牙指数、MSCI瑞典指数、MSCI瑞士指数、MSCI英国指数、MSCI美国指数，各国（地区）总收益率数据的时间范围都是1989年12月31日—2011年9月30日。

去在国外大展拳脚的机会。而且你应该担心，你的母国会变成投资风险最大的地方。

如果你不习惯在国外市场上选择个股，那么你可以通过低成本的指数基金或者交易型开放式指数基金（ETF）轻松地在全球市场上进行投资。反映发达国家市场的MSCI欧澳远东指数多年来一直被视为便宜的指数基金。运用这种投资工具可以分散你的风险，获得投资国外市场的机会，避免完全被动的投资模式。

注意：我不大喜欢共同基金或指数基金（正如我在《福布斯》专栏中所写的，参见附录D）。通常情况下，这类基金价格昂贵，而且高净值投资者享受的税收优惠很有限。但如果你有独到的优势，你可以根据需要进行多元化投资。如果你掌握的信息与他人无异，那么被动投资是适合你的方式。

如果你确实采用了共同基金投资策略，请务必购买涵盖面较广的基金或基金组合，而且要记得查看费率。许多基金价格高昂，在全球范围内配置投资组合是明智之举，但费率过高就不划算了。

你真没必要担心对外投资。许多外国股票可以通过美国存款凭证（ARD）轻松购买。另外，你只需要检查一下你的冰箱、药柜、衣柜、工作台或车库（或你的雇主），你就能发现很多来自国外的熟悉的名牌。

■ 永远不要以道琼斯指数为基准

我一直在强调，你选定的基准应当是一个"构建合理"的指数，但什么样的指数是"建构不合理"的指数呢？道琼斯工业指数就是其中一个。

许多投资者非常重视道琼斯工业指数，经常虔诚地称之为"道氏指数"。投资者认为该指数是可靠的市场风向标，但事实上，该指数构建得很不合理，不应当被视为基准。几十年来我几乎没有关注过它，甚至不知道它的真实水平，因为我坚守的一个原则是："永远不考虑道琼斯指数"（1999年11月9日《福布斯》专栏的标题）。

我的建议是，如果你能在余生约束自己，无视道琼斯指数，那么你对市场的判断会更准确。当你提及"道氏"一词时，我希望你指的是出版公司、化学公司或者一种亚洲哲学（即道教），但绝不是指道琼斯工业指数。

首先，道琼斯指数只涵盖30只大型股票，几乎无法代表美国股市；其次，该指数成分股的选择很随意，有的已被接管和剔除，被剔除的公司由道琼斯委员会另选股票替代。他们选择可口可乐而非百事可乐，选择微软而非苹果，尽管苹果的市值增加了75%，他们还选择了默克（Merck）和辉瑞（Pfizer），但选择标准是什么？不清楚。[①]由于情感和文化方面的原因，它一直是大众媒体的宠儿，这也导致有关它的市场神话流行了数十年。（道琼斯公司拥有《华尔街日报》和《巴伦周刊》，这一事实也助推了该神话的流行。）

该指数最大的缺陷是，它是一个价格加权指数，我再次强调，永远不要关注价格加权的指数。

比如，以2011年的数据为例，卡特彼勒（Caterpillar）对道琼斯指数的影响比微软高出3倍，而微软的市值是其市值的3倍。[②]为什么一只规模大得多的股票的影响力会如此低呢？问题就出在价格加权上。

对于像道琼斯指数和日经指数（NIKKEI）（顺便提一句，也不要以它为基准，它的误导性也很强）这类"价格加权"的指数而言，成分股的价格越高，其影响力就越大。在价格加权指数中，100美元的股票对指数的未来影响是10美元股票的10倍，即使10美元的股票可能来自一家按任何标

① 汤森路透，道琼斯成分股数据，截至2011年9月30日的数据。

② 汤森路透，截至2011年9月30日的数据。

准衡量价值都非常高的公司。这样的指数可真够不合理的！

价格加权的指数本质上存在问题，是因为分股时，股票的权重也会被分割。该指数的总体水平不受影响，但分股会降低所涉股票相对于其他股票的影响力。你不愿相信这一点，大多数人都不愿意相信，但这是事实。并股也是如此，也就是说，若之前的两只股票合并成了一股（很少发生这样的事情），那么合并后的股票的权重会加倍。

分股和并股纯粹是装点门面的行为，不会对公司的市值或股息、投资者的净资产或其他任何形式的实体经济产生影响，一点都不会。然而，分股绝对会影响股票对指数的影响力。除非你可以预测分股（从来没有任何一种技术能做到这一点），否则你就没有合理的基础来预测一两年内的价格加权指数，即使你能够完美地预测指数内各成分股的价格走势，这是事实。在某些年份，道琼斯指数的涨幅可能比实际涨幅高或低10%，这要看指数中的哪些成分股被分割了或者没有被分割。我不是指道琼斯指数实际的变化幅度为10%，但表现出的幅度为11%，而是指实际的变化幅度为10%，表现出来的变化幅度为20%。

道琼斯指数的收益率无规律可循，具体要看哪些股票被分割和什么时候进行分割。如果被分割的股票的表现差于未被分割的股票，那么指数的表现就会优于一般股票。如果被分割的股票的表现优于未被分割的股票，那么指数就低于股票的平均收益率。

听起来很不可思议，对吧！换句话说，如果高价股的表现优于低价股，那么道琼斯指数的收益率就高于其成分股的收益率；相反，若低价股的表现优于高价股，那么道琼斯指数的收益率会低于其成分股的收益率。

你听说过道氏"分母"或"除数"吧，它被用来调整分股造成的指数偏差。让我们来改变一下你的认知吧。当道琼斯指数中涵盖的某只股票被分割时，道琼斯和公司就会调整"除数"，任何价格加权的指数都是这样的。这个除数能使整个道琼斯指数的水平在分股前后保持不变，实现无缝衔接。也就是说，改变除数后，股票分割时就不会影响道琼斯工业综合指数的整体水平了。除数会不断得到调整，但这样做并不能保证道琼斯指数不偏离现实。

■ 仅含两只成分股的指数

为什么要避开价格加权指数，为什么要无视道琼斯指数呢？我们在这里做一个简单的说明。我们建构一个只有两只成分股的价格加权指数，这两只股票分别是ABC股和XYZ股，每股的初始价格都是100美元。为简单起见，我们假设两只股票的市值是一样的，其他的定量特征也都相同。要得到最初的指数值，我们只需要把ABC和XYZ的价格相加，然后除以总股数（2）即可，得数为100美元，因此我们的双股指数初始值为100，计算简单明了，你甚至都不需要使用计算器。

周一，ABC上涨10%至110美元，XYZ下跌10%至90美元，110加90得200，除以2（初始除数），仍得100美元，这是合理的，因为两只股票的价格各自变化了10%，且变化方向相反，完美地抵消了。计算依然非常简单，没什么奇怪之处。周一晚些时候，两只股票都恢复至原价100美元，指数仍为100。

但等等！

周二，ABC宣布按100∶1的比例分股。请注意，大多数股票是按2∶1或3∶1的比例分割的，但为了让说明简单和清晰，以及为了说明价格加权指数有多不合理，我们使用了极端数字。尽管整个公司的市值不变，但ABC现在的交易价格为每股1美元，股东也没有任何变化。

如果一位股东之前拥有100股100美元的ABC股票，现在他拥有了10000股1美元的股票，无论哪种情况，他都持有价值10000美元的ABC股。

ABC的售价变为了1美元，而XYZ的售价仍为100美元，将两只股票的单价相加得101美元，除以2后得50.5美元。

但这样的计算是不正确的。我们知道，指数必须仍为100，因为除了股票被分割外，其他方面没有任何变化。这个时候就需要调整除数了，这正是道琼斯指数的做法。不能再像以前那样除以2了，那么，"哪个数被101除能得到100呢？"很好计算，答案是1.01，所以我们将除数设置为1.01，仅为分股前除数值的一半，此时，我们的指数值仍为100，比50.5大了很多，我们很高兴。

周三，ABC又上涨了10%，XYZ下跌了10%，但指数无法保持不变了。现在ABC的价格变成了1.10美元，而XYZ变成了90美元，将单价相加得91.10美元，除以新除数1.01后得到指数值90.20，这……？但两只股票朝相反的方向各自变化了同样的幅度时，指数却毫无理由地下跌了近10%。怎么会这样呢？

原因还在于价格加权指数的固有缺陷。虽然指数创建以来，其涉及的公司的经济效益没有变化，但指数本身发生了很大的变化。如果两家公司的价值相同，那么它们对指数的影响也应该相同，但就价格加权指数而言这是不可能的，即使是最受世人推崇的道琼斯指数也是如此。

再次强调：在任何年份，当被分割的股票比未被分割的股票表现差时，指数的收益会高于股票的平均收益。但如果被分割的股票比未被分割的股票表现好时，指数的收益要低于股票的平均收益。

有一点令我很惊讶，那就是，大多数人都关注手艺，但很少有人接受过指数构建方面的训练，但指数的建构就是个手艺活啊。几乎没有人关注这一手艺，很难理解原因何在。对于那些想自学指数构建的人，我推荐弗兰克·赖利（Frank Reilly）的《投资分析与组合管理》（*Investment Analysis and Portfolio Management*）一书，德莱登出版社（Dryden Press）

1996年出版，这是我最喜欢的投资教科书之一，作者弗兰克是我喜欢的一位学者，性格非常友善。

构建指数的合理方法是以市值加权，这意味着市值大的公司具有更大的权重。比如，苹果公司的市值为3700亿美元，而卡特彼勒的市值约为600亿美元，前者对标准普尔500指数和MSCI所有国家指数的影响远远大于后者。[①]理应如此。绝大多数人都认为市值大的股票对指数的影响更大。

■ 永远不要追求收益最大化

因此，应以市值加权的指数为基准，更重要的是，如前所述，这种特定的资本市场技术（在全球范围内寻找基准）不是为了预测收益，而是为了引导你走上正轨，培养全球性思维。这样做能克服你石器时代大脑的束缚，实现自我控制并运用好问题三。

即使选定了适当的基准，许多投资者还是试图实现收益最大化，这样会伤害自己。他们希望每年都获得正收益，每年都能大赚一笔，他们忘记了运用基准的目的是控制风险。在秩序偏好的影响下，他们忽视了相对收益的重要性，只重视绝对收益，他们完全忘记了风险。

相对收益指的是相对于你选择的基准实现的回报。例如，如果你的投资组合一年内的收益率是5%，你可能认为这是相当糟糕的业绩，但如果你的基准只上涨了3%，那么这说明你投资组合的收益率比基准高2%，这是很不错的表现，你投资组合的表现优于大多数股票。同样，如果你投资组合一年的收益率为15%，你可能会觉得这个成绩非常不错，但你的基准上涨了30%，你投资组合的收益率比基准低了15%，这是很大的差距。要弥

---

① 汤森路透，截至2011年12月21日的数据。

补这么大的差距，也就是说，要使你的投资组合收益率达到市场平均水平，在接下来的15年里，你的收益率平均每年要高出均值1个点，这一目标恐怕难以实现。

通常情况下，你应当关注相对收益率，即与基准相比，你的投资收益率如何。为什么呢？因为我们知道，如果你投资组合的表现长期优于大盘，那么你就比几乎所有的投资者都出色，就这么简单。从长期来看，大多数投资者跑不赢大盘，即使是专业的投资者。

击败市场（无论你选择的市场是什么）是一个高远但难以实现的目标。它可以实现，但不易实现。不要盯着每一年的收益率，更好的做法是盯着基准。当你的基准在一年内上涨了20%，而你投资组合的收益率为21%或23%时，这就是很美好的一年。

为什么实现这么小的差距也算很了不起？这么说吧，如果你的基准上涨了20%，而你的投资组合上涨了40%，那么你可能会非常高兴，而且认为自己是个天才（当心骄傲感积累、过度自信和后见之明偏见）。然而，当你一开始就认为自己的收益率会领先市场20%时，你要问问自己："我要是错了该怎么办？"答案是：你错了的话，你的收益率会比基准低20%。当基准上涨了20%时，你可能没有收益，你会觉得自己很不明智。

记住第三章中谈到的良好的行为控制机制：你设定的收益率超越基准的幅度不要高于收益率低于基准时你能承受的幅度。为什么呢？因为你可能会判断出错，而且不止一次！如果你一年当中判断出错的概率大于判断正确的概率，那么你的收益率会低于基准。这是常见的事情，你应当能预料到。只要你运用基准来控制风险，那么你在长期内不会遭受太大的损失。

如果你的收益率确实比基准高出了30%，你可以开心地手舞足蹈，乐不可支，但不要试图重复这样的成绩。这样做对你实现长期目标不利，你应当弄清楚你如何以及为何取得这样的成绩，或者下次你的收益率可能惨不忍睹，之前赚的钱也可能赔进去。那些贸然出击的人失败的概率要比普通人高很多。试图最大化收益率，最终可能使损失最大化，没人喜欢这样的结局。

这意味着，通常情况下，当你的基准下跌时，你投资组合的收益率也会下降（之后我会讨论例外情形），若基准在一年内下跌了10%，你投资组合的收益率略有下降，这就是一个不错的年份。你的基准略降时，你要接受这个事实，你无力改变什么。

从现在开始，你要关注相对收益而不是绝对收益。管理好风险，你会得到更好的结果。投资组合管理就是控制风险，而不是追求收益最大化。冒过大或过小的风险都不是什么好事，会阻碍你长期目标的实现，而且不利影响会显现出来，速度之快超乎你的想象。

■ 最大的风险

大多数投资者关注的是近期的波动风险，但是，从长远来看，最大的风险是基准风险。基准风险指的是你的投资目标与基准之间的差异程度。如果你选择的基准涵盖各类股票，你的目标是在长期内获得与大盘相近的收益，但你在大部分时间内持有大量的现金和债券，你认为这很安全、很保守，那么此时你承受着巨大的基准风险，对实现长期目标可能非常不利。你不想承受波动风险，你认为从长期来看，股票比现金和债券的收益低，这种想法是过时的。

假如在退休后过体面的生活需要你每年获得8%的收益率（当然是从长期来看），但由于你长期将大量的资金配置于现金和债券中，你获得的收益率仅为4%或5%，你可能很难忍受短期的波动，但更糟糕的是，由于你承担了太多的基准风险，而且你的长期收益率过低，在二三十年后，你的生活品质会减半。真正卓越的投资者能接受正常幅度的波动（没错，波动是正常的。更多讨论请参阅《费雪论股市获利》一书的第三章）。

基准风险不仅适用于股票和债券，不论你过于倚重哪一类股票，你都是在冒基准风险。想想科技股泡沫破裂时那些赔得惨不忍睹的投资者吧！如果1999年你的基准中包含30%的科技股（标准普尔500指数中科技股的权重），而且你的投资组合中科技股占到了50%或60%（或80%或90%），那么你就承担了巨大的基准风险。科技股的权重过大，当科技股泡沫破裂时，你投资组合的收益率将会非常可怕。许多人身上都发生了这样的事情，许多人都不知道问题出在哪里。问题出在哪里呢？问题出在他们没有控制好基准风险！当你关注基准风险时，你就会有先见之明，不会让科技股风险对你造成伤害。一定会这样。

不管什么时候，当资产泡沫使投资者限于困境时，他们就会找替罪羊出气，这是很自然的现象。他们指责贪婪的银行家、愚蠢的央行行长、脑残的政治家。也许这些人该受谴责，也许不该，但他们当中的任何人都不应该为你的投资组合决策负责。不顾风险一味加大某些危险股比例的投资者才是罪魁祸首，他们的过度自信导致他们承担了巨大的基准风险。

过度自信也可能导致另一个方向的基准风险。严重减持或者不持有基准中某一板块的股票与疯狂地增持某一板块的股票一样有害。比如，1995年有一些人说他们不了解科技股，因此永远不会持有这类股票。不难理解他们的行为。在接下来的5年时间里，科技股表现优越，没有投资这类股票的人错过了盈利机会。做出这类决策，即因为不了解股市中占比很大的一类股票就说永远不会持有它，就相当于说："我不了解女人，所以我不会跟任何女人交往。"这很难做到！真是愚蠢的选择！这样做所冒的基准风险巨大，会失去很多终生难遇的机会。

对某个板块持仓过重或过轻的投资者都没有运用问题三，他们在过度自信（和其他错误）的影响下，看不到他们有可能押注错误。2000年我手中持有少量科技股，尽管我判断科技股可能崩盘，并准备减持这类股票，但我不想做得太极端，因为我知道自己可能判断出错。

如果你偏离基准的幅度很大，而且事实证明你错了，那么你就得不到本应得到的收益了。2000年过度依赖科技股的投资者都付出了惨重的代价，2003年不敢持有科技股的投资者也判断错了，当市场上其他股票猛跌时，科技股形势一片大好。由于他们偏离基准太远，押注过大，而且判断错误，他们的业绩远远落后于基准。巨大的差距很难弥补。不过补救方法很简单，当你不认为自己掌握独家信息时，你就按基准的指引做决策，做一名被动型投资者。如果你认为自己掌握独家信息，那就以这些信息为依据下注，但不要过于极端，因为你仍可能出错，这是事实。

在我看来，只有在一种情况下，你可以偏离基准，值得冒巨大的基准风险，但我们还没准备好这么做，我们也不是十分确定其效果。学习了如何运用三个问题后，我们将在第八章讨论如何正确地识别真正的熊市。

你可能想知道如何才能使你的投资组合与基准一致，基准是什么样子的。所有重要的股票指数都在其网站上（例如，www.standardandpoors.com和www.msci.com）列明了涵盖的板块，甚至列出了各板块的权重。通常情况下，你甚至可以找到指数的市盈率，你可以根据它确定指数偏重价值股还是成长股。让这些百分比而不是石器时代的大脑指引你做出决策。根据指数的权重构建你的投资组合，只有当你认为自己掌握独家信息时再偏离它们。有把握时可下注，无把握时按指数的指引来，做被动型投资者。基准就是指引你获得长期股票收益的路线图。

■ 击败市场很难，但并非不可能

你能击败市场吗？尽管击败市场很难，但并非不可能。更重要的是，击败市场靠的不是运气。一些专业人士和学者希望你相信，市场非常有效率，他们认为，击败市场纯粹是不可重复的偶然性事件。他们想让你相信，比尔·米勒（Bill Miller）、比尔·格罗斯（Bill Gross）和彼得·林奇（Peter Lynch）在很长的时间里击败市场纯属运气使然。简直是胡说八道！那么，这些能长期击败市场的人有什么共同点呢？答案是，他们掌握独家信息。

如果你通过三个问题掌握了独家信息，你就可以提高投资成功的概率。如何做呢？首先要衡量基准风险，使决策正确时你的业绩优于市场，决策错误时你不至于遭受惨重的损失，这就是核心的思想。每一次的决策不一定都是正确的，你只要确保正确的次数多于错误的次数即可，而且下注不能过于极端。

记住你在第三章学到的内容，如果你确实看好某个板块，而且该板块约占你基准的10%，那么你可以小幅提高你投资组合中该板块的比例，比如，将比重设置为13%或15%。如果你利用三个问题确信（但不能过于自信）你掌握了一些独家信息，那么你可以在投资组合中将该板块的比重翻倍，比如，变成20%。如果你的判断正确，那么你只是加大了对一只热门股的投资。如果你的判断错误，你也不会损失惨重。另一方面，如果你对某个板块不感兴趣，但在你的基准中，这个板块占10%的比例，你的投资组合中不能没有这个板块的股票，你可以降低其比例，比如，降至5%、7%或8%。你判断正确时，你只是减少了对一个板块的投资。你判断错误时，你也不会完全错失获利机会。

你每年都要做很多决策，你每次做决策时都有下注的机会。持有更多的国外股还是美国股？更多的价值股还是成长股？小市值股还是大市值股？医疗股还是科技股？亦或是能源、材料、电信、公用事业股？重仓持有哪个行业或子行业股票呢？需要权衡的问题有很多。何时增加或降低投资组合中原先根据基准设定的各类股票的比例呢？调整幅度各为多少（只有你掌握独家信息时你才能这样做）？不知道如何分析电信板块吗？如果你没有掌握独家信息，那么你的投资组合中各部分的权重应与基准保持一致。

如果电信股在你的基准中占8%，那么在你的投资组合中也应有8%的电信股，为实现多元化，可以持有几只不同的电信股，每只股的比重为2%—3%，或者直截了当地买入电信公司的基金。

从长期来看，判断正确的次数多于错误的次数时，你就能击败市场。正如沃伦·巴菲特所说的那样，股市投资就像打棒球，要等到适合你的球飞来时，你再出手，一击而中。

运用基准控制风险时，击败市场就没有现象中那么难了。但是，即使你将三个问题烂熟于心，你也不一定每年都能击败市场，你可能在两年、三年或四年内都没有击败市场，不要灰心。曾有几年，我的收益率也落后于市场，因为我判断错了，但由于利用基准控制了风险，我落后市场的幅度并不大，很快就弥补了损失。许多人，包括大多数投资专业人士，长期投资失败的原因是：（1）他们不依据自己掌握的独家信息进行投资；（2）他们不利用基准控制风险，无节制地下注。

有些人声称，他们选好了基准，而且每年都仔细分析标准普尔500指数的变化，但其中大多数人关注的都是最大化收益而不是最大化击败市场的可能性。他们没有与时俱进地管理基准风险，他们只是利用基准确认他们的收益情况，即使是关注相对收益的投资者也经常错误地运用基准。当你对比他们的投资组合和基准的各类股票的权重时，你会发现，他们过度依赖他们所青睐的板块，他们"不理解"或者"不喜欢"的板块的权重几乎为零。这正是适当的全球基准是有效的资本市场技术的原因，而且不管有多少人运用了它，对你而言，它的效力永不褪色。

熟悉了三个问题，并且能利用这三个问题开发预测股市的工具并约束自己的行为后，你就可以应用它们去探求别人不知道的独家信息了。换句话说，你已经为击败市场做好了准备。加油吧！

第五章

当"那里什么都没有"时

约翰·霍普金斯和我的祖父及格特鲁德的渊源

本章将继续介绍如何运用问题一揭穿"人人"皆知但无人验证的错误神话。首先请允许我讲点题外话，谈谈我的个人经历。

与许多人一样，在我年幼时，我的祖父对我影响很大。在我出生之前，我的祖父就去世了。自我记事起，我的祖父就是我的偶像，至今我桌子上还摆放着他的照片，他是我心目中的大英雄。小时候，因为崇拜他，我的理想是像他一样成为一名医生。直到后来我才发现，我一点儿都不喜欢做医生，尤其是因为我晕血。是的，我尊敬医生，但我不想成为医生。

我的祖父做了非常了不起的事情。祖父名叫亚瑟·L.费雪（Arthur L. Fisher），是约翰·霍普金斯大学医学院（Johns Hopkins School of Medicine）的第三届研究生。他于1900年毕业，获得医学博士学位。在霍普金斯大学声名鹊起之前，他就已经开始在那里工作了。他是个开拓者，总是领先他人一步做一些事情，就像辍学去创立微软的比尔·盖茨一样。但是，比尔·盖茨在创立微软之前，世界上起码已经有电脑和软件了，他只不过是以新的视角改变了现有的一切而已，而约翰·霍普金斯大学改变了医学领域的一切。

从任何标准来看，霍普金斯大学医学院都是美国第一所现代医学院，它开创了美国现代医学史上的无数个第一，为美国现代医学奠定了基础。例如，它首创了我们现在所称的预科技术教育，当时其他医学院都没有这样的教育（我的祖父本科是在加州大学伯克利分校读的，专业是化学）；霍普金斯大学医学院也是第一批推行实习制度的医学院，即学生在经验丰富的医生的监督和指导下，与真正的病人打交道。在此之前，绝大多数的医生没有实习经验即可获得执业资格。

此外，霍普金斯从一年级就开始招收女生，这在当时很不寻常。在接下来的几十年里，霍普金斯成了美国现代医学院的代表。在此之前，美国人要想成为优秀的医生，就必须去欧洲深造。即使在霍普金斯大学医学院成立之后，这种做法还流行了一段时间。我的祖父就曾经去欧洲从事博士后研究工作，他在那里学习了整形专业知识（当时还没有专业上的细分）。但霍普金斯大学医学院是美国早期将最先进的医学科学与严格的医学技术训练相结合的典范。

一些成就虽不是直接来自霍普金斯大学医学院，它们也与其有着密切的联系。例如，洛克菲勒大学（Rockefeller University）在医学界享有盛誉，其前身是1901年成立的洛克菲勒医学研究院（Rockefeller Institute for Medical Research）。它是根据约翰·洛克菲勒（John Rockefeller）的设想并在其资助下建立的，但在医学院的创建过程中，霍普金斯的传奇人物威廉·韦尔奇（William Welch）提供了指导。洛克菲勒清楚，没有人比韦尔奇更适合这个工作。我祖父博士毕业后，于1900—1902年间在巴尔的摩的霍普金斯大学从事研究，导师正是威廉·韦尔奇。由于当时韦尔奇正在筹建洛克菲勒医学研究院，因此我祖父的研究得到了约翰·洛克菲勒的资助。我手里有韦尔奇的手写信件，它们都堪称无价之宝。我祖父可能是第一个得到洛克菲勒医学奖学金资助的人。霍普金斯大学医学院的档案馆里还保存着祖父当年的研究手稿。霍普金斯大学医学院是美国20世纪早期医学大发展的重要促进力量。

尽管我在20世纪50年代非常崇拜祖父，但我并不知道他曾置身于美国这么重要的转型中心。经历了一系列资本市场科学和技术的转型之后，我认为，霍普金斯大学医学院是将科学和技术完美结合的典范，颠覆了医学领域的许多传统观念。

我说这些的目的是什么呢？首批被霍普金斯大学医学院录取的女生中，有一位中途辍学，但后来蜚声国际文坛，她就是格特鲁德·斯坦（Gertrude Stein）。她和我的祖父一样，自幼就开始学习科学，她有德国犹太人血统。我的父系家族来自德国的布滕海姆（Buttenheim），与列维·施特劳斯（Levi Strauss）是同乡，事实上，我的曾祖父菲利普·I.费雪（Philip I. Fisher）一直担任施特劳斯的总会计师，直到1906年退休。与我的祖父一样，斯坦出生于美国，在加利福尼亚的奥克兰（Oakland）长大，当时那里是德裔犹太人的聚居地。斯坦比祖父晚一年到霍普金斯求学，两个人都来自海湾地区（Bay Area），在班级人数尤其是女生人数很少的世界里，他们自然而然地认识了，并开始有了接触。

我们可以从格特鲁德·斯坦的人生经历中汲取一些教训。我第一次听到她的大名时，我并不知道我的祖父与她相识，还是老同学。我只对她的一句名言感触颇深，那就是"那里什么也没有"（There is no there, there），这是很消极的一句话，是她对加利福尼亚州奥克兰空洞无物的感叹。这里也是我成长的地方。

这也许是她最有名的一句话了，真可谓是直击要害。从1902年开始，她竭力将自己与乏味的奥克兰生活切割分离开来。当然那里还是有一些东西的。她的"那里什么也没有"以文学语言的形式提出了问题一。只不过，她虽然提出了正确的问题，却得到了错误的答案。那里是不是真的"什么都没有"？你可以就一切事物提出这个问题。这是我从格特鲁德·斯坦身上得到的有关投资的启示。

格特鲁德·斯坦的父亲非常富有，这一点鲜为人知。事实上，她在霍普金斯求学期间，以及后来的文学创作期间，基本上都靠她父亲资助。她父亲去世后，她对世俗世界毫无兴趣。幸运的是，她有一个体贴她的兄长迈克尔，他是一位出色的投资者，把斯坦照顾得很好，把她的资产也打理得很好，因此尽管斯坦在很长时间内收入不高，但足以衣食无忧，安心地进行艺术创作。到了晚年，她的作品开始流行，尤其是她最著名的作品《艾丽斯·B.托克拉斯自传》（*The Autobiography of Alice B. Toklas*），收入因此激增。我本打算从格特鲁德·斯坦身上总结出十条投资经验，但我最终只总结出了六条，说起来还真有点愧对祖父的在天之灵。

■ 从格特鲁德·斯坦身上总结出的六条投资经验

其一、富有的父亲和丰厚的遗产是巨大的优势，能让你心无旁骛地追求自己喜欢的事业。斯坦因此过上了衣食无忧的生活，嫁个有钱人也可以。如果你具备这些条件，你就不需要阅读本书了（有关致富的更多方法，参见我2008年的著作《费雪论创富》）。

其二、如果你有一位出色的投资者相伴左右，就如斯坦的兄长迈克尔一样，而且他是你真正信任的人，那么无论你做了什么愚蠢和令人尴尬的事情，他都会照顾你的余生。如果你符合这一条，你也不需要阅读本书，因为阅读本书是在浪费你的时间。如果你愿意，去法国转转，去尽情挥霍吧！没人能阻止你。

其三、格特鲁德本可以从问题三中受益，即不要在大脑的误导下做蠢事。她在霍普金斯大学医学院经历重大转型的时候辍学，失去了亲历转型、了解其过程和周围发生的一切的机会。到底是什么误导了她？在霍普金斯大学医学院开拓创新的人要比20世纪初她那些巴黎艺术家朋友们表现更出色。不知何故，斯坦总是对生活不满意。许多投资者也是如此，这是因为他们不会运用问题三。霍普金斯大学医学院的人救死扶伤，永久改变了现代医学和现代生活（谈到禽流感问题时你很快会明白这一点），这要比格特鲁德的朋友们所做的事情有意义多了（除了她的好友欧内斯特·海明威，我曾一度认为他也很了不起。但他酗酒，最后自杀了，这不太光彩）。

其四、做事要有始有终。为什么不呢？上学时不要辍学。只有比尔·盖茨和迈克尔·戴尔（Michael Dell）这样的人可以做这样的事情，你不是他们，否则你也不会阅读本书了。如果斯坦能在霍普金斯完成学业，她就会了解改变世界的现实，这是她虚构的艺术世界无法理解的现实。学习资本市场和构建资本市场科学与技术需要花很长时间。不要在一知半解的大一或大二退学。现在，你已经阅读了本书一半的内容，不要半途而废。当你想放弃它时，请以斯坦为戒吧！

其五、思考股市时，要记住斯坦女士不理解的这一点：科学比艺术更重要，人们常说"市场是科学和艺术的综合体。"要把资本市场视为一门科学，市场实际上是科学和谬误的综合体，你学习以前未知的新知识。想象你身处1900年的霍普金斯大学，你的目标是帮助他人学习以前未知的知识。能让你获利的是别人不知道的新知识，而不是你创造的虚构作品。如果你想搞艺术，那就去巴黎做艺术家吧！如果你想在市场里打拼，那就做个资本市场的科学家吧！

■ 从格特鲁德·斯坦身上总结出的最重要的经验教训

其六、那里到底是不是什么都没有？这基本上是对问题一的重述。谁又能想到早在我想成为一名资金管理人之前，格特鲁德·斯坦以不同的措辞、以一个世界闻名的陈述将问题一表达出来了呢？

跳过奥克兰，想想禽流感。我不是社会或文化问题的专家，也不是艺术问题专家，所以我没有像格特鲁德·斯坦那样表达对奥克兰的不满。它是一个弥漫着美国特质的地方，而美国是有史以来最酷炫的地方。如果你不认同这一点，你就无法理解资本主义的仁慈、博大和宽容。在美国几十年的发展过程中，资本主义通过创造性的破坏，为人类做出了无与伦比的贡献。没有其他任何地方的资本主义像美国这样实现了可持续的发展，因此，如果说奥克兰是美国城市的典范，那么它的地位就更加突出了。

但我是运用问题一的专家，我要把它运用于各种领域。接下来我们谈谈与鸟类有关的内容。我2006年撰写本书的初版时，许多人都对禽流感忧心忡忡。一些人是出于健康原因，而另一些人是出于股市原因，他们担心禽流感蔓延全球会导致股市崩盘。2012年的读者可能不会记得当时有多少人对禽流感忧心不已，但在2006年，它总是出现在媒体头条和专家口中。

在当时的背景下，如果我面前有一大群人，我会要求有这种担忧的人举起手来，估计大多数人都会举手，然后我会告诉他们，不必担心任何广为人知的事情，因为市场会消化掉一切已知的信息，这些广为人知的信息几乎没有什么价值。然后我会问，他们是否已经担忧很长时间了，比如，是否有一年左右了，他们肯定地点点头。我以第二章的内容提醒他们，旧观点不会像新观点那样对市场产生冲击，因为在折扣效应的作用下，旧观点已经没什么效力了。

然后有人提出了异议，说折扣效应适用于金融界，但在非金融的现实世界中，一些大事件，如大量的人死于禽流感，会导致幸存者因恐惧而崩溃，折扣效应就不再发挥作用了。

于是，我提出了两个问题。第一个问题很容易理解，即如果禽流感没有传播开来会怎么样？此时禽流感就不再是恐惧的源泉，实际上成了人们可以接受的事物。就像"千年虫"病毒广为人知，曾引起人们的恐慌，但最终股市却实现了大涨一样。许多人事前担忧意味着，当预期的结果没有出现时，人们的情绪（以及需求）会高涨，这利于股市。很少有人反驳我的这一观点。

接下来我提出了另一个问题。我们之前是否经历过大规模的流感？如果经历过，大流感是在哪里发生的？何时发生的？发生时对市场产生了什么影响？后来呢？格特鲁德曾接受过相关的医学训练，她应该知道这些问题的答案，简单地说，这就是一个"那里到底是不是什么都没有"的问题，大多数人觉得那里什么都没有，但你会有新发现。

最好的例子是1918年暴发的全球性流感，这是人类历史上死亡人数最多的一次流行病，如果你不知道其背景及惨况，我建议你读一读约翰·M.巴里（John M. Barry）撰写的《大流感》（*The Great Influenza*），企鹅图书出版社（Penguin Books）2004年出版。书中还附有对最近发生的禽流感带来的恐慌的评论，是值得一读的佳作！我不想详细描述1918年的流感情况，但简单地说，这次流感暴发后，在不到24个月的时间里，大约有1亿人死亡，当时世界人口比现在少得多，因此，这次流感几乎毁灭了西方世界。它似乎暴发于美国的中心地带，当时第一次世界大战正打得如火如荼，世界各国无法联合起来对抗这种流行性疾病。读了巴里的书后，你会发现霍普金斯大学医学院在对抗这次大流感的过程中所发挥的作用。书中详细地阐述了当时人们如何运用源于霍普金斯的方法与流感做斗争。你也可以阅读威廉·韦尔奇、其他人和约翰·洛克菲勒的著述，但你看不到有关格特鲁德·斯坦的只言片语。

把从格特鲁德身上汲取的经验教训运用于股市时，你只需要提出这一问题："是否还有值得关注的事情？"股市发生了什么？整个1918年，除了几次小幅的调整外（意料之中的正常的调整），股市走势良好。1918年末出现了小幅调整，但也仅此而已。1919年，流感大肆蔓延，但股市竟创下了新高。大规模流感暴发期间或之后，股市崩盘了吗？没有！在有史以来最大的流行病肆虐期间，股市表现得很出色。

不可否认，由于战时新闻的冲击，股市在1917年遭受了重创，因此，在流行病暴发之前，股市就已经十分低迷了。然而，这种流行病可能夺去人的生命，却不能击溃市场，即使长期以来对间歇性禽流感的担忧没有完全被市场消化时也是如此。由此，我们获得了新的信息。现在我们来看另一个例子。

石油与股票

作为投资者，为了给错误的投资理论创造基础，我们常常给不存在因果关系的两个事件赋予因果关系。因为我们在石器时代建立的思维习惯试图促使我们在无序的世界里建立秩序，寻找能够证实我们偏见的数据，忽视与我们的偏见相矛盾的数据，并犯下其他认知错误。不幸的是，试图把两个不相干的事件以因果关系联系起来的趋势并没有停止的迹象，因此我们们需要运用问题一进行应对。

运用问题一的目的是证明或者揭穿决策依据。当你利用问题一揭穿了毫无事实根据的神话时，你不仅可以避免犯投资错误，而且你还为市场投注找到了依据。当每个人都在为可能导致股价下跌或上涨的因素烦恼，而你证实了这些因素与股价的涨跌不存在联系时，你就不必随波逐流，可以逆共识而操作，从而提高你获胜的概率。你已经掌握了证明其他人预期的结果不会出现的证据。

油价就是一个常常造成恐慌的例子。投资者认为，油价上涨会对股市造成不利的影响，鲜有人不认同这一观点。若油价持续走高，股市必受拖累。媒体上常有人发表此类看法，所以这是可利用问题一探讨的范例。

石油是恐慌的一大源头，这一观点并不新鲜，每隔几年它都会流行一阵子。在20世纪70年代，流行的词汇有"迪斯科""吉米·卡特"（Jimmy Carter）和"石油禁运"；20世纪80年代，流行的词汇变成了"权力套装"（power suits）、电影《华尔街》（*Wall Street*）中的查理·辛（Charlie Sheen）和油灾事故；20世纪90年代初和最近，美国与一些国家爆发了战争，有些人说引发战争的原因是，美国想从美索不达米亚的暴君那里偷走所有的石油。我个人不太理解这种说法，我不认为美国卷入战争只是为了"偷取石油"。如果我们真想偷油，那我们应该入侵加拿大和墨西哥才对。我们从加拿大获得的石油和石油类产品是从沙特阿拉伯获取的2倍。[1]墨西哥和沙特阿拉伯通常（轮流）居于第二位。[2]

先把美国"抢油"的不光彩历史放一边，石油在引起投资者恐慌的因素名单上经常名列前茅，最主要的原因是，我们非常依赖这种储量有限的商品。媒体经常报道，我们的石油储量将很快被开采殆尽。让加利福尼亚伯克利（Berkeley）（在格特鲁德的家乡附近）的人感到懊恼的是，这种情况不会很快发生。

石油储量确实是有限的，但我们在不断地发现新油田。很少有人注意到的一个事实是，我们现在探明的石油储量远比20世纪70年代的多。没错，我们原本以为，石油在很久之前就被开采光了。石油是不可再生能源，但石油公司可以提高技术和方法寻找新的油田，开采出更多的石油。我们会发现更多的油田吗？是的！有一天石油会枯竭吗？不，起码你这一代人是看不到了。

---

[1] 美国能源部，截至2011年12月31日的数据。

[2] 美国能源部，截至2011年12月31日的数据。

▪ 我们只是不知道一些事实

你可能不相信我说的话，但我们无法确认现在或任何时候的石油储量，实际上，我们从来就没有确认过。石油公司没有一直进行勘探，因为当他们发现了储量足够大的油田时，继续进行勘探是不划算的。除此之外，其他人也不会搜寻新油田。过去几十年里，石油勘探的风潮起起落落，未来还会持续下去。每一代人都认为余下的石油储量不多了，但每一代人都探明了更多。一旦价格变得足够高且储量变得足够低时，他们就会开启新一轮的勘探并发现更多油田。更重要的是，他们找到了发现和获取石油的更清洁、更省钱的新方法，这样的方法在之前是不敢想象的。这一趋势未来还会继续。直到这样的事情发生时，人们才会信以为真。地球上到底有多少石油呢？谁知道呢？我们能猜测有多少，但那只是猜测的数字，没有任何意义。

石油供给的大问题不是石油储量有多少，而是炼油厂有多少。国会中的一些议员强烈反对在本地兴建污染性和危险性强的工厂，他们声称，自1976年以来，美国的原油供应已经无法满足本土炼油厂的需求了。[1]即使石油储量无穷无尽，我们的炼油厂产能也无法满足需求。当一些意外发生时，比如，墨西哥湾沿岸的自然灾害，一些炼油厂无法投入运转，或者由于中东的民众暴乱（如2011年初），石油、天然气价格会上涨。如果美国国内有更多的炼油厂投入运转，我们就能更好、更灵活地应对自然灾害、战争、参议院的白痴和其他供给中断情况。

---

① 乔·巴顿（Joe Barton），《巴顿公布了炼油厂法案讨论稿》（*Barton Releases Discussion Draft of Refinery Bill*），美国众议院（U.S. House of Representatives）能源和商业委员会（Committee on Energy and Commerce）。参见网址：http://energycommerce.house. gov/108/News/09262005_1661.htm。（于2006年6月20日访问。）

那些认为世界末日终会到来的人坚持认为，无论石油利用效率有多高，我们都无法摆脱石油枯竭的命运。从短期来看，这一点无法得到证明，而从长期来看，结果可能如此。最害怕石油很快枯竭的人可能在老师讲供给与需求的概念时正好逃课了。石油是一种自由交易的商品，决定石油价格的不是乔治·W.布什，不是哈里伯顿（Halliburton），也不是石油公司的高管，而是供给与需求这两个因素。

那些当选的官员似乎并不相信供求，他们通过增税提高石油价格，想以此来"戒"我们的"石油瘾"。只有政客才能想出这样的馊主意。当供给减少而需求不变时，石油价格自然会上涨，我们根本不需要动用税收、法律或其他工具。这与石油公司是否邪恶或贪婪无关，这就是自由市场的运转方式。

从长期来看，如果政客们不插手，当石油供给减少时，市场会自行定价，油价将上涨，替代能源会减轻石油供给压力或者需求减少或者二者同时发生。肯定不会发生的事情是，一天你去加油的时候，无油可加了。当石油价格变得异常昂贵时，替代品就会出现，为我们的车辆和笔记本电脑提供动力。替代品是什么，我也不知道，但它肯定会出现，也许是氢能源，也有可能是太阳能或核能。请记住，早期的蒸汽机发明者肯定没有想到，沃尔沃汽车会以汽油为燃料，你也预见不到下一个创新将是什么。

需求是发明之母，至理名言！我们永远都不会看着最后一桶石油说："好吧，这是最后一桶石油了，我们要保存好它。"然后我们又漫步至荒野，重新开启自给自足的生活。2110年，以燃气为动力的汽车可能成为我们重孙一代人眼里的老古董，就像我们现在看蒸汽火车一样。

这些有关石油的论调反映的是，人们认为高油价会对经济和股市产生直接的影响。这种担忧是不合理的，很容易反驳。油价上涨时，股市有时候表现得比较疲弱，有时候表现得很强劲。但可以确定的是，油价上涨不会直接导致股市低迷。

人们也错误地认为，油价上涨会导致通货膨胀、经济停滞和衰退。我猜想，这些人对20世纪70年代的记忆可能有误。此时可运用三个问题应对。20世纪70年代后期的高油价导致了通货膨胀和经济停滞吗？回想一下可知，1979年，美国政府正与狂热的宗教原教旨主义者领导的新伊朗政府展开激烈的斗争。在被实际的或想象的但更可能是想象中的"恶魔撒旦"激怒后，伊朗学生扣留了66名美国人质，其中有52人被关押了444天之久。这导致了此后美国对伊朗长达10年的制裁和石油输出国组织对伊朗石油的禁运，这推动了美国汽油价格上涨，美国油井激增，甚至还推行了配给制。

看到今天的伊朗问题时，你是否有似曾相识的感觉？在20世纪70年代的大部分时间里，为了促进经济增长，我们执行了可怕的刺激通货膨胀的政策。在美国无休止的货币增印的推动下，失控的通货膨胀抑制了本就乏善可陈的经济增长，这反过来推高了各类商品的价格，包括石油、长期利率和其他一切，也导致了美国较高的失业率。从经济方面来看，这段时期的表现并不乐观，但这主要是由于治理不善导致的。高油价没有导致这些问题，油价高是这些问题的结果，不能颠倒了因果关系。

▪ 科罗拉多州和加拿大有共同点，但共同点不是英文名字中均有个"C"

我们换个角度提出问题一：高油价是不是很糟糕？首先，油价上涨到一定程度时，我们会为了省钱而寻找替代品。我们已经这样做了，北美页岩气生产激增就是明证。科罗拉多州、犹他州、怀俄明州、北达科他州和加拿大的页岩及沥青砂岩中蕴含丰富的石油和天然气，远远多于沙特阿拉伯已探明的储量，开发它们只是个成本问题。开采这些石油需要付出代价，但若真的发生了石油禁运，我们就用不着过于担心了。当价格上涨到一定程度时，我们将开采更多的页岩和沥青砂岩。技术也会不断得到改进，因此虽然最初的技术创新代价很大，但随着技术的推广和摩尔定律的作用，这些技术终将变得廉价，我们可获得的能源也会随之增加。这是简单的经济学道理，但令我惊讶的是，世界上很少有人认同它们。

如果你可以选择，你希望油价上涨还是下跌呢？除了像墨西哥湾沿岸的飓风这类特殊的临时性干扰因素外，价格主要受需求不断扩张的推动，不只在美国是如此，在世界各地，其他国家也是如此。近年来油价上涨是全球经济增长的一个征兆，这并非经济不健康的表现。然而，人们担忧一些国家未来对能源的需求可能对油价和我们的生活产生不利的影响。即便有些国家的煤炭资源很丰富，储量超过未来几十年内其对能源的总需求。与北美的页岩一样，以煤炭替代石油只是个成本问题。

除非我们发现了储量巨大的新油田或开发出了先进的新技术，否则现在的高油价会保持一段时间甚至可能继续上涨，但除此之外，油价上涨不会对我们造成太大的伤害。这是因为我们对石油的依赖性降低了。图5.1显示出，过去30年来，我们的能源需求强度稳步下降。

为什么会这样？因为我们的GDP构成发生了很大的变化。其中两个较大的部门，即信息技术和金融部门的能源需求强度远低于制造业和农业部门，后两者的相对规模在逐渐缩小。这意味着自20世纪70年代以来，我们的能源利用效率提高了，每1美元产出对石油的依赖性降低了。如果能源价格保持高位或者进一步上涨，我们会进一步提高能源利用效率。也就是说，未来的经济发展过程中，石油的重要性将降低，因为很多非能源密集型行业在不断增长。

■ 要相信这一事实：股票和油价不相关

投资者担心的是石油和股票呈反向关系。人们相信，当油价上涨时，股价下跌，反之亦然。投资者担心石油战争爆发、供给减少、环境遭到破坏以及众多的邻居开着排放量超大的汽车。他们认为，这些都可能推高油价，压低股价。没有人希望那样。支持这种观点的人很多，你经常在媒体中看到这样的观点，如"石油价格对股票影响甚大""油价上涨时，股价下跌。"用谷歌搜索试一下，看看你搜索到的这类文章有多少。

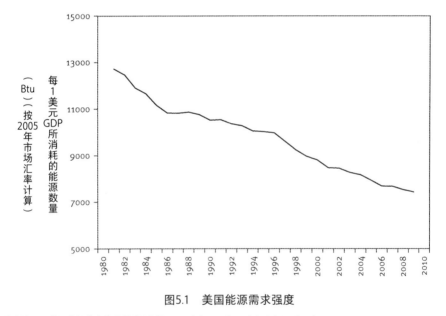

图5.1　美国能源需求强度

资料来源：美国能源信息管理局（US Energy Information Administration）

这似乎是常识。石油价格上涨导致汽油价格上涨，这意味着人们花在其他商品上（比如，杂货、机票和袜子）的资金减少了。制作和销售杂货及袜子的公司、航空公司的股价必然受到不利影响，因为普通人会选择穿破袜子，拒绝乘飞机，因此这些公司的收入会减少，股东很紧张。石油价格上涨，股票价格下跌，这就是故事的结局，人尽皆知，但格特鲁德除外。她会问，是否有别的可能？石油和股票真的存在反向关系吗？石油价格上涨能导致股票价格下跌吗？两种价格若存在其他的关系，我们如何衡量？

图5.2提供了相关的数据。如果你自己想进行测试，可以从雅虎财经（Yahoo! Finance）或其他网站下载标准普尔500指数数据，可在能源信息管理局的网站上获得石油价格的历史数据。图5.2显示的是1982—2011年间石油价格与标准普尔500指数的表现。从中可以看出，两组数据没有呈现出明显的反向关系，很多时候反而实现了同步上涨。考虑到在通货膨胀时期，大多数价格都会上涨，这样的结果并不令人感到意外。

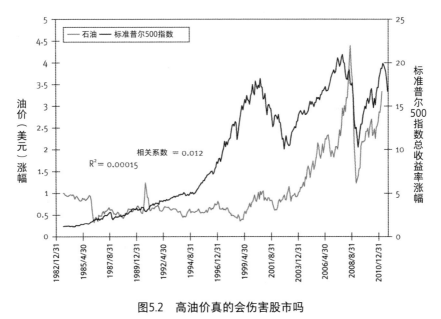

图5.2 高油价真的会伤害股市吗

资料来源：全球金融数据公司，标准普尔500指数总收益，西得克萨斯中质原油（美元/桶），1982年12月31日—2011年9月30日的数据

图5.2看起来并不太令人信服，就像第一章中的高市盈率散点图一样。要得到确定的答案，我们需要计算相关系数（见附录A）。如果两个变量同

步上升和下降，并且变化幅度相同，那么这两个变量的相关系数为1，这意味着存在一对一的关系。如果两个变量强烈负相关，即二者的变化方向正好相反，就像我们认为的石油和股票的关系一样，那么相关系数将接近于−1。系数越接近于0，两个变量的相关性越低。

事实是：石油和股票的相关性系数是0.012，这表明二者几乎不存在相关性。要想知道两个变量对彼此的影响程度，可以查看附录A中的R^2值（记住，R^2表示的是两个变量的相对相关性）。这里的R^2为0.00015，这意味油价上涨只能解释0.00015%的股价变化，基本上可视为0。由于石油和股票的价格变化如此之大，而且有时候从短期来看，一方可能影响另一方，我们换一种思路考虑两者间的关系。图5.3显示了石油价格与标准普尔500指数总收益率1年内的月度滚动相关性。

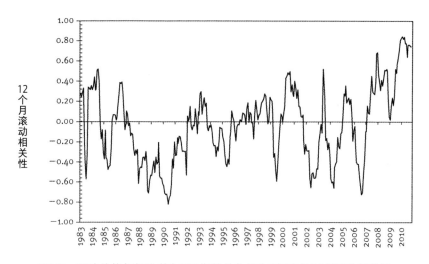

图5.3　石油价格与标准普尔500指数总收益率1年内的月度滚动相关性

资料来源：全球金融数据公司，标准普尔500指数总收益率，西得克萨斯中质原油（美元/桶），1982年12月31日—2011年9月30日的数据

图5.3清晰地显示了相关性的波峰和波谷。在1990—1991年经济衰退后的一段时间内，二者的相关性处于低谷。在2009年全球股市触底后，石油

价格和股价均上涨，二者的相关性也增加。整体来看，这些波峰和波谷出现的时间都很短暂，二者之间几乎不存在相关性。

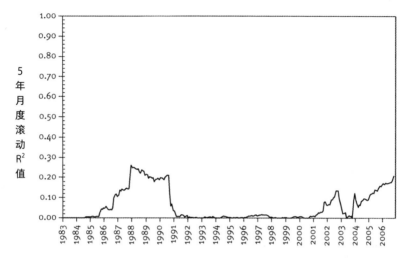

图5.4　石油价格与标准普尔500指数总收益率5年内月度滚动R^2值

资料来源：全球金融数据公司，标准普尔500指数总收益率，西得克萨斯中质原油（美元/桶），1982年12月31日—2011年9月30日的数据

确认二者间关系的另一种方法是观察其5年内的月度滚动R^2值，看看两个变量对彼此的影响程度（如图5.4所示）。从1992年末到1994年初，超过20%的股价变化是因油价变化引起的，这一比例异乎寻常的高，当时没有人注意到这一点。二者之间存在一定的相互影响，但我们都没有注意到。在此之前和之后，油价变化对股市基本上没什么影响。这算不算新发现？人们的看法有无改变？没有，他们仍然认为二者存在关联。但你、我和格特鲁德都知道事实是什么。

现在你知道油价变化不会对股市造成太大的影响了，你可能心里踏实了。但要记住，如果美国是这样的情形，那么其他大多数国家也应该是这样的情形，或者事实并非如此。无论哪种结果，你都要尽可能地在国外市场测试你的结论。如果某些情形只在国内出现，那么它可能与国内某些独特的因素有关（如选举周期），或者只是碰巧出现的结果。甚至连格特鲁德都能想到美国之外的地方，她没有意识到美国是更适合居住的好地方。图5.5显示了英国石油价格与股票价格之间的关系。

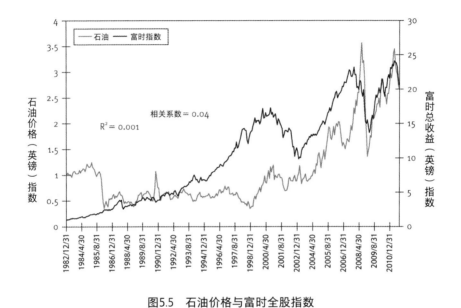

图5.5　石油价格与富时全股指数

资料来源：全球金融数据公司，富时全股总收益指数，西得克萨斯中质原油（美元/桶），1982年12月31日—2011年9月30日的数据

英国的结果与美国的相似，相关系数为0.04，R^2值为0.001，这说明油价和股市几乎不存在相关性，然而，英国人与美国人一样，对油价上涨的恐慌导致了其股价下跌。事实上，直觉告诉我，他们比美国人更担心油价上涨（我曾花掉很多时间研究英国）。

接下来对比油价与所有国外市场的股票价格指数可知，油价对股价的影响不大。由图5.6可知，相关系数为0.07，R^2值为0.005，这说明油价对股价几乎没有影响。然而其他投资者不能或者不会看到这一事实。

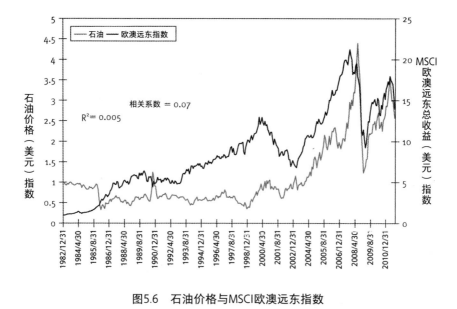

图5.6　石油价格与MSCI欧澳远东指数

资料来源：全球金融数据公司，MSCI欧澳远东总收益指数，西得克萨斯中质原油（美元/桶），1982年12月31日—2011年9月30日的数据

■ 是确认偏见在作祟

既然有可信的证据证明这种观点是错误的，那它为什么还能流传这么久、这么广呢？提出问题三吧！你的大脑正在误导你，你的确认偏见和有效性错觉（illusion of validity）正在作祟。在大脑的误导下，我们总是喜欢能支持我们偏见的例子，总是忽视与我们的偏见相矛盾的例子。格特鲁德医生都受确认偏见的影响，这正是她认为巴黎人比美国人更优秀的原因。在她眼里，无论是奥克兰的美国人，还是巴尔的摩霍普金斯大学的美国人，都比不上巴黎人。她总是能看到她想看到的东西，大多数人都是这样。你上一次看到"油价上涨推动股价上涨"这样的标题是什么时候？你可能从来没看到过，因为人们对这样的标题不感兴趣。当油价上涨时，股价是否下跌是可以衡量的，而且股价是否下跌就如掷硬币的结果一样随

223

机，但我们的大脑不会这样记忆它，报纸编辑也不想让我们看到这样的事实。他们和我们记得的是能确认偏见的实例，也就是说，我们只关注油价和股价反方向变化的日子。我在这本书中教你的相关性方法不会改变人类的确认偏见。

当事实与偏见刚好相反时，即油价和股价一起涨落时，投资者会做出其他解释。他们不再以每日的油价和股价为例，而是坚持以其他时段的价格为例进行验证。此时他们重新界定了问题，他们声称，确认油价和股价的关系不能只看一天的数据，而是要看较长时间的数据（比如，一周、三个月或一年）或者特别极端的例子（当然，他们并没有证明这一点）。尽管如此，他们仍然只重视符合他们偏见的日常变化，同时忽略长时期内相矛盾的证据，也就是说，他们对不同的证据玩弄双重标准。

一些人声称，油价上涨不会导致当天的股价下跌，因为影响显现需要一些来时间，这是另一种借口。他们虽提出了这种观点，但据我所知，他们没有进行验证。我曾试图验证这种滞后性，但我发现，它不存在（我也验证了国外市场）。我以3天、1周、2.5周、7个月、9.82个月的滞后期进行测试后发现，结果都是相似的。无论选择了哪一种滞后期，油价和股价的变化之间都没有显示出足以让理智的投资者下注的关系。

坚持认为存在"时滞效应"的人，也只不过是以另一种方式挖掘数据、重构问题而已，这是受确认偏见和认知错误影响的体现。也许我的判断是错误的，你可能做得比我更好，如果你得到了确切的结果，我想我会乐意接受。所以，当你有了确凿的结果时，请记得告知我一声。但我猜你不会这么做。我猜本书的许多读者（不是你，而是其他读者）都会认为我错了，他们不会自己动手计算一下二者间的相关性。

这是一个不用借助昂贵的工具或复杂的方程就可以揭穿的神话。回想一下，我们之前就提过，若必须用复杂的分析才能证明你的假设，那么你的假设可能是错误的。现在我们来做一个有关石油价格的小测试。

▪ 小测试

为了缓解对石油价格上涨的恐惧，我建议每个消费者在加满油箱之前完成下面的小测试。下面共有4道小题，做对3道的人才能开车。

1.大多数轿车使用的燃料的主要成分—原油是（   ）。

a.魔鬼的工具　b.得克萨斯州酝酿的阴谋　c.商品　d.全球变暖的主要原因

2.油价由（   ）决定。

a. 邪恶的阴谋　　　b. 哈里伯顿　　　c. 供给和需求　　　d. a和b

3.美国政府能通过下列哪些手段立即降低汽油价格（   ）。

a. 降低管制　　　b. 降低税收　　　c. 让迪克·切尼（Dick Cheney）与壳牌石油的CEO一起去捕鸟　　　d. a和b

4.对美国出口石油最多的国家是（   ）。

a. 伊拉克　　b. 沙特阿拉伯　　c. 哈里伯顿　　d. 加拿大

与此同时，你还可以从相反的思路考虑油价和股价的关系，即每当油价上涨，大多数人惊慌失措，并预测股价下跌时，你都知道这样的结果不一定会出现，因为人们的担忧已经被市场消化了。由于油价上涨和股价下跌之间不存在一致的相关性，因此不能成为下注的依据。

■ 法国人能做的事情，我们能做得更好

想看到油价回落到20美元/桶很容易，你肯定能看到。从技术层面讲，这是小事一桩。请记住，法国现在有一半的能源需求是通过核能满足的，而且该国利用核能已经有一段时间了。

如果美国、英国、日本和中国这四个能源消费量最大的国家发表共同宣言，申明在未来10年内开发利用核能，像现在的法国所做的一样，得克萨斯轻质原油的价格瞬间就会回落至20美元，背后的道理很简单。若能如此，加州大学伯克利分校的人也不用想方设法惩罚富有的石油商人了，因为他们已经受到了惩罚。

自1974年以来，美国没有建成一座核电站，因为我们害怕核。这些政治和社会决策是长期性的，很难动摇。当我提到"核"时，我能想象得到许多在20世纪70年代倡导保护生态环境、现在已经白发苍苍的人是何等的犹豫不决，他们不知道是否该同意美国像法国一样利用核能。记住格特鲁德的教训，能否从中挖掘到新信息？法国已经安全地运用核能几十年了，法国人能做到这一点，我们美国人应该能做得更好。

一些人可能指出，2011年的日本东北大地震及之后的核泄漏事故证明，我们无法安全地利用核能。但此次事故恰恰证明了相反的论断。当年在建造福岛第一核电厂（Fukushima Daiichi）反应堆时就考虑到了大地震的可能性，这次地震的震级是有史以来的第五高，但核电厂反应堆受损不是因为大地震，而是因为大海啸。后期建造的反应堆得到了改进，足以抵御海啸引发的洪水的袭击。

核能是非常高效、安全的绿色能源。利用核能后，人们就不必再为有限的能源和对中东能源的依赖忧心了，石油"耗尽"的理由也不复存在了。我不知道格特鲁德对此会怎么想，但我的祖父会拍手称快，因为他喜欢开

226

着旅行车在崇山峻岭间探险。

5月份卖出股票吗

另一个或者说是另一类流行的神话是"5月份卖出"股票。这一神话源自一句老话，即"5月份卖出股票走人"。人们认为，夏天的股票收益率比较低。这类神话通常与特殊的月份和日期有关，比如，10月效应、周一效应、周五效应、夏日效应、三重结算（Triple Witching）效应、月末效应、上弦月第三个周四效应、棒球赛季每个月的第二个周二效应等。没错，还是你了解我，最后这两个是我杜撰的，但它们听起来并不比其他效应更愚蠢。

投资者通常不会立马相信所有这些效应，他们相信其中的一些，但他们没有验证其有效性。"谁会相信周五效应呢？太愚蠢了！"正在为应对"圣诞老人效应"而忙活的一位投资者可能这样说。你可能本能地认为，这些说法是无稽之谈。然而媒体喜欢提及它们，喜欢告诉我们市场周五的表现就是这样的，因此我们记住了它们，而周一则是另一种情形。有很多研究（一些是在学术期刊上发表的，另一些刊载于大众媒体上）表明，在X—Y期间，如果你能在A日买入，在C日卖出，那么你会击败市场。如果你改变一下起始和截止日期，或者考察一下海外市场的情况，你会发现，这种效应完全消失了。这表明，上述结论是在有意或无意的数据挖掘基础上得出的。

也许近期最流行的神话非"5月份卖出股票走人"莫属了，因为连续5个月股市行情不佳，就如同5次掷硬币有4次的结果是头像朝上一样。这种观念已经存在几十年了，其流行程度不断变化。从某些方面来看，这种说法有一定的合理性。很久以前，由于农业周期的原因，美国的商业经济活动会在夏季有所减缓，后来发现这种减缓是由于假期周期所致。即使是现在，欧洲大部分地区的投资者在温度比较高的月份里都会离开股市。

但是，如果这种观念在以前成立，它现在还成立吗？它从来都不是一种股市规律。这样的说法很愚蠢，而且显然是错误的。在信息能够即时传输的时代，夏季还可能出现交易低迷的情形吗？许多备受尊敬的投资者都诚心诚意地认为，夏季月份对股市不利，这是另一个可用问题一进行测试的观点。表5.1显示了1926年以来每年6—8月的股票收益率和每年的总收益率。

从表5.1可以看出，6—8月的平均总收益率为4.4%，击败了持有现金或债券的收益。当然，市场总体是上涨的。注意：夏季股市表现强劲的次数很多，这明显说明，"5月份卖出股票走人"的策略是错误的。一些投资者转而会说"5月份卖出股票"是因为夏季的收益不如冬季的高，也就是说，5—10月的收益率比11月至来年4月的收益率低。哎，要提供多少数据才能让他们相信事实呢？平均来看，夏季收益率是比冬季收益率低，但夏季的收益率仍是正数。这说明什么呢？你想守着现金、获得少得多的收益吗？没有经济学理论能解释为什么半年的收益率比另一个半年的收益率高。为什么是5—10月呢？为什么不说"7月份卖出股票，否则你会很惨"呢？

这与石油和股票呈反向关系的神话不同，在这个神话中，有50%的概率支持投资者之前形成的偏见（尽管相信这一神话的人也受到了有效性幻觉和确认偏见的影响）。如果夏季的收益率是正的，那么信奉"5月份卖出股票"理念的人会说，你应该把观察期延长（或缩短）。他们忽视了一个铁定的事实，即夏季股票的收益率多为正数。不需要花哨的分析就能看出这一事实。当然，夏季的收益率也可能为负，每个季节和每个月的收益率也是如此。

表5.1　应该在5月份卖出股票吗

年份	夏季 6—8月收益率	全年 1—12月收益率	年份	夏季 6—8月收益率	全年 1—12月收益率
1926	12.4%	11.7%	1969	- 6.9%	- 8.5%
1927	11.6%	37.7%	1970	7.6%	4.0%
1928	5.5%	43.8%	1971	0.2%	14.3%
1929	28.8%	- 8.5%	1972	2.3%	18.9%
1930	- 11.7%	- 25.0%	1973	0.1%	- 14.8%
1931	8.0%	- 43.5%	1974	- 16.4%	- 26.5%
1932	91.6%	- 8.4%	1975	- 3.7%	37.3%
1933	16.2%	54.4%	1976	3.7%	23.7%
1934	- 3.7%	- 1.5%	1977	1.8%	- 7.4%
1935	19.3%	47.7%	1978	7.6%	6.4%
1936	12.1%	32.8%	1979	11.8%	18.4%
1937	- 0.1%	- 35.3%	1980	11.4%	32.3%
1938	31.9%	33.2%	1981	- 6.2%	- 5.1%
1939	- 2.4%	- 0.9%	1982	8.5%	21.5%
1940	15.7%	- 10.1%	1983	2.3%	22.5%
1941	12.1%	- 11.8%	1984	12.0%	6.2%
1942	7.8%	21.1%	1985	0.5%	31.6%
1943	- 1.3%	25.8%	1986	3.1%	18.6%
1944	5.1%	19.7%	1987	14.5%	5.2%
1945	4.5%	36.5%	1988	0.7%	16.6%
1946	- 12.3%	- 8.2%	1989	10.5%	31.7%
1947	7.3%	5.2%	1990	- 9.9%	- 3.1%

续表

年份	夏季 6—8月收益率	全年 1—12月收益率	年份	夏季 6—8月收益率	全年 1—12月收益率
1948	- 3.0%	5.1%	1991	2.2%	30.5%
1949	9.2%	18.1%	1992	0.4%	7.6%
1950	- 0.2%	30.6%	1993	3.7%	10.1%
1951	10.1%	24.6%	1994	4.9%	1.3%
1952	6.5%	18.5%	1995	6.0%	37.6%
1953	- 3.6%	- 1.1%	1996	- 2.0%	23.0%
1954	3.4%	52.4%	1997	6.5%	33.4%
1955	15.0%	31.5%	1998	- 11.9%	28.6%
1956	6.1%	6.6%	1999	1.7%	21.0%
1957	- 3.8%	- 10.8%	2000	7.1%	- 9.1%
1958	9.3%	43.3%	2001	- 9.4%	- 11.9%
1959	2.3%	11.9%	2002	- 13.8%	- 22.1%
1960	2.9%	0.5%	2003	5.1%	28.7%
1961	3.0%	26.8%	2004	- 1.0%	- 10.9%
1962	0.0%	8.8%	2005	2.9%	4.9%
1963	3.2%	22.7%	2006	3.2%	15.8%
1964	2.6%	16.4%	2007	- 3.3%	5.5%
1965	- 0.6%	12.4%	2008	- 7.9%	- 37.0%
1966	- 9.7%	- 10.1%	2009	11.7%	26.5%
1967	5.9%	23.9%	2010	- 3.2%	15.1%
1968	0.9%	11.0%	均值	4.4%	11.8%

资料来源：全球金融数据公司，标准普尔500指数总收益率

其他的节令性神话呢？即与特定的日子、月份、假日等有关的警示性神话呢？它们是真的吗？不，它们都经受不住统计分析的检验。记住，根据问题二，如果两个变量似乎存在相关性，那么你必须看看海外市场的情况，必须能阐明其中的经济学原理。但对于这些节令性神话，你无法做到这些。

我们来看看周一效应，如果只看某个周一的股市，那么这种效应似乎存在。周一效应告诉我们，周一会延续周五的走势，若周五股市上涨，那么周一股市也是如此，若周五股市下跌，周一也会下跌。这显然与另一个流行的神话，即"周末效应"相矛盾，该效应是指，周末股市会下跌。忽略这一点，先暂且认为周一效应确实存在，在股市上涨的年份里，周五、周一和其他任何一天的股市都有可能上涨而非下跌。因此，在这样的年份里，无论周五是涨是跌，下周一都有可能上涨。在牛市年份里，由于周五上涨的概率大于下跌的概率，因此，周一效应似乎就存在了。在熊市年份里，周五、周一和其他日期的收益率多为负。不论周五是涨是跌，次周一下跌的概率大于上涨的概率，一周的其他日期也是如此。因此，周一效应似乎存在。

但从另一方面看，在牛市年份里，赌周五下跌、周一也下跌的人会损失惨重。在熊市年份里，赌周五上涨、周一也上涨的人一样会赔钱。事实上，在有2/3的日子上涨的年份里，第二天上涨的概率要比下跌的概率高，如果你判断错了，那么你会遭受严重的损失。

没有可靠的统计数据支持这些神话。表5.2显示了自1926年以来的标准普尔500指数月平均总收益率。9月份的收益率为负，且数字很小，其他月份的则为正，因此，大多数情况下，全年的收益率为正。若那些节令性神话是真实有效的，就不会出现这样的情形。一些月份的平均收益率高于其他月份，但请注意这里显示的是均值，而且考虑了市场的波动性和运气因素。显然，你不能指望每年4月的收益率都是1.66%，每年11月的收益率都为1.06%。过去的收益率均值不会对未来的股票收益率带来任何启示，因为过去的收益率包含运气的成分，未来不一定会有这样的运气。这表明，涉及日期、月份、季节的神话是不足信的。你可以在一年当中的任何月份改变投资策略，买入或卖出股票。

表5.2 标准普尔500指数月均收益率

1926—2010年	月均收益率
1月	1.43%
2月	0.09%
3月	0.79%
4月	1.66%
5月	0.29%
6月	1.07%
7月	1.94%
8月	1.23%
9月	- 0.64%
10月	0.49%
11月	1.06%
12月	1.80%

资料来源：全球金融数据公司，标准普尔500指数总收益率，1925年12月31日—2010年12月31日的数据

　　在我看来，许多神话都是有人刻意传播的，他们想让投资者频繁地进行交易，这样他们就可以多赚取佣金。我敢肯定，一些顾问做出提醒是出于好意，只是他们的分析是错误的。当有人以时令性因素劝你进行股票交易时，你就请他提供支持性文件资料。有人可能会发给你一份源自其他公司或地方的"研究报告"，上面"详细"地列出了时令性因素导致的股市

变化，但没有列出原始数据。报告上显示的均值数据、涵盖的时间范围恰好能够证实偏见，而且这些数据没有依据市场的正常趋势进行调整。此时，你可以想办法得到原始数据，你可以从互联网上下载，然后运用Excel软件进行分析。你可以运用问题一确认这些观点的真假，事实上，当你这么做时，真相就大白了。

■ 自行检验一些错误的观念

现在你已经看完了一些示例，知道如何计算相关系数和拟合系数R²了，您可以试着测试一些神话了（另外，可阅读附录E中介绍的算术平均值和年化收益率均值的差异）。开始很容易，只要运用问题一即可。你可以从你最相信的观念开始，没有人会认为你疯了，即使他们有这样的想法，你也别往心里去，赔钱才更打击人呢。少犯错误是你的目的。如果你的牌友们因此而嘲笑你，你就把这些话说给他们听。

以下是一些你可以马上运用问题一测试的投资理念！你可能相信其中的一些，也可能相信全部，但总的来说，它们得到了很多人的认可。很容易检验和揭穿它们的真伪：

许多投资者认为，高失业率对股市不利，低失业率利于股市上涨。这是真的吗？事实是，失业率和股市行情没有相关性，你自己很容易验证其真伪（可在劳工统计局网站上查找失业率数据，网址为www.bls.gov）。

验证上一个观点时，你也可以验证失业率的高低是否影响GDP增长。大多数投资者会告诉你，高失业率对GDP增长不利。我的观点是，GDP增长能降低失业率，而不是相反。你试着测试一下，看看结果如何！

许多人认为，芝加哥期权交易所波动性指数（Chicago Board Options Exchange Volatility Index，VIX）的变化方向与标准普尔500指数相反，他们说："当VIX较高时，买入时机就到了！"真的吗？计算一下相关系数，你会发现，从统计学意义上看，VIX毫无价值。

长期以来，高股息一直被视为股票高收益率的先兆，低股息被视为股票低收益率的先兆。从互联网上查找以往的股息数据，看看你是否应相信这一观点（提示，你不应该相信）。

专家和专业人士对较低的消费者信心指数及其对GDP和股市的不利影响深感担忧。这种担忧合理吗？我的答案是否定的。可登陆美国经济咨商局（Conference Board）的网站（网址为http://www.conferenceboard.org/data/ consumerconfidence.cfm）和密歇根大学（the University of Michigan）的网站（网址为http:// www.sca.isr.umich.edu/）查阅两种消费者信心指数，看看你能否证明我的看法是错误的。

你很快就能娴熟地运用问题一了。使用问题一的真正乐趣在于，你能够揭穿一个广为人知、无人敢质疑的神话。你会发现，有些投资者信奉的理念错得离谱，只有把它颠倒过来才是正确的。我们现在就找出一些来吧。

第六章

不，事实恰好相反

当你错得离谱时

第五章探讨了如何运用问题一揭穿人尽皆知却无人核验的错误观点。更令人兴奋的是，你可以找到这样的一些观点：很多人坚信它，但与之相反的观点才是正确的。也就是说，一些观点大错特错，以至于其对立面才是正确的，就如我们之前提到的，联邦财政赤字会导致股票收益率升高而不是下降。把本书介绍的问题一与问题二联系起来你会发现，那些广为人知的观点恰好与事实背道而驰。我们将在本章演示一些例子，以便你能从中学习，将来自行验证某些观点的真伪。质疑人人都认可的观念，你会被视为异端，但那又怎样呢？（记住人们如何看你与你无关！）有那么多的投资者之所以失败，就是因为他们不敢提出质疑。不要害怕被人视为疯子，你应该担心的是在错误的理念指导下做出投资决策。

■ 有时候欠债是好事

我们首先探讨一个人尽皆知的话题，无论信仰如何，听到我观点的人都会错愕不已。这个话题就是：债务。

在第一章中，我展示了饱受非议的联邦财政赤字在历史上并没有导致股票收益率不佳，相反，它导致了较高的股票收益率。我只展示了数据，并没有介绍影响机制及原因。你必须更深入地了解债务和赤字，掌握其他人未知的信息，并了解其他人如何使用、滥用或误用这些信息（正如我在2011年指出的，由于2008年的信贷危机和2010年开始出现的欧元区债务危机，许多人对债务问题特别敏感。但是，尽管对债务的恐惧时轻时重，但杠杆的基本经济学原理并没有改变）。

从幼儿时期开始，长辈们就教育我们，欠债是坏事，债务越多越糟糕，欠下大量债务是不道德的行为。事实上，几个世纪以来，收取贷款利息在整个基督教世界里被视为罪行，罗马政治家老加图（Cato the Elder）甚至将放高利贷视为谋杀行为。早期的基督教、犹太教和伊斯兰教都禁止有息放贷（犹太人不得向其他犹太人收取利息，而伊斯兰教戒律至今都禁止收取利息）。

投资者认为，债务和财政赤字会严重拖累经济，因为最终总得有人还债，可能是我们的子孙后代。当未来的外星人殖民了我们的子孙后代时，我们的子孙负债累累，那时没有英雄人物出来拯救他们，这一切都是债务惹的祸！

人人都知道我们欠债过多了，到处都是这样的说辞，很少有人质疑它。人人都认为将来得有人还债，而且当那一天到来时，债务额将是个天文数字。这样股市就无法上涨了，对吧？我们提出问题一，看看结果会如何。债务真的对经济和股市不利吗？我们真的负债过度了吗？

要回答这个问题，首先得知道我们到底欠了多少债，然后你必须提出一个基本无人问津的问题。

首先我们看看负债率。根据2011年更新的数据，美国联邦政府的债务

238

总额为9万亿美元①（我没有把机构内部的债务计算在内，因为这是政府内部的资金借贷，这里研究的是政府欠其他主体的债务）。

从绝对值来看，9万亿是个天文数字。换个角度来看，1万亿是1000个10亿。对于石器时代的信息处理器而言，10亿美元是难以想象的。例如，10亿小时之前，我们的祖先还处在石器时代，10亿分钟之前，耶稣还活着，所以9万亿美元真的是个巨大的数字。

但债务多是坏事吗？大多数人都这么认为，可你还记得第三章提到的兔子和悍马吗？当你看到大数字时，你必须考虑其相对规模。为此，你必须了解美国的硬资产负债表（见表6.1）。

除非你是我公司的客户，否则你可能从未见过这种形式的美国资产负债表（所有这些数据都是公开的，只是列示形式不同）。如企业资产负债表一样，它将所有的美国资产和负债（包括公共债务和私人债务）都列示了出来。将左侧的资产相加可知，美国的总资产约为129万亿美元（与这一数据相比，你立马就觉得9万亿很小了，对吧）。将右列的数据（负债）相加可知，美国的未偿还债务为64万亿美元。总资产减去总负债，美国的净资产约为65万亿美元（注：我们的资产负债表中不包括可一对一抵消的资产和负债，比如，人寿保险单和准备金、沙发和洗碗机这类耐用消费品和养老金与福利，因为这些项目已经彼此抵消，故而不影响我们的分析，医疗和社保之类的表外义务也是如此，它们很容易通过政治表决被消除）。

---

① 汤森路透，财政部直达（Treasury Direct）、国会预算办公室，2011年5月公布的数据。

表6.1　美国硬性资产负债总额

资产	单位（10亿美元）	负债	单位（10亿美元）
货币资金	12,333	住房抵押	9,988
政府债券*	13,510	信用卡和汽车贷款	2,404
其他公司股票	17,191	非公司企业债务	3,462
非公司企业	10,203	非金融公司债务	7,293
固定收入	43,361	金融部门债务	14,171
总金融资产	96,597	储蓄/现金账户	14,687
		联邦政府债务	9,646
住宅房地产	18,117	州&当地政府债务	2,445
其他房地产	14,248	总债务	64,096
房地产§	32,365		
		净资产	64,866
总资产	128,962	总债务&净资产	128,962
美国总收入（GDP）	15,010		

*按2011年3月31日的市值计算

§不包括政府拥有的房地产

资料来源：标普数据库，美联储资金账户流向（Federal Reserve Flow of Funds Accounts）（2010年第3季度）

■ 一个社会承担多少债务比较合适

但是，一个真正具有杀伤力的好问题是：社会承担多少债务比较合适，标准是如何确定的？我从未听有人公开提出过这个问题，也从未听人评论过。这是一个牛顿式的基本问题。一个社会承担多少债务合适呢？大多数人认为债务越少越好，最好是不负债。

但我们知道，这样的看法必定是愚蠢的。看看公司的负债情况我们就明白这一点了。公司通常借债为其经营活动提供资金，通过使资产的收益率高于借入资金的成本，它们能使净资产最大化。不负债不是最优的做法，那么负多少债才最优呢？如何计算出这一数字呢？负债多于或少于这一数字均不好，也就是说，负债数额要恰到好处才行。没有人思考过最优负债水平，因为确认偏见导致他们认为，债务越少越好。你可能也是这么想的，但你可以运用问题一测试一下你是否有这种错误的想法，答案是肯定的话，说明你犯了与很多人一样的错误。

为了确认"适宜"（以及"不适宜"）的债务水平，我们必须重新审视基本的经济学和金融学理论。根据这些理论，举债本身并不是坏事，不是不道德或弱者的标志。债务是调节资本的合理而必要的工具。学过公司理财的人都知道，如何确定公司的最优资本结构或合理的债务与股权组合，保持资产负债表上的资产和债务比例合理。如果你是公司的首席财务官，为了获得最高的投资收益，你就要为公司设计出最优的资本结构。尽管对于不同的公司，甚至对于不同的部门，合理的债务水平有所不同，但这一水平绝不会为零。大多数公司不利用杠杆无法实现利润最大化，因此，没有债务对一个社会而言不是最佳的选择。那么，究竟欠多少债是合理的呢？

无论你是执掌着资产达1000亿美元的大公司的CEO，还是打理五口之家的主妇，当借款的税后成本（利率）低于保守估计的预期收益率时，借款就是合理的选择，大多数人都认同这一观点，二者之差就是利润。当增量借贷成本与借入资金的增量投资收益恰好相等时，你就得到了最优的债务股本比（debt-to-equity）。

看到"恰好相等"这几个字时，你可能会感到紧张，但是，如果我告诉你，一家生产小部件的公司的投资收益率为15%，税前借贷成本为6%（税后为4%），它想借钱扩大投资时，你是不会反对的。因为你知道公司这样做有利可图，你喜欢这样的结果。但"恰好相等"仍然会让人心生畏惧。

你在学校上过微观经济学课吗？如果没有的话，请容我说几句，因为接下来的几行文字是给那些上过这门课的人看的。如果你学过这门课，那么你肯定能想起来，经济学理论指出，当边际成本等于边际收益（销售额）时，利润实现了最大化（你可以从微观经济学基础教材中看到这些理论，我没有增加任何新内容）。借贷的利息成本就是一种边际成本。根据在学校学到的经济学理论可知，当借贷的边际成本等于利用借入的资金产生的边际收益时，最优化就实现了，因为我们借入了所有可用来产生利润的资金（效率实现了最大化，不能再借入更多的资金了）。

▪ "适宜"的债务额

适宜的债务额是各种借贷的边际成本与各类资产的边际收益相等时的债务额。道理很简单，运用纯粹的经济学理论就能推导出来。将其延伸一下就是，当一个社会的资产收益率高于其借贷成本时，它就应该借入更多的资金进行投资并获得收益，使公民变得更富裕。对于那些仍然捋不清道德和债务关系的人来说，富裕的公民是道德的，贫困的公民是不道德的。明白了吗？

欠债多是好事，还是欠债少是好事？实际上，这要看资产收益率情况。如果收益率高于借贷成本，则多举债是好事，少举债是坏事。反之亦然，也就是说，当资产负债率低于边际借贷成本时，要减少债务量。那么，我们如何知道美国的债务水平是否合理呢？很简单，只要对比一下资产收益率和借贷成本就可以了。怎么做呢？

要计算美国的借贷成本，我们再看看资产负债表中的负债一栏。你大概了解各种债务的利率是多少（我修订本书时发现，这些利率甚至比我初写本书时还要低）。住房抵押贷款的利息大部分是减税的，因此成本低于你的想象，但目前，30年的抵押贷款利率在4%左右徘徊[①]，税后利率可能在2%左右。信用卡利率较高，但信用卡债务占总债务的比例远低于许多人的预期。汽车贷款的平均利率很低（基本上是无息的），在消费者的总债务中占比不高。凭直觉可知，各州和各市的债务是免税的，利率也比较低。综合考虑各种债务后，我们可以保守地将所有债务的平均利率假定为3%—4%，这个范围与实际数字的出入不会太大，税后平均利率可能为2%，大概就是这样。

■ 出乎意料的结果

真正重要的是美国的资产收益率，但我们如何计算它呢？就跟计算公司的资产收益率一样，用总收入（GDP）除以总资产即可。根据表6.1的数据，GDP约为15万亿美元。使用GDP数据是因为它是我们的国民收入，收入即"收益"，从许多方面来看，它跟家庭或企业的收入没什么两样，他们也是这么计算收益率的。当我们的收入增加时，人们的生活总体会变好（这是目标）。为更多的人提供更多的收入是符合道德的做法，即使你不按这一思路考虑，GDP也是一个税后数据，因为你的所得税是政府收入的一

---

① 银率网（Bankrate.com），截至2011年12月7日的数据。

部分，仍然被包括在GDP里。因此，用GDP除以总资产可得12%的资产收益率（这是截至到2011年的数据，有意思的是，我2006年初写本书时，美国的资产收益率也是12%，美国人很善于获得可观的资产收益率）。

很明显，我们的资产收益率远高于税后借贷成本（2%—3%），因此，一位出色的CFO会这样想：我们没有负债累累，而是负债不足。即使我们对平均借贷利率的估算有些偏差，或者说实际的GDP或总资产值略低于我们估算的值，那也无关紧要，因为无论我们的计算有多错误，借贷利率仍低于资产收益率。

首先，12%的资产收益率是非常惊人的；其次，尽管2012年的读者比2006年的读者更难相信这一事实，即我们离过度负债还远着呢，但事实就是事实。

要使资产收益率与借贷成本相等，我们就需要借入并投入更多资金，金额可能是现在的两到三倍。如果我们借入了更多资金，我们最终会从事更多的投资活动，我们的资产收益率最终会下降。但在此之前，从整个社会来看，我们必定能从资产中获得更多的收益，从而产生更多的绝对收入。借入更多资金进行投资并获得更多收入正是经济学理论中所讲的迈向最优化的路径。

当我们这样做时，尽管我们负债累累，但我们为公民带来了最大的利润和财富。我猜测，这样的观点与大多数读者接受的教育背道而驰。我不是在提倡多举债，相反，我只是觉得人们过于担忧债务问题了，运用基本的经济学和金融学理论可知，我们离过度负债还远着呢！

■ 更多的债务是坏……还是好

要问答这个问题，就得运用问题一。没人问过我们的债务额是否太少了，这是因为减少债务是基本的共识。它就像某类社会宗教，质疑它会使你变成异教徒。但运用问题一可以使你发现金融领域最有趣的事情。我们想弄清楚这一问题：更多的联邦债务是否真的对经济和股市有利？但我们从相反的思路提出这一问题：如果我们债务量过少了，我们应当再借入多少呢？我们用借入的资金做什么呢？这实际上也对运用问题二起了抛砖引玉的作用，回答了这一问题，你就了解了其他人不了解的事情。为此，我们从公司入手，然后再经由个人债务转向政府债务问题。

我们先来看看公司的债务股本比。就不同的行业甚至不同的公司而言，最优的债务股本比水平有所不同。回过头来看看表6.1可以发现，美国的债务股本比约为99%（债务额除以净资产额）。但这个值是高还是低？是否有问题？

可以这么看待它。时代华纳（Time Warner）是一家经营良好的公司，其债务股本比为350%；迪尔公司（Deere&Co）是美国历史最悠久的公司之一，其债务股本比为348%；万豪（Marriott）的债务股本比高达722%；太阳石油公司（Sunoco）为270%；家乐氏（Kellogg）为264%；洛克希德·马丁（Lockheed Martin）为269%；波音（Boeing）为207%。[①]我还可以列出很多。

这些都是大名鼎鼎的公司，但它们都不是一夜成名的，它们都是历史悠久的美国大公司。它们的债务股本比高于美国整体，但并没有因此受损。这些公司的债务股本比并没有处于最佳水平，但据我所知，它们并没有走向灾难，而是一直在获得可观的收益。这并不是说美国的债务股本比也应该这么高，而是说你不应该本能地认为债务股本比高绝对是坏事或是错误的。

你可能会说："从理论上我认可公司负债经营，如果波音像其他公司

---

① 标普研究洞见，汤森路透，截至2011年9月30日的数据。

一样，为了赚钱而借入资金兴建工厂，我对此没有意见，它能理性地利用借入的资金，但消费者是愚蠢的，政府更愚蠢。"

你不满的是吸食毒品成瘾的人用信用卡举债买海洛因，或者举债购买iTunes上播放的平克·弗洛伊德（Pink Floyd）的歌曲，这纯粹是在挥霍！这样的做法太愚蠢！很多人对因吸毒或者购买iPod而举债的行为十分厌恶，但不及对联邦政府举债的厌恶程度，因为他们觉得吸毒的人比联邦政府更明智、更节制、消费更合理。就政府债务而言，你讨厌当地市政当局借债，但你认为市政当局不像州政府那样愚蠢，更不像联邦政府那样愚蠢（除非你生活在加利福尼亚，否则你会认为这个州的政府更愚蠢）。

为了更好地理解政府和"瘾君子"的债务，我们先从公司债务谈起。假设你是一家中等资质公司的CEO，公司的标普信用评级为BBB。在2011年中期，你的公司可以4.6%的利率获得10年期贷款。[①]为了在获得收入的同时支付利息，并最终偿还这笔债务，你的资产收益率要高于税后的净借贷成本。假如公司的税率为33%，那么税后借贷成本就为3%。如果你不确信能在长期获得3%以上的收益率，那么你一开始就没资格做CEO，董事会应该炒你鱿鱼。

因此，如果你建设了新工厂，或推出了新产品，亦或做了其他任何能够产生12%收益率的事情，即做了收益率显著高于3%的事情，你的股东（及你的客户和员工，换句话说，包括普通民众在内的所有人）都会觉得你举债创造财富是好事。在这样的情况下，举债对任何人都有好处，都是符合道德的正确做法。

这里有一个能说明债务和企业道德关系的范例。假设你是一家公司的CEO，公司股票的市盈率为16，则其收益率为6.25%（市盈率的倒数）。

---

① 彭博财经资讯、彭博公允价值美元综合指数（BBB），截至2011年12月7日的数据。

回想一下，由于市盈率是税后指标，那么收益率也是税后指标。如果你能以3%的税后利率借入资金并回购你公司的股票，减少股票的供给，故而你可以提高每股的收益率，你会获得3.25%的利润，你为股东赚了钱。只要你的收益不下降，这样的操作就是稳赚不赔的。而且，如果你是CEO，谁会比你更了解这一点呢？（再次重申，如果你做不到这一点，你应当被解雇。）这是符合道德的做法。

但也许你不会这样做，你借入资金可能有其他收益更高的用途，比如，你可以建造小部件加工厂，其收益率为15%，获利更多。如果是这样的话，你就不会回购股票，而是会建造工厂了，或者你会双管齐下。你的借款行为是负责任的，而且你应当借入更多，只要你有充分的机会获得超过借入成本的高收益即可。这样的做法是合理的，不应该与社会上那种普通的借债画等号。

为了研究、开发和收购、增加股东价值或者改善公司的长期前景而举债是理智的做法，我们都明白这一点。公司反过来会提供质优价廉的产品和服务，这对消费者则有利。我们也不能忘了那些增加了薪水、医疗保障和福利的员工。结果很完美！

债务的乘数效应和瘾君子

我们把目光转向那些吸毒成瘾的iPod借款人和同样愚蠢的政府。对于上过大学经济学课程的读者而言，你可能还记得老师在课堂上讲过，当银行发放贷款时，社会上的货币数量会增加，这实际上与印钞的效果一样。简单地说，每一笔贷款都具有"乘数"效应。在美国，平均来看，通过一笔新贷款创造的资金在12个月内会被转手6次。经济学家将货币的转手速度称为周转率（velocity）。

假如一位银行家愚蠢透顶，把钱借给了一个瘾君子。这个瘾君子厌倦了他的旧iPod，想用借来的钱买新的，并买更多的海洛因（非常愚蠢的做法）。银行家把钱借给了他（假设收取更高的利率）。瘾君子从毒贩那里买下了一些海洛因，从iPod经销商那里买了一部新iPod。这笔钱就这样被愚蠢地转手了。iPod经销商是个理性和正常的人，瘾君子的部分钱到了他手里后，他用部分钱上交了一些销售税，用部分钱从苹果公司补充了一些存货，这是非常正常的做法，苹果公司很喜欢。他还把部分钱用于家庭花销，这样的支出也合情合理。这是第二次支出了。这笔钱在一年内又被支出了四次，而且自瘾君子之后，每一次支出都是合乎情理的，换句话说，第一次的支出是愚蠢的，但之后的五次支出都是很正常的。

接下来我们看看落入毒贩手里的那笔钱。显然，毒贩不会上交销售税，他才不会蠢到自投罗网呢！因此这位智商有余的毒贩花钱做了iPod经销商做的事情，一部分钱用于进货（同样，这些活动没有出现在GDP的核算中），一部分用于家庭花销，例如，在商店里买衣服，然后店铺以正常的方式支出了这笔钱。他也可能从当地的农民手里买了一些农产品，后者会正常地花钱消费，比如，在商店里买衬衫。也许有一些吸毒的下属，他支付了这些下属工资，为他们办理了保险。这些做法都很常见，除了这次支出外，到年底前还会出现大约4次这样的支出行为。

一笔贷款落入个人（即使是吸毒成瘾的iPod借款人）之手后，会被多次支出，而且在第一次愚蠢的支出后，接下来都会以正常的方式被支出。当某些人（或某些公司亦或任何人）花钱时，他们只是把钱传递给了不同类型的对象而已，包括公司/企业实体、另一个人、政府或慈善机构。当然，人们一般不会借钱捐给慈善机构，但这样的事情也可能发生，比如，政府一直就是这么做的！慈善机构会用这些钱购买婴儿奶粉、灯泡、责任保险，会支付职业培训或其他方面的费用。而且，贷款资金第一次被支出后，其他的支出都是很正常的。

因此，吸食毒品的iPod狂借钱和花钱时，都不如通用电气那么理性。但是，在他第一次支出后，其他后续的支出就跟通用电气公司的支出一样理性了。我们借钱消费的行为不比吸食毒品的iPod狂明智多少，也不比借钱兴建工厂的通用电气公司愚蠢多少。唯一不同之处就在于第一次支出，愚蠢的政府借钱时也是如此。

这只是我个人的看法，但我认为，虽然各级政府天生是愚蠢的消费者，但这不意味着他们愚蠢的支出行为必然带来糟糕的结果。虽然政府支出的结果不及通用电气公司的好，但由于后面五次正常的支出，其结果也不见得有多差。请注意，如果政府比较明智的话，结果会好得多。但我认为，即使政府是愚蠢的，其支出的结果总体上也是好的，因为6次支出中只有1次是愚蠢的，其余5次都是正常的。第一次支出是愚蠢还是明智对最终的结果影响并不大。

500美元被用于修桥造路了，还是被吸食海洛因的iPod狂买酒了都无关紧要，无论用途多么愚蠢，它也只能有几种去向。它要么落到了政府雇员手里，要么落到了卖家（通常是公司，但有时是个人）手里，或者通过转移支付落到了个人、公司、慈善机构或其他政府实体手里。想想结果是是否这样。

其他的选择就只剩下把钱花在海外了，效果就跟你去国外度假并在那里消费一样。这种情况下，这笔钱从美国流出了，但从全球范围考虑，这样的支出有利于促进全球经济的增长。当这笔钱被转移给另一个政府实体时，如联邦政府把钱划拨给州政府，州政府把钱划拨给县政府时，同样的事情也会发生。所有的县政府都在做同样的事情，即把钱花在个人、商业公司、慈善机构或其他愚蠢的政府机构那里，没有其他选择。然后得到这些钱的人会以正常的方式再次支出它们，这样的支出过程可能再重复五次。

因此，当一个社会处于负债不足状态时，这意味着其资产收益率比借贷成本高出很多，就像美国目前的情形一样，那么借入更多债务不一定是坏事，事实上，有可能是好事，即使资金的首次支出是极为愚蠢的也是如此。为什么呢？当更多的资金被支出、交易、投资时，无论第一次支出多么明智或愚蠢，资金最终的结果都是被支出、交易、投资，都有利于促进经济增长，为更多的人带来更多的财富。

这也解释了股票收益率在财政赤字达到峰值后升高、在财政出现盈余后下降的原因（见第一章的表1.2）。如表1.2所示，财政赤字达到峰值的12个月后，股票平均收益率为16.7%，36个月后的累计收益率为27.1%。而当财政盈余达到峰值后，股票收益率都比较低，12个月后的股票平均收益率降为-1.2%，36个月后的累计收益率仅为8.8%。你肯定想获得更高的收益，除非你吸食海洛因昏了头。

为什么出现财政赤字时股票收益率更高？一个主要原因是，在出现赤字的年份里，我们是在负债不足的情况下增加债务的，目的是接近最优的债务水平。因此，未来可获得更多的收入和财富，而且市场了解这一点，会在股票价格中把它体现出来。而在财政出现盈余的年份里，尽管我们负债不足，我们却在减少债务，这样我们离最优的债务水平越来越远了，市场也了解这一点，而且会通过股票价格体现出来，市场的表现就会很糟糕。

永远记住：如果联邦财政赤字达到顶峰对美国股市而言是真正的利好信息，那么这一点在大多数西方发达国家也是成立的。事实确实如此。如图6.1所示，在其他发达经济体，较高的财政赤字会导致较高的平均收益率，进而使这些国家的资本结构接近最优；财政盈余会导致较差的平均收益率，进而收益会导致资本结构远离最优。

再次重申，不要以道琼斯指数作为参照！

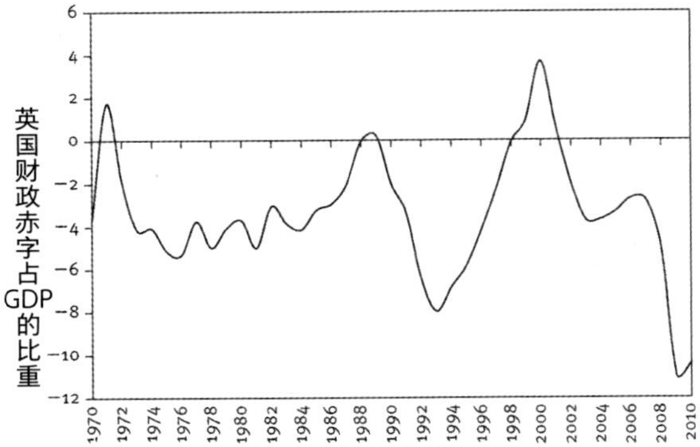

英国高点 — 当时全股指数收益率

日期		1年	2年	3年
1971	年化收益率	7.04%	-13.09%	-28.32%
1971	累积收益率	7.04%	-24.47%	-63.17%
1989	年化收益率	8.24%	12.32%	7.17%
1989	累积收益率	8.24%	26.17%	23.09%
2000	年化收益率	-15.70%	-15.02%	-1.09%
2000	累积收益率	-15.70%	-27.79%	-3.24%
	平均年化收益率	-0.1%	-5.3%	-7.4%
	平均累积收益率	-0.1%	-8.7%	-14.4%

英国低点 — 当时全股指数收益率

日期		1年	2年	3年
1976	年化收益率	68.24%	39.36%	32.51%
1976	累积收益率	68.24%	94.23%	132.66%
1993	年化收益率	-0.16%	10.65%	16.42%
1993	累积收益率	-0.16%	22.43%	57.78%
2000	年化收益率	-15.70%	-15.02%	-1.09%
2000	累积收益率	-15.70%	-27.79%	-3.24%
	平均年化收益率	17.5%	11.7%	15.9%
	平均累积收益率	17.5%	29.6%	62.4%

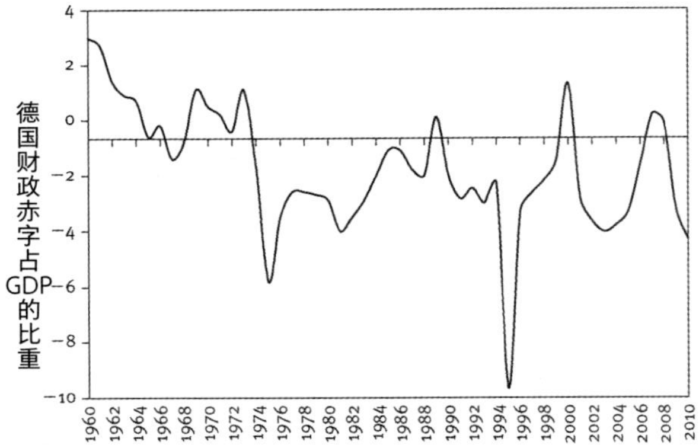

德国高点 — 德国综合指数收益率

日期		1年	2年	3年
1969	年化收益率	-20.55%	-1.55%	4.88%
1969	累积收益率	-20.55%	-3.07%	15.35%
1977	年化收益率	27.09%	10.77%	3.88%
1977	累积收益率	27.09%	22.70%	12.14%
1989	年化收益率	-3.27%	-0.19%	-4.45%
1989	累积收益率	-3.27%	-0.39%	-12.77%
2000	年化收益率	-23.04%	-25.93%	-3.32%
2000	累积收益率	-23.04%	-45.13%	-9.64%
2007	年化收益率	-45.09%	16.24%	—
2007	累积收益率	-45.09%	-29.84%	—
	平均年化收益率	-13.0%	-6.6%	0.2%
	平均累积收益率	-13.0%	-11.1%	1.3%

德国低点 — 德国综合指数收益率

日期		1年	2年	3年
1976	年化收益率	15.88%	22.23%	5.88%
1976	累积收益率	15.88%	49.40%	18.70%
1993	年化收益率	5.89%	16.06%	19.62%
1993	累积收益率	5.89%	34.69%	71.17%
2000	年化收益率	13.45%	17.45%	9.64%
2000	累积收益率	13.45%	37.95%	31.78%
1995	年化收益率	12.84%	17.53%	19.36%
1995	累积收益率	12.84%	38.14%	70.07%
2003	年化收益率	17.86%	14.56%	21.98%
2003	累积收益率	17.86%	31.25%	81.48%
	平均年化收益率	13.2%	17.6%	15.3%
	平均累积收益率	13.2%	38.3%	54.6%

英国财政赤字占GDP的比重

德国财政赤字占GDP的比重

图6.1 财政赤字利于股市——对全球股市的观察

资料来源：汤森路透，国家统计局（Office of National Statistics）

我们换一种思路考虑最初的问题：欠债是坏事吗？联邦政府债务是政府财政赤字累积的结果。州和市政债务也类似。我们从最愚蠢、最庞大的联邦政府开始，讨论赤字即债务导致较高股票收益率而盈余导致较低收益率的原因。我们把联邦政府看成一家运用杠杆刺激增长的公司。

图6.2显示了联邦政府未偿还的公共债务净额占GDP的比重。今天，此类债务占GDP的比重为62%。

相对于近期的历史债务水平，这一数字较高，读者们不会对此感到惊讶。但在某些时间段里，比如，1943—1950年间，债务水平奇高。有些人可能会说，"那是与战争有关的债务"没错，但考虑债务时我们不关注借债背后的原因，债务就是债务，无论从道德层面来看，举债是正确的（与纳粹交战导致的）还是不好判定的（推行刺激性政策导致的），我们都应该审视其效应。回顾历史便知，债务达到高峰之后的时期并不可怕。在大多数人的记忆里，20世纪50年代是一个经济快速增长、创新层出不穷的时期（请阅读我出版的《费雪论股市获利》一书）。

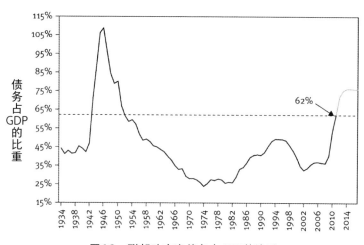

图6.2　联邦政府净债务占GDP的比重

资料来源：汤森路透、财政部直达、国会预算办公室（Congressional Budget Office），2011年5月发布的数据

　　反过来考虑这个问题。你是否听人谈起过1965—1981年这17年中股市的表现？人们常说，这段时期股市的走势很平稳，那是因为他们以存在严重缺陷的道琼斯工业股票指数（我们在第四章指出，它是一个完全扭曲经济现实的指数）衡量股市收益。如果以标准普尔500指数来衡量，那么在那些年里，美国的年均收益率为6.3%[①]，尽管低于平均水平，但收益率仍然是正的，没有出现灾难性的后果！即便如此，在大多数投资者看来，在这么长的时期内（近20年）获得低于均值的收益仍是令人难以接受的。部分原因是，更多的收益来自股息而非股票升值，而且股市给人一种不知何时才能走出低迷的感觉。

大规模债务的悠久历史

　　在美国发生的事情，在其他地方也一定发生过。在其他地方，债务并没有引发灾难性的后果。图6.3显示了1700年以来的英国债务史。某些

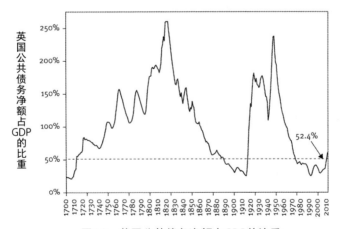

图6.3　英国公共债务净额占GDP的比重

资料来源：英国财政部（HM Treasury）、英国公共支出网（UKpublicspending.co.uk），于2011年6月访问，包括对2011年的估值

---

① 全球金融数据公司，标准普尔500指数总收益率，1964年12月31日—1981年12月31日的数据。

时候,英国的债务额占GDP的比重非常大,但却没有对经济造成长期危害。事实上,在1750—1850年间,英国的债务额占GDP的比重超过了100%,最高时达到了250%。而这段时期正是英国经济领先全球并引领工业创新的时期。在当时的英国,债务不是灾难性的,在现在的美国,它也不应该是。

低于均值的收益率恰好出现在我们将负债率降低到最低水平的过程中。降低负债率并不能保证较高的股票收益率。

美国曾有过不负债的时期吗?许多人认为美国的债务是20世纪才出现的,但事实是,除了19世纪30年代中期,安德鲁·杰克逊用销售西部土地得到的黄金还清了债务外,其他时期,美国政府一直举债运转(关于此次事件的记载,请参阅我1987年出版的《华尔街之舞》)。杰克逊此次偿还债务造成了灾难性的影响,导致了1837年的股市大恐慌和1837—1843年的大萧条,后者是美国历史上最严重、持续时间最长、波及范围最广的三次萧条和股市崩盘之一(另外两次分别始于1873年和1929年)。从历史来看,偿还债务对股市和经济不利,因为负债不足时偿还债务是错误的做法。

■ 总得有人来还债吗,非也

尽管如此,一些批评者仍担心,我们现在只顾自己借债对子孙后代不利,因为终有一天,他们得还清欠债。

此时可以提出另一个问题:我们必须偿还债务吗?看看之前发生的情形吧!如果我们承担力所能及的债务,并获得了较高的资产回报,那我们就没有必要为了减少债务而消耗现金流。我们只需要滚动融资即可,当收益增加时,我们的债务也应该增加。我们的答案是:债务对股市和经济不是坏事。事实上，恰恰相反，负责任地利用债务是正确的做法，是好事，而且我们还未实现最优的债务水平。美国联邦政府的债务不应该被丑化、妖魔化。

不要误解了我的意思。我支持小政府，我一点儿都不喜欢政府支出。我希望政府支出占GDP的比重能显著减小。我已经说过，我认为政府是非常愚蠢的花钱者。实际上，我基本上时时刻刻都反对政府的做法，但我并不认为政府应该减少债务。

将财政赤字转换成其他赤字

因此，债务和财政赤字可能不是令许多人心惊胆战的恶魔，但还有其他吸引人眼球、引发恐慌的赤字使投资者受到惊吓，比如，经常账户和贸易赤字。我们现在就谈谈经常账户赤字问题。经常账户赤字基本上是由贸易赤字组成的，当一些人告诉你，他们担心经常账户赤字时，实际上他们主要担心的是贸易赤字。另外，根据定义，经常账户赤字完全可被资本账户盈余抵消，从而达到收支平衡。结果必定是这样的！许多人为经常账户赤字感到忧心忡忡，那是因为他们的知识比较匮乏。

至于美国的贸易赤字，它于2011年达到了5000亿美元①（巨大的数字）！看到这一数字，好多人都被吓坏了，尤其是那些担心美元疲软的人。许多人都强烈反对贸易赤字，都热切地期盼出现贸易盈余。认为根本不用担心这类问题的人很少，因此这是运用问题一的好机会。贸易赤字真的对经济、股市和美元有害吗？我们对这一问题的探讨会引出问题二：贸易赤字有可能是好事吗？如果存在这种可能性，它如何发挥作用？

---

① 美国人口普查局、对外贸易处、美国经济分析局，截至2010年12月31日的数据。

这种担忧似乎是因人们迷信常识、受制于确认偏见和不能从相反的视角看问题导致的（所有这些都可以通过问题三解决）。贸易赤字似乎表明，我们的进口支出大于我们的出口收入，我们正在对外输血。有些人认为，这是零和游戏，支出大于收入谓之输。按照这种逻辑，贸易赤字对经济不利，因为它不可持续，终究会使赤字一方破产。如果把美国比作一家大型五金商店，持续的贸易赤字会带来非常严重的后果。如果每个人的行为都不理智，那么资金就会不断流出。你希望五金商店卖出去的商品（螺母、螺栓、钻头）比买进来的商品（电脑、员工的时间、员工休息室的零食）多，否则五金店会倒闭。

但以这样的思路考虑问题会产生一些认知错误。补救方法是，把视野扩展到全球。从全球范围来看，贸易赤字是不存在的。为什么呢？没有人担心蒙大拿州（Montana）是否会与美国其他地区，比如，加利福尼亚州或纽约州出现贸易赤字，也不会担心与美国其他地区的贸易赤字。从整个世界来看，不会出现贸易赤字或贸易盈余。在发达国家中，贸易赤字和贸易盈余对全球股市的影响并不比蒙大拿州和纽约州之间的贸易余额对全球股市的影响重要。

理解这一点的关键是，美国和对美国有贸易盈余的其他发达国家的股市行为类似，可能一起涨落。有时候美国表现得更好一些，有时候其他国家表现得更好一些，有贸易赤字的国家和有贸易盈余的国家均是如此。美国有巨大的贸易赤字、经常账户赤字、财政赤字和债务，一些国家什么赤字都没有，相反有巨大的盈余。如果赤字是坏事、盈余是好事的话，美国股市和其他各个国家的股市走势应该是此消彼长的关系。当其他国家的股市走势平稳或大涨时，美国股市应该大跌，但事实并非如此。

图6.4显示了1973年（我们可获得数据的最早年份）以来的美国和外国股市走势图。从该图可以看出，美国的股市走势和外国股市的走势虽不完

全相同，但方向一致，有时候波动幅度也一致。

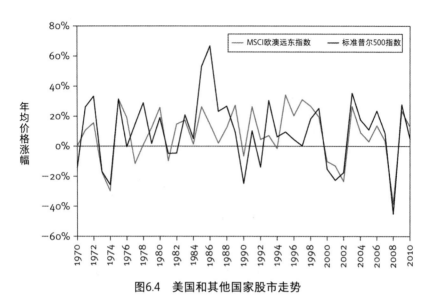

图6.4　美国和其他国家股市走势

资料来源：全球金融数据公司和汤森路透，MSCI欧澳远东指数和标普500价格涨幅，1973年12月31日—2010年12月31日的数据

先梳理一下其中的逻辑。即美国股市可能领先或落后于其他发达国家股市，但不会与它们的变化方向相反，你就知道，贸易余额对全球股市没什么影响了。如果赤字的影响很大，美国对其他国家的贸易赤字巨大，那为什么美国股市的走势与其他国家的股市走势相似而不是相反呢？如果贸易赤字对美国及其股市不利，那么贸易盈余应该对其他西方国家及其股市有利啊！这不是很公平吗？如果贸易盈余对美国及其股市有利，那么贸易盈余也会对其他西方国家及其股市有利。这意味着贸易赤字（意味着国外的贸易盈余）应当对国外股市有利。美国股市的市值占发达国家股市市值约50%，这样，两方相互抵消，贸易余额对全球股市不会产生影响。这合理吗？说起来好像是如此，但若真是这样，美国和其他国家的股市应该呈负相关关系才对。

尽管我不愿意认可，但我们仍然假设贸易赤字对美国股市不利，仍然运用问题一对其进行分析。一旦从全球范围考虑问题，这一逻辑就站不住脚了。我们都知道，全球贸易是平衡的。要证明美国的贸易赤字会导致全球股市下跌，你就得证明贸易赤字的危害比贸易盈余的益处更大。截至目前，还无人公开表示过这样的观点，更不用说为这一观点寻找经济学理论支撑了。没有人想那么远，人们在认识到世界不可能有贸易盈余或贸易赤字之前，就已经觉得"天要塌下来了"。

因此提出这一问题：贸易赤字真的对美国股市和经济不利吗？首先，我们来看一些数据。图6.5显示了1980年以来的美国贸易余额占GDP的比重以及英国、德国和日本的同一数据。

在整个考察期内，美国都出现了贸易赤字，有时候占GDP的比例高一些，有时候低一些，目前为3.4%。[1]现在，一个更有价值的问题是：贸易赤字过大了吗，对经济和股市有害吗？或者考虑问题二：巨大的贸易赤字是否预示着经济是健康的，金融体系是健全的，而不是预示着未来会发生金融危机？

没错，自1980年以来，贸易赤字显著增加，然而，即使在2007—2009年的经济衰退期间，美国整体的经济表现仍然良好，几乎一直处于增长状态。尽管美国自1980年以来连年出现逆差，但美国的名义GDP增长率为5.8%，股市年化收益率为11.3%[2]。很难说这样的表现不优秀。

但批评者们提出了几个观点。首先，他们说贸易赤字现在未产生危害，但事情还没了解，危害很快就会显现出来。若这种观点正确的话，那么多大规模的贸易赤字或累计贸易赤字会触发危机呢？到目前为止，我还从未听说过这一触发点在哪里。其次，一些人承认，贸易赤字没有把经济拖累到增长为负或为零的程度，但他们会问："我们怎么知道，若

---

① 美国人口普查局、对外贸易处、美国经济分析局，截至2010年12月31日的数据。

② 全球金融数据公司，标准普尔500指数总收益率。

没有贸易赤字的话，我们的增长率会有多高呢？若没有贸易赤字，我们的增长率会更高！"

我们看看英国的情况。英国股市表现良好，英镑也比美元强势，事实上，可以说英镑是近几十年来世界上最坚挺的发达国家货币，当然，这也是证明贸易赤字相对而言对美国更有害的原因。

英国是美国较好的参照对象，因为从赤字、贸易余额等诸多方面来看，它和美国的状况相似。我们再看看图6.5。自20世纪80年代初以来，英国的贸易赤字占GDP的比例几乎与美国相同，目前的贸易赤字占GDP的比例约为6.8%[①]，比美国的数字高，但在大部分时间里，两国的比例极为相近。

英国的经济与股市总体上与美国的一样强劲。自1980年出现贸易赤字以来，英国股市的平均年收益率为11.9%，经济持续健康增长，年均增长率为5.4%，与美国几乎一样[②]。

英国的贸易赤字规模与美国的类似，但货币更坚挺，原因何在呢？你能从中得到有关贸易赤字的什么启示呢？启示是：贸易赤字不会影响货币。如果英镑一直坚挺，而且贸易赤字影响货币，那么为何英国的贸易赤字对英镑有利而美国的贸易赤字就对美元有害呢？批评者可能会说："这只是一年的赤字，没有代表性。"再次看看图6.5你会发现，两国的贸易赤字变化类似。你不能说美国的贸易赤字相对于GDP太多了，从而导致了美元走弱，同时又说英国同等规模的贸易赤字导致了英镑走强。是否有其他因素导致了美元的走弱或走强？这是毋庸置疑的，我们将在第七章讨论这些因素。一听到贸易赤字就气不打一处来的人永远不会考虑这些。

---

① 美国人口普查局、对外贸易处。

② 全球金融数据公司，富时全股指数总收益率。

■ 你愿意生为哪国人

换个角度考虑这一问题。如果贸易赤字是坏事，贸易盈余是好事，我们看看存在巨额贸易赤字和贸易盈余的发达国家的情况。如果你不想分析别的国家了，只要看看图6.5就可以了。你想生在美国和英国这样存在巨额贸易赤字且赤字在不断增长，但在过去30多年里GDP增长且股票收益率都很强劲的国家呢，还是愿意出生在一个连年出现贸易盈余的国家？

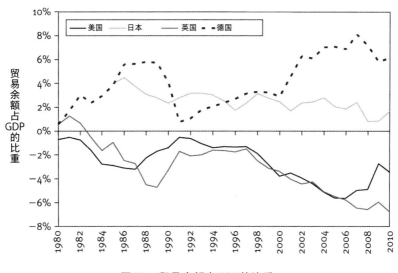

图6.5 贸易余额占GDP的比重

资料来源：美国人口普查局、对外贸易处、汤森路透

德国怎么样？德国人很聪明，在机械和机车领域表现优异，自1980年以来一直存在贸易盈余。然而，德国的年均增长率为4.5%，股票年均收益率为9.4%。图中显示了1985年以来的日本贸易余额数据，从这一年起，日本连年出现贸易盈余，在此期间，其经济年均增长率为5.7%，股市年均收

益率为5.4%。①尽管有漂亮的贸易盈余数据，但其经济增长率与美国和英国的大致相同（德国的稍低一些）。德国的股票收益率虽然不错，但仍然低于美国和英国的，日本的就更低了。

那么，你想成为哪国人呢？你愿意生在有贸易赤字但股票收益率更高的国家呢，还是愿意生在有贸易盈余但股票收益率较低的国家？所有理性的人都会选择前者。贸易盈余肯定不是解决经济问题的灵丹妙药。事实上，贸易赤字是预示经济活力和快速增长的征兆，不是一个亟待解决的政治问题。

■ 可恶的重商主义者

真正的问题不是美国的贸易赤字，而是德国和日本及许多国家的贸易盈余。为什么这些国家出现了贸易盈余，为什么贸易盈余是问题所在？在资本主义成为美国和英国的主导制度之前，占主导地位的制度是重商主义。不清楚重商主义的读者可查阅基础的经济史资料。我个人最喜欢的是道格拉斯·C.诺思（Douglas C. North）所著的《美国过去的增长与福利》（*Growth and Welfare in America's Past*）一书该书由普伦蒂斯霍尔（Prentice Hall）出版社1966年出版。从这本书的参考文献中，你可以找到其他许多资源。自美国诞生之日起，真正的资本主义就崭露头脚了。回想一下亚当·斯密的巨著《国富论》（*The Wealth of Nations*）便知，它是在美国成立的那一年出版的。

重商主义曾被发挥到极致，即使到了现在，日本和德国的诸多做法仍带有重商主义的印记。这些国家根据贸易盈余利于经济发展的理论，实施

---

① 全球金融数据公司，东证股价指数总收益率。

政府主导的经济措施，人为制造贸易盈余。它们的思维就跟那些认为贸易赤字是坏事的人一样。它们认为贸易盈余有利，贸易赤字有害，因此通过限制政府支出和推动出口的方式人为制造贸易盈余。

但是，以牺牲自由市场和纯粹的资本主义为代价、强行实施经济政策会导致资源配置不合理、经济增长放缓。一定会这样，为什么呢？因为一国的经济要实现快速的增长，它必须任由资本主义发挥作用，政府不能施加干预。这是过去200年的基本经济教训，害怕赤字的人对好坏的判断过于简单了，他们看不到亚当·斯密所说的"无形之手"的作用。他们想通过政策干预经济，但最终结果是阻碍了经济增长。要把宝押在资本主义和增长上，而不是重商主义和贸易盈余上。我们的增长创造了资本流动，将贸易赤字维持在一定的水平，只要我们继续快速增长，我们的经常账户和贸易赤字就会保持高位，我们也会继续过快乐的生活。如果经济增长放缓或停止了，我们的贸易赤字也会消失。道理就这么简单。

因此，相继运用问题一和问题二后我们得知，债务、财政赤字和贸易赤字并不像人们以为的那样都是有害的。当你听到有人因为赤字或债务规模"过大"或"不可持续"而发出股市大跌的警告时，你要知道，这种恐惧是没有道理的，股市是看涨的，记住：赤字和债务通常是经济回暖的推动力。

你应该担忧的是，一些人会强行扭转赤字，推行重商主义，他们通常是参议员。你应该担忧的是盈余。要在心里默念："我不愿意看到美国出现预算和贸易盈余，我想看到快速的增长和赤字。"当你在酒会上说出这一观点时，或许会有人把酒泼到你脸上。这样的反应启示你：首先，你还可以利用这一事实真相继续获利；其次，酒是免费的。

重返金本位

另一个可用问题一揭穿的与事实相反的神话事关威廉·詹宁斯·布莱恩（William Jennings Bryan）。还记得他吗？那个雄辩的、发表了著名的"黄金十字架"（Cross of Gold）演说、在1900年支持银本位的人？（阅读附录F了解更多有关他的介绍。）

美国于1971年再次放弃了金本位制，但一种新的本位制出现了：人们普遍认为，黄金是投资组合的终极保值产品。这种观念不时盛行，此时，你会无休止地听到这样的说法：黄金价格上涨时，股票价格会下跌，反之亦然。投资黄金被视为对抗下行波动的保值佳策，由此衍生出的一种理论是：从长期来看，当资本主义机制失效时，黄金能保护你。

人们有时也说黄金是一个出色的通货膨胀预测指标。对股票投资者而言，金价上涨是利空消息，因为金价上涨时，股价下跌，通货膨胀率上升，经济停滞不前。但这是真的吗？黄金热潮时而来袭，每当金价在一段时间内上涨时，黄金热潮就会加剧。

▪ 黄金保值

与许多根深蒂固的投资者观念一样，黄金保值很符合我们的常识。黄金是一种商品，它有重量，你能看到和感受到它，可以拥有它。而股票说白了就是印着数字的纸。两种不同的资产应该有不同的收益才对，而且由于在之前漫长的历史中，各国政府都把货币价值与黄金挂钩，因此黄金具有了感性价值。

但这是真的吗？我越是听到政府出台政策促使我们相信黄金，我就越对黄金的效力表示怀疑，特别是因为我记得，金本位始于重商主义时期。

运用问题一：黄金真的是良好的保值工具吗？如果是的话，那么它应该与股票负相关。我们从短期和长期两个方面来考虑。例如，2006年我写作本书时，全球股市刚刚经历过一轮正常的调整。如果黄金是适宜的保值工具，它的价格应当继续上涨才对，因为股市刚刚下跌，最坏的情况也应该是金价保持平稳。图6.6显示了从2006年年初到年中金价与标准普尔500指数的变化情况。

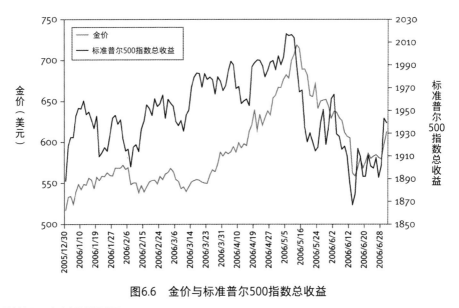

图6.6　金价与标准普尔500指数总收益

资料来源：全球金融数据公司

黄金并没有如预期的那样实现保值。在此期间，黄金与股市的走势非常相似，而非相反。股市急剧下跌，金价也是如此。如果此时你以黄金来规避股市下行波动的风险，那么你承担的风险会翻倍，因为金价与股价同步变化，而且波动性几乎一样。再想想2009年和2010年的情形，股市上行时，金价也上涨了。在此期间的大部分时间里，股市和金价正相关。当2010年和2011年全球股市出现调整性下跌时，金价也回调了。

考虑短期表现很有趣，但对未来的启示意义不大。如果从长期来看，黄金不是安全的保值工具，那么投资它是否有意义呢？图6.7显示了自1973年布雷顿森林体系解体后，即人们开始真正自由地交易黄金以来，黄金价格、美国股市和10年期美国国债的收益率情况。在此期间，每投资1美元购买黄金，你可以得到16.04美元的收益，而每投资1美元购买债券和股票的收益分别是21.58美元和37.76美元。注意，图中包含了近几年黄金大热的数据。

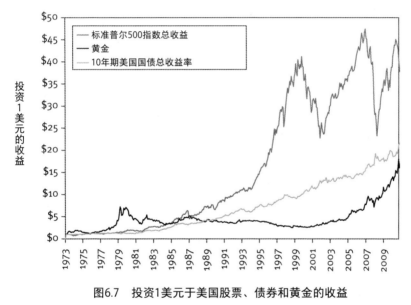

图6.7　投资1美元于美国股票、债券和黄金的收益

资料来源：全球金融数据公司、每盎司黄金价格（美元/盎司）、标准普尔500指数总收益、美国10年期国债指数总收益，1973年11月30日—2011年9月30日的月度收益数据

　　金价可能继续攀升，也可能不攀升，但如果目标是增长，那么以黄金作为保值的工具或长期投资的对象盈利的可能性不大。为了从黄金交易中获利，你必须擅长把握买入和卖出的时机。如果你打算这么做，你应当先问问自己：我都不擅长买卖股票，又怎么能处理好黄金交易呢？要得到这一问题的答案，你就必须先回答这一问题：你掌握哪些有关黄金的独家信息？（从事黄金交易最重要的是把握交易时机，更多讨论，请参阅我2010年出版的图书《揭穿投资神话》。）

■ 黄金、通货膨胀和206年的长期债券

如果金价预示着通货膨胀的走向，那么黄金就是很有用的工具。许多人认为，高金价意味着失控的通货膨胀马上会出现。

这也是一个可运用问题—揭穿的神话。通货膨胀是一种货币现象，与经济体内流通的货币数量有关。当货币供给量（由央行控制）相对于经济体中销售的商品数量过多时，通货膨胀就会发生，商品的价格就会上涨。一定程度的通货膨胀是正常、健康的，很少有人担心低通货膨胀率，但人人都对高通货膨胀率忧心忡忡。

例如，在20世纪70年代，失控的通货膨胀引发了严重的问题，对此许多读者都记忆深刻。人们考虑失控的通货膨胀时很容易走极端，回想一下20世纪20年代早期的德国魏玛共和国时代（Germany's Weimar），当时中央银行印钞过多，纸币变得毫无价值。德国人把钱当纸烧，因为他们无法用手里的现金购买煤炭甚至木头。不久之后，纳粹政府上台了，所以你要明白，恶性通货膨胀不是什么好事，但低通货膨胀率不可怕。你喜欢温和的通货膨胀还是温和的通货紧缩呢？答案可能是前者，尽管从统计数据上看，它们都是双刃剑。当新发行的货币数量少于新商品或服务的数量时就会发生通货紧缩，价格会下降，导致一系列问题出现，包括经济活动放缓，这会导致大规模的经济萧条、大量的人口失业。这一点都不好玩。

那么，这些与黄金有什么关系呢？没有关系。黄金是一种商品，可在自由开放的市场上进行交易。正如米尔顿·弗里德曼（Milton Friedman）曾说过的那样，通货膨胀"在任何时间、任何地方"都是一种货币现象。不能仅因为黄金以大致与通货膨胀率相等的幅度升值，你就认为金价预示着通货膨胀的走向。所有这一切给你的启示是，从长期来看，黄金投资者得到的收益是相当低的，这是图6.7显示的结果。凭直觉可知，投资黄金比

你投资大多数工业商品得到的回报都要低。

那么，如果黄金既不是长期投资的好对象，也不是预示通货膨胀率变化的指标，那么它有什么作用呢？运用问题二的时候到了，很容易回答这一问题。

■ 通货膨胀是什么，不是什么

运用问题二时，我们还需要利用问题三的全球性视角。但首先，我们考虑通货膨胀是什么、不是什么。它不是指生活成本的变化，人们经常把生活成本增加与通货膨胀混为一谈。通货膨胀指的是所有新生产的商品和服务的平均价格。它不是黄金或其他任何一种商品的价格，也不是二手车的成本，尽管二手车的价格受通货膨胀的影响。它也不反映工资，尽管工资增加是通货膨胀的一部分。它与所有产品和服务的平均价格有关，反映的是购买一般商品的货币的价值变化。

也许一些商品的价格涨幅很大，一些涨幅很小，或者一些商品的价格降幅很小，一些降幅很大。汽油价格大幅上涨，医疗保健成本大幅增加，电子产品价格大幅下降，经纪人的佣金略有下降（服务），鞋价略有下降。在通货膨胀率为0（计算无误）的完美世界里，并非所有商品的价格都保持平稳不变。不是这样的，在这样的世界里，大约一半商品的价格会上涨，另一半商品的价格会下跌，上涨和下跌的速度各异。

支付医疗保健费用和为子孙支付私立学校学费的年长者经常认为通货膨胀率很高，已经到了失控的地步，官方公布的通货膨胀率数字低估了实际情况。他们把自己购买的商品或服务的价格的上涨等同于通货膨胀了。我无意为通货膨胀指数的真实性进行辩护，在我看来，几乎所有官方公布的经济指标都不正确。但是，消费者价格指数是否正确地反映了通货膨胀与你购买的产品的价格是否反映了平均价格无关。人们的经历各有不同，消费者的购买习惯各异。年轻人与年老的夫妇或者中年人购买的商品一样那才叫奇怪呢！

把目光投向更久远的过去，1900年，你购买的大部分产品都是美国制造的。但在当今更加全球化的世界中，商品来自世界各地，而且许多商品中，只有一部分是美国制造的。今天来自一国的某类商品的高价会被来自另一国的另一类商品的低价所抵消（全部或部分）。现在，通货膨胀是全球性现象。在过去的20年里，我们看到有几次，当美国发生通货膨胀时，日本和亚洲大部分国家都发生了通货紧缩，这是因为这些国家制造了更多的商品而不是货币，他们制造的商品的价格倾向于下跌。但是，在这些国家发生通货紧缩期间，一些商品的价格会上涨，另一些商品的价格会微跌，还有一些商品的价格会大跌。

通货膨胀始终是一个与均值有关的概念。日本的通货紧缩，包括在日本生产并出售给美国的商品的价格，降低了美国的通货膨胀水平。从某种程度上说，我们向日本输出了部分通货膨胀，而日本向我们输出了通货紧缩，双方互有抵消。

因此，如果你购买的商品和服务不一定反映通货膨胀情况，那么美国的平均价格也不一定完全反映通货膨胀情况。更好地考虑通货膨胀的一种方法是，把它置于全球化背景下考虑。以全球性思维看待它，你就不会那么焦虑了，因为全球化能够减轻各国的通货膨胀影响。全球竞争导致了劳动力和技术专业化的不断增强，一个国家的短期过剩产能抵消了其他国家的生产短缺。在美国，许多受国外竞争影响的商品和服务的价格实际上都在下降。今天，日常用品的实际价格，包括袜子、玩具、汽车以及各类杂物，都比几年前便宜多了。由于油价上涨更能吸引人的眼球，这些方面都被人忽略了。媒体让消费者紧盯着原油和钢铁的价格上涨，却没有让他们注意到他们的汽车变得更便宜了。油价上涨令人恼火，但汽车变便宜令人高兴，一涨一跌，相互抵消。

但是，是否存在预示通货膨胀正在加重的信号呢？你的购买习惯不是，蒙大拿州人的购买习惯也不是，甚至全美国人的购买习惯也不是。它应该能够衡量整个世界的货币价值，因为这才是通货膨胀的全部意义所在。运用问题二思考：衡量货币价值的最佳指标是什么？今天的货币值多少钱？明天的呢？

我们都知道这一事实：为了将来更有钱，我们现在可以借钱。借钱要支付利息，我们称之为长期利率。例如，10年期国债利率就是衡量美国长期借贷成本的一个指标。

从借贷者的角度来看，借出的利息很容易受到通货膨胀率加速上升的不利影响。借贷者希望得到更多的利息以抵御高通货膨胀及其风险。美国人的购买习惯可能与世界其他国家的人不尽相同，但全球的长期利率反映的是人们对全球通货膨胀的担忧，因此，全球的长期利率对通货膨胀预期的变化最为敏感。为此，我们再次回到第二章提及的全球短期利率和长期利率这两个概念。全球长期利率是反映全球通货膨胀率是否有抬头趋势的绝佳指标。

撰写本书时，实际发生的显然不是这种情况，全球长期利率下降到了历史新低位（2011年更新数据时，这一指标值更低了）。如果通货膨胀率上升，那么全球长期利率也会上升；如果通货膨胀率下降，全球长期利率也会下降。

记住，全球利率是借入资金的成本。图6.8显示了衡量全球和各国货币价值的指标的走势。图中数据更新至2011年。对主权债务的担忧导致了欧元区利率的上涨，这一点很好理解。即使如此，总体来看，这些利率现在并不比20世纪90年代中期高多少。在欧元区之外，各国的利率普遍都非常低。

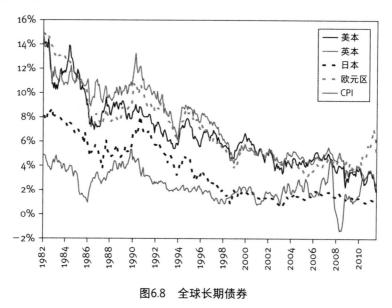

图6.8 全球长期债券

资料来源：全球金融数据公司，美国10年期国债到期利率、英国10年期国债利率、日本10年期国债利率、欧元区10年期国债利率、G7消费物价指数，1982年1月31日—2011年9月30日的数据

为什么通货膨胀率以及长期利率在过去30年里一直稳步下降呢？从20世纪80年代开始，在自由贸易和全球化的助推下，各国央行在应对70年代的通货膨胀斗争中逐渐占据了上风。这反过来导致全球利率从历史高位回落。

你也许不记得这些了。从图6.8可以看出，从长期来看，所有的10年期利率好像都在下降，其间有些波动。这怎么能预测通货膨胀情况呢？更重要的是，近年来，专业预测人员倾向于认为，这种（长达30年的）下降趋势将会逆转。我们在第四章提到过，专业人员的长期预测也可能不准。

图6.9显示的是美国自1800年以来的长期利率。首先，投资者往往称今天的10年期国债利率处于"历史低位"。确实很低，我在2011年更新数据时，美国10年期国债的收益率为2%。但我们还可以换个思路看待它。20世纪70

年代的长期债券利率"非常高"！投资者可能会感到沮丧，因为他们不能像在20世纪70年代那样购买收益率高达13%的国债了，但他们忘记了，当时经济停滞，通货膨胀率奇高，这几乎使国债收益化为乌有。还是为了比吉斯乐队（Bee Gees）而怀念20世纪70年代吧！（我可不想回到那个时候。）

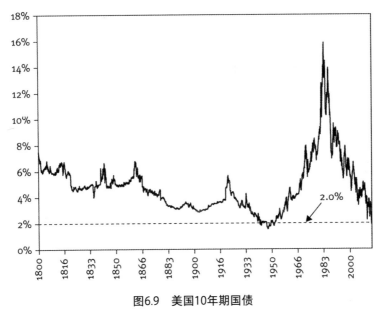

图6.9　美国10年期国债

资料来源：全球金融数据公司、美国10年期国债到期收益率[1]

其次，长期利率飙升显然是货币管理不善和20世纪70年代的恶性通货

---

[1] 注意：1800—1820年使用1790年的6s债券利率；1820年9月—1834年使用1821—1835年的5s债券利率。美国联邦政府在19世纪30年代还清了债务，因此1835—1843年6月使用纽约州运河5%债券利率；1843年7月—1852年再次使用美国政府5%债券利率；1853—1865年使用5%债券利率；1866—1877年6月使用5/20s债券利率；1877年7月—1895年1月使用1907年发行的4%政府债券利率；1895年2月—1918年9月使用1925年发行的4%政府债券利率；没有交易记录的月份使用的是前一个月的收益率。这些数据源于威廉·B.达纳公司（William B. Dana Co），《金融评论》（*The Financial Review*），纽约：威廉·B.达纳公司（1872—1921年）重印了《商业与金融纪事报》（*The Commercial and Financial Chronicle*）公布的数据。从1919年开始使用美联储10—15年国债指数；从1941年开始使用10年期债券利率。

膨胀导致的。为什么呢？因为长期债券是在自由公开的市场上交易的，其利率正确地反映了市场对通货膨胀的真正预期。不要关注短期利率，记住，短期利率受央行的控制，但长期利率不受控制，相反，它是由完全自由的市场决定的。它反映的是市场对央行当前决策质量的预期，至少就目前而言，长期利率是反映未来通货膨胀风险的一个出色的（尽管不完美）指标。

现在你已经知道了如何运用问题一揭穿神话了，接下来你可以运用问题二探寻能为你的市场押注提供依据的新规律或者被其他人忽视的规律。第七章将提供更多的示例。

第七章

令人吃惊的真相

供需法则

本书的部分内容讨论了挖掘和掌握独家信息的方法，即获取他人难以理解的信息和开发资本市场技术。如果你的大脑无法有效地处理信息，那么请以另一种方式重构信息，正如之前我们提及的把市盈率（P/E）倒转过来变为收益率（E/P）的例子一样。或者将其一分为二，看看能从每一部分中得到什么新启示。或者提出这一问题："它与什么相关？"

如果你能运用问题二把各种新闻联系起来，那么你会获得很多有用的信息。要敢于开创性地提出这一问题："这是否意味着什么，这种想法不是很疯狂吗？"之前曾出现过并购风潮，在经济扩张的过程中，并购活动增加是正常的现象。现金充裕的公司通过并购能获得宝贵的市场份额、增加产品线，实现垂直整合，获得新的核心竞争力、新产品，或者实现多元化经营。从某种意义上说，并购是很正常的做法。

但这对股市意味着什么呢？传统的观点认为，兼并热潮会导致股市业绩不佳。部分原因是，兼并发生在经济回暖一段时间之后，随后会出现一段时间的经济衰退。所以人们很容易认为，兼并热潮导致了经济不景气。20世纪90年代末的兼并热潮恰好与科技公司的首次公开募股热潮同时出现。在时代华纳收购美国在线（AOL）这类兼并热潮之后，出现了严重的股市低迷和经济衰退。

兼并的结果经常不如预期是有原因的。毕竟，卖家通常比买家（外人）更了解企业的情况。所以，出现这样的情况不足为怪：买方一开始以为收购价格很低，但当尘埃落定后，买方及其股东意识到他们被"抢劫"了。

我在《华尔街之舞》一书中提出了这一观点，事实证明我错了。从历史上看，此观点有一定的效力，但我过于强调某些时段了，对另一些时段的关注则不够。我的结论过于依赖20世纪20年代和60年代末的并购数据了。我当时撰写的诸多内容在无意中受到了数据挖掘和确认偏见的影响。现在我承认我错了，我的结论半对半错，具体要看所涉及的交易的性质，有一半的交易采用一种方式，一半的交易采用另一种方式，而且随着时间的推移，交易的方式也在变化。

■ 现金、股票还是二者相结合

20世纪20年代、60年代后期和90年代完成的兼并交易与2002年后完成的交易存在重大的差异。2002—2006年完成的大多是现金交易，而在前三个时期完成的大多是股票交易。在现金交易中，收购者以现金购买被收购企业的股份，在股票交易中，收购者只是为发行的新股提供资金。运用问题二：两者之间是否存在差异？对股市是否存在影响？你能从中看出哪些别人看不出的东西？你能理解哪些别人无法理解的事实？

当A公司以现金收购B公司时，它以现金买入B公司的股票，然后销毁这些股票。完成交易后，A公司的股票数量与交易前相同，B公司的股票不存在了。A公司拥有自己的收益，也拥有了B公司的收益，因此A公司的每股收益增加了。道理非常简单！

这一切的前提是，B公司是盈利的，其收益超过了A公司收购它时借入资金所支付的利息。收购会立即增加A公司的收益，因为B公司的股票被销毁了，在其他条件不变的情况下，A公司的每股收益马上就增加了。再说一遍：由于被收购公司的股票已经被销毁，因此未偿还的股票数量减少了。现金收购减少了未偿还的股票供应数量，当需求不变且供给减少时，价格会上涨。因此，现金收购往往会导致股价上涨。

股票收购则完全是另一番情形。交易完成后，收购方的每股收益通常会降低，因为有更多的股票流通到了市场，股票价值被稀释。看看这个例子：A公司的价值为X，B公司的价值为Y。要收购B公司，A公司必须向B公司报价。可能A公司的报价比B公司的价值高出了25%，即1.25Y。这多出的25%以增发的A公司股票（之前不存在的新发股）支付。这样，A公司除了持有B公司原有的股票外，还增发了25%的股票。这样交易后的股票数量增加了。

现在，假如B公司的市盈率比A公司高，那么完成交易后，A公司的每股收益会降低。20世纪20年代、60年代末和90年代就是这样的情形。时代华纳收购美国在线时就采用这样的交易方式。这些交易增加了股票供给量，导致每股收益下降。

还有第三种类型的交易。A公司收购B公司时，部分使用现金，部分使用发行的新股。混合式交易很常见，具有两种交易各自的特征，但通常情况下与现金交易更相似。为什么呢？在这类交易中，收购方通常无法借入充足的资金买下B公司，因此它会尽可能多地借入一部分资金，其余的以股票支付。这类交易的规模通常很大。

假设A公司价值100亿美元，B公司价值200亿美元，A公司要收购B公司。蛇吞象的交易可能会吓到借贷者。假设不知何故借贷者借给了A公司140亿美元。交易完成之前，市面上流通的未偿还的A公司和B公司股票的总额为300亿美元（100亿+200亿=300亿）。为了买下B公司，A公司的报价比B公司的价值高出了20%，即240亿美元。它使用了借来的140亿美元，并发行了100亿美元的新股。交易结束时，市面上流通的股票的总额为200亿美元，少于交易之前的300亿美元。股票的供给减少了100亿美元，如果公司A借到了全部的收购资金，那么股票供给会减少更多，但无论如何，股票的供给还是减少了。混合式交易总是会减少股票的供给，这会增加每股收益，只是增幅不如纯粹的现金交易大。

这绝非什么新想法，任何在大学里学习过会计学或基础经济学的人（意思是很多人）都知道增值和贬值的区别。而且，你很容易看出，哪些公司正在进行收购，哪些公司的股票会贬值或增值。在我们这个约束超多的商业世界里，当公司开始兼并、收购、首次公开募股、发行新股、在全球获取石油时，我们马上会获知相关信息。我们知道兼并何时进行，规模有多大，以哪种形式完成。

以增发新股的方式完成的兼并增加了股票的供给，在其他条件不变的情况下，这是一个利空因素。以现金方式完成的兼并减少了股票供给，这是一个利好因素，但鲜有人能看到二者间的差异。

■ 造成股价波动的真正原因是什么

在探讨现金兼并对股市的影响之前，我们必须深入分析真正推动股价变化的因素。这需要综合运用问题一和问题二。与导致股价波动的原因有关的神话很多，你可以运用问题一揭穿它们。对于问题二，即你能想到什么别人想不到的导致股价波动的原因，只要你愿意，你也很容易找到答案。

在这个广阔、美好而又古怪的世界里，推动股价波动的因素只有两类。无论何时何地，股票价格的变化都是因股票的供需变化引起的。在本书中，我自始至终都是这么说的，但有时候，最容易理解的概念却是人们最难以接受的。供给和需求是众所周知的概念，但很少有投资者能在证券定价问题上对这两个概念有正确的认知。大多数上过经济学课的人在完成期末考试后就把供给和需求忘得一干二净了，从来不考虑证券价格与供求的关系。拥有经济学博士学位的人接受过专业训练，但通常不涉及证券价格，而且几十年后他们也不会考虑证券的供求。

有无数的研究报告、新闻通讯和媒体报道显示了对市场走向的预测结果，但这些预测都不是根据供需变化得出的。新闻主播、政客、股票经纪人或网球球友可能会告诉你，很多经济或技术指标、流行文化问题、政治阴谋推动了股价的变化。浏览一下你青睐的财经网站，你常会看到这些醒目的文字：

利率使股价维持在较高水平

失业报告导致股市下跌

石油恐慌导致股市大跌

没有一个人说："今天的股票供给相对稳定，但需求增加导致了股价上涨。"这样的说辞很无聊！股票的供需不吸引人，不能亮明你特定的政治、社会或经济立场。媒体不喜欢这么低调。

两股相反的力量决定了我们购买的所有商品的价格。表面的压力，例如，监管增加或外星人入侵，会通过供需起作用。外星人入侵可能增加对股票的需求，而监管增加可能降低股票的供给。无数因素会影响供给和需求，但归根结底，它们还是通过供求规律起作用。

供需变化解释了人们急切地以高价购买甲壳虫乐队（Beatles）的老唱片、勒·柯布西耶（Le Corbusier）的椅子和限量版《星球大战》海报的原因，因为物以稀为贵。然而，没有人会买一枚普通的旧回形针。首先，办公室的桌子上到处散落着回形针。其次，即使办公室里没有回形针了，你也不会跑到当地的办公用品店去买它，你会用活页夹甚至是橡皮筋代替它。容易被替代的商品无法获得高价。最后，回形针很容易制作。除非是安迪·沃霍尔（Andy Warhol）送给玛丽莲·梦露的特殊回形针，否则，普通的回形针是无法收取溢价的。

在大学的经济学课上，老师可能告诉你，需求和供给都与人的意愿有关，而意愿是情绪化的。一方面，需求反映了人们以不同的价格购买商品的意愿。通常情况下，价格高时消费者想要购买的商品比价格低时少，这是合乎情理的。另一方面，供给概念反映的是供应商以不同的价格生产某种商品或服务的意愿。通常情况下，价格高时，供应商想生产的商品比价格低时多。价格过低时，他们根本不想生产。

在相同的价格水平下，当生产者或消费者变得更愿意供给或消费时，事情就变得有趣了。当生产商更愿意供应，而消费者不再愿意消费时，市场上供大于求，商品价格会下降。你可能会说："供应商为何要这么做呢？"可能是新技术降低了生产成本，激发了他们的供货意愿，这有点像摩尔定律（Moore's Law）几十年来推动半导体产品价格不断下降一样，电子公司愿意以更低的价格提供更多的产品。反过来说，当消费者更愿意消费，而生产者不想迎合增加的需求时，价格会上涨。道理就这么简单！

由于诸多因素导致的心理原因，购买或供应的意愿会发生变化。毕竟意愿是一种情感，情感与心理有关，市场也是如此。你在经济学课上会听到这些内容，这没有任何争议。

但股票的供需存在一些差异。除非你在研究生院下过苦功夫，否则你可能从来没有见过有关股票供需的高层次研究。对股票的需求反映的是持有或抛售现有股票的意愿。我们更想持有通用电气公司的股票还是想持有债券抑或是获得安迪·沃霍尔送给玛丽莲·梦露的回形针？你的想法因为某些原因发生变化了吗？持有通用电气公司的股票与持有辉瑞公司的股票感觉有何不同？

人们对股票需求的意愿会快速地随着心理的变化而变化，就像人会突然发怒或者电影情节让你突然大哭大笑一样。观察每日的股票交易量可以证明这一点。在这个互联互通的世界里，人们可以在瞬间变得神采奕奕，决定买入或卖出，完成一笔交易。当他们的意愿消退时，他们几乎可以同步采取行动。如果他们愿意，他们可以在几小时、几天或几个月后完成相反的交易。

需求可以快速转变，但仅随人们的意愿变化。就像你的愤怒和快乐都有限度一样，在适宜的环境中，你可能从一个极端迅速地转变到另一个极端。极端情况因人而异。一些人暴怒起来比你可怕多了。你可能心情抑郁，一些人也可能与你一样，但另一些人永远不会这样。也许你很稳重，但可能稳重过头了，连你的配偶都抱怨你了。个体间的差异很大，但整个群体的表现不会那么极端。对于整个群体而言，总需求尽管可以快速变化，但它只在我们总体情感限定的范围内变化。想想"9·11"事件发生后的几个小时内，人们的情绪发生了多大的转变。从长期来看，总需求的变化不大，因为它总是在我们的情感限定的范围内变化，它的变化幅度也就那么大。

换个思路想一想。你的情绪很难长时间保持在极端状态，这正是大多数人无法长期愤怒的原因。这就像你23岁时参加了一个盛大的派对，与好朋友们一起度过了一个美妙的夏夜，你感觉很完美，但到了第二天你感觉很累。有些事情会给我们带来创伤，作为人，我们永远无法摆脱它们。在生活中，这些事情会改变我们。但新的改变，无论好坏，都是有限度的。总而言之，我们不会在长时间内保持极度生气或极度欣喜的状态，因为偏离正常的情绪会消耗我们太多的能量。

因此，需求的变化往往是迅速有力的，而且变化幅度不会太大，而后，随着时间的推移，它会回归均值。这解释了需求变化对短期价格的影响远远超出长期价格的部分原因。

供给的变化与需求的变化不同。从短期来看，股票的供给量几乎是固定不变的，因为供应股票需要投入时间和精力，还需要各方合作才能发行新股或销毁现有股。想想首次公开募股或者企业兼并或者发行债券需要完成多少法律程序、花多长时间吧！从技术层面看，股票供给增加意味着供给股票的意愿增强了，但最初的意愿在早期就会遭到抑制，因为没人能确定交易能否成功完成，没有人能保证所有的必要条件都得到满足，整个过程将耗费数月的时间。你不会对希望不大的事情寄予厚望。只有在有望成功时，人们的的意愿才会与日俱增。

以发行新股或债券为例进行说明。当公司决定发行股票或债券时，它必须找到一家投资银行来操作整个过程。仅这一点就需要时间，特别是当几家投资银行展开竞争时，这种情形很常见。此时，即使潜在的发行方能够赢得竞争，它也不知道交易会是什么样子的。投资银行会要求大型审计公司（通常是四大会计师事务所之一）来审计账目，这也需要时间。在同样不确定的债券发行过程中，投资银行会与发行人合作，确保从三大评级机构获得足够高的评级，这三大机构分别是穆迪（Moody）、标准普尔和惠誉（Fitch）。与此同时，投资银行要向监管机构提交申请，要征得从纽约证券交易所到企业所在州的监管机构或者是相应的海外监管机构，比如，英国的金融服务管理局（Financial Services Authority）的批准。然后投行会将交易推向市场，这需要几个月的时间。只有到了整个流程的最后阶段，发行方才能确认他们是否能发行股票。

也许当整个程序走完的时候，对股票的需求已经消失了，也许是在营销过程中逐渐消失的，也许是类似的竞争对手抢先两个月进入了市场，把需求都抢走了。很多的交易在最后一刻被取消了，想想这样的结果多么令人沮丧。

即使万事俱备，债券也不会快速、顺畅地被发行，因此你可以认为其供给在短期内是固定的。无论你信任的人怎么说，你都要记住，没有人可以预测遥远未来的供给状况（更多讨论请参阅我出版的《费雪论股市获利》一书的第六章）。

这也是许多长期预测结果与事实存在较大差距的一大原因。没有人知道从现在起5—20年的股票供给增减情况。如果有人预测，某些股票在未来10年或20年内是较好或较差的投资对象，那么这说明此人不了解资本市场的运作模式。

10年后的股票价格更多的是由7、8、9年后的股票供给情况决定的。到我写这本书时为止，还没有人掌握了预测长期股价变化的资本市场技术。总的来说，股市更倾向于上涨而非下跌。除了这种笼统的预测外，没有人能就12—24个月以后的股市情形做出精准的预测。换句话说，需求的变化在短期内影响很大，而供给的变化在长期内影响更大。有时候你能看出别人看不到的需求变化，但你也只能做出12—24个月以内的预测。更长时间的预测，你就拿不准了。从长期来看，需求会多次从低点反弹到高点，但是，如果存在增加或减少新供给的条件，供给可能会持续增加或减少。

■ 影响股票需求的三个因素

由于股票的供给在短期内相对稳定，你大多数时间应该关注需求。弄清楚了需求的变化方向，你就可以做出短期内的预测了（有时你必须考虑供给，我们稍后讨论）。其他投资者可能不知道这一点，你对此心知肚明。他们确实不知道，否则我也不会写本书了。要把你从媒体、朋友和所谓的专家那里听到的一切都抛诸脑后，只关注影响需求的因素。此时本书就有用武之地了。影响投资者需求的三大因素是：经济因素、政治因素和情绪因素。

经济因素：GDP增长率、企业盈利、技术创新、财政赤字、货币条件等均是影响股票需求的经济因素。例如，当GDP快速增长，企业盈利超过预期时，人们对经济前景信心十足，更可能承担股票风险（除非他们认为，一切都太好了，由盛转衰的时刻将要来到）。当经济陷入衰退、首席执行官们正饱受非议时，投资者可能对股市不太感兴趣。

当投资者或他们的信息源误解了经济新闻的意思时，他们就会陷入困境。而且，投资者关注的是已知的信息。当令人震惊的GDP数据公布时，据此采取行动为时已晚。不管信息是好是坏，在信息广为传播之前或传播之时，股市就已经做出反应了，不会等到信息广为传播之后。不过，你可以利用公布的经济信息确认当前（或过去）的经济状况，以后你必须就这些因素可能对需求产生的影响自行做出具有前瞻性的估计。

政治因素：选举完成了执政权的更替，这意味着未来的立法变化会对现有的税收制度等产生影响。回想第二章的内容可知，重大的威胁，特别是针对财产权的威胁，可能导致损失厌恶和对政治抢劫行为的恐惧，政客们对市场的影响超过他们的想象。

一般来说，资本市场害怕变化，这正是总统任期资本市场理论有效的原因。市场永远不确定政客是狂热分子、骗子亦或只是个白痴，正如我们在20世纪90年代中后期看到的那样。从政治层面来看，最好的局面就是保持各方实力平衡，因为这意味着几乎不发生变化。从1994年11月大选到2000年，各方实力处于完美的平衡，这绝非巧合。当时，市场不担心共和党会在国会以微弱多数通过很多立法，也不担心民主党总统卷入多起丑闻并为选票数量操心。

一个你耳熟能详、可运用问题一揭穿的政治神话是，减税会导致财政赤字，从而对经济产生不利的影响。网站首页或媒体评论中充斥着所谓的理性观点，它们竭力让你相信，减税会导致政府赤字，这样政府会缺乏保持运转所需要的资金，最终导致经济衰退、熊市、高失业率和希望破灭。一派胡言！持此类观点的人不了解我们在第六章阐述的内容，即赤字通常会促进经济增长和股市上涨。更重要的是，无论是民主党还是共和党执掌国会或政府，政府都没有做出正确的行为。或者正如福特所说的："如果政府制造啤酒的话，6罐啤酒会卖50美元，而且味道很差。"

投资者情绪因素：第三个因素纯粹是情感因素。每周、每天甚至每秒每分，投资者的情绪都在不断变化，这会影响他们的感受。从某些方面来看，这一因素并不比我们之前提到的派对复杂。前一晚你感觉很棒，第二天早上你又感觉不舒服，而第三天，你可能会感觉更棒了。如前所述，这样的情形之所以出现，部分原因是我们无法在长时间内保持极端情绪，但我们可以人为地把情绪暂时推动到极端状态。

■ 忧虑之墙

当新闻头条铺天盖地地报道，而且你的朋友和同事都在哀叹情况有多糟糕时，你可以确定，他们以后会感觉好一些，他们的情绪会得到改善。那些因后见之明偏见而忧心忡忡并以低价卖出股票的人会逐渐恢复信心并再次买入。股价上涨时，投资者最初的反应是开心，而后会担心股价会从高位跌落，更高的股价会让人害怕，因为当股价涨幅超过投资者的预期时，他们会担心股价下跌。由于投资者对损失的恐惧大于他们获得收益时的快乐，更高的股价会引起他们的焦虑。这就是众所周知的在股市攀升过程中形成的"忧虑之墙"。股价上涨越快，感到意外的人就越焦虑。他们不知道股价为何上涨，因而也不明白股价为什么不应该下跌。由于对损失的厌恶程度大于对收益的喜欢程度，对股价下跌的担忧主导了他们的感受。

一个不错例子就是熊市结束后第一年的股票收益率。当人们自认为面临着最大的市场风险时，实际上他们已经错过了风险最低的投资期限。如表7.1所示，熊市结束后第一年的收益率实际上高于平均水平。

表7.1　熊市结束后第一年的收益率

熊市低点出现日	自低点出现之后12个月的标准普尔500指数收益率
1932年6月1日	120.9%
1942年4月28日	53.7%
1949年6月13日	42.0%
1957年10月22日	31.0%
1962年6月26日	32.7%
1966年10月7日	32.9%
1970年5月26日	43.7%
1974年10月3日	38.0%
1982年8月12日	58.3%
1987年12月4日	21.4%
1990年10月11日	29.1%
2002年10月9日	33.7%
2009年3月9日	68.6%
均值	46.6%

资料来源：全球金融数据公司，标准普尔500指数的价格收益率

第四章介绍的用于预测股市走势的钟形曲线也是反映情绪变化的好工具。钟形曲线能够揭示某个时刻的情绪，而不是未来的情绪变化。了解了这一点，你就可以利用它预测未来的股市走势了。例如，20世纪90年代末，人们普遍对股市的未来走势不乐观，但由于之前需求过低，因此市场进入了高位。钟形曲线是衡量投资者情绪的资本市场技术创新工具。

▪ 供给如何发挥作用

供给就像一把手风琴，可以不断地拉合。除了市场限定的条件外，首次公开募股的发行量、筹集的债务量、收购时买入或销毁的股票的数量都是没有限制的。

当市场上的供给不断增加，超过了需求时，价格会下降，这就是供给的作用机制。以20世纪90年代大热的科技行业为例。随着科技股的价格大幅攀升，每个人都跃跃欲试。假设A公司推出了一款新产品，其总市值为10亿美元。它放弃了公司20%的股权，以高价募集了一大笔资金，即2.5亿美元。80%的股权仍在公司手里。一番操作之后，公司A的价值由原来的10亿美元增加为12.5亿美元。公司创始人和其他最初拥有公司股份的股东现在拥有了公开发行的股票，这使他们统统进入了百万富翁的行列，他们乐不可支！投行从中获得了1750万美元（2.5亿美元×7%）的费用，自然也开心不已。

观察家们发现，A公司的股价不断上涨，他们希望市场能够提供其他类似的机会，因此，他们找到了一位创业者，并利用风险投资基金创建了一家私营企业B，这家企业的经营范围与A类似。他们让投资银行帮助B公司上市募集廉价资金。也许它们只制定了计划，但还没有获得收入，就像20世纪90年代的许多网络公司一样。如果B公司的股票表现良好，其他人就会与C、D、E、F公司重复上述过程。

A公司现在意识到，作为这一产品系列的开山鼻祖，它可以通过发行新股的方式筹集更多资金。它觉得，自己的估值要比那些成立不久的公司的高。这一次，它又募集到了3.5亿美元，但只放弃了17.5%的股份。现在A公司的价值为20亿美元。

一家规模庞大（市值达1000亿美元）、历史悠久的公司X，觉得不能再对这款热销的产品无动于衷了。它出价30亿美元收购A公司，以X公司的新股支付。这样，A公司的股票消失了，取而代之的是X公司的股票，而且股票市值比之前的20亿美元还多出了10亿美元。A公司的股东得到了回报，但突然之间多出了大量新发股，而收益还跟以前一样。与大多数的兼并类似，此次兼并稀释了每股收益。虽然收益总额与之前相同，但股票的数量比以前多了。所有的首次公开募股和新发行的股票都流向了市场，最终供给超过了需求，价格下跌。当需求下降时，股价暴跌。

2000年3月科技股首次公开募集热潮之后，就出现了这样的崩盘情形。全球科技股需求一路下跌[1]，于2002年和2003年两度触底。[2]人们为科技股泡沫找了很多理由，有人指责科技公司被高估（这个词常被过度使用，其实公司的市值由某一时刻人们愿意为其支付的价格决定），有人指责CEO太贪婪，还有人认为企业会计规则过于宽松，或涵盖领域不够广泛。

实际上，科技股泡沫破裂，是因为市场上的供给饱和，需求无法与之匹配，这是最合理的解释。有些人会责怪投行，不管你对它们的印象如何，把责任归咎于它们都是不公平或不恰当的。投行只不过是回应了投资者对股票供给的意愿（需求）罢了。真正的罪魁祸首是投资者那过于自信的大脑，是他们的大脑让他们将过多的资金投到了一个行业。投资者的意愿过于强烈，也就是需求太高涨了。如果没有他们的需求，投行和股票发行人不会向市场供应那么多的股票。

你应该对最近"热门行业"中的IPO风潮保持警惕。从整个投资史来看，每当一个行业变得热门时，投资者都会说："这次与以往不同。"事实上，永远不会有本质的不同，只不过琐碎的细节有差别而已。供给超过需求时，价格会下跌，这是永远无可争议的事实（更多的例子请参阅

[1] 汤森路透，纳斯达克综合指数于2010年3月10日达到峰值。

[2] 汤森路透，MSCI世界指数。

我2000年3月6日在《福布斯》专栏中撰写的《1980年再审视》一文，我在该文中对比了1980年的能源股泡沫和科技股泡沫。参见附录G）。

▪ 兼并狂潮

股票的供给量可以无限增加（从长期来看对股价不利），但是，当公司认为其股票太便宜时，它们也会以现金回购股票，这会减少市场上的股票供给量。如通过第六章所述的股票换购方式以及前文所述的现金收购方式，可以无限地减少供给量。运用问题二我们得知，现金兼并狂潮可能导致较高的股票收益率。若需求保持不变（甚至增加）但供给量减少，在其他条件相同的情况下，股价应该上涨。

利用问题二探明真相后，你如何从中获益呢？你只需要记住基于股权的兼并（稀释效应）和基于现金的兼并（增值效应）之间的差别即可。是否有大量的首次公开募集的股票进入了市场，而且大多因为基于股权的兼并所致？果真如此的话，这是看跌的迹象。这不是唯一要考虑的因素，但是，它能影响你的预估。相反，当大量的兼并交易是以现金方式完成的，那么这可能是看涨的迹象。大多数投资者不能从中吸取有益的信息，这是因为他们不知道个中缘由。

以现金完成兼并是一个有助于你做好预估的积极因素。但是，你能否从中得出应加大对哪个板块或哪只股票的投资力度的启示？绝对可以。你可以仔细审视那些出现兼并热潮的板块，从中选出你心仪的投资对象。如果你选对了目标，那么当公司兼并的消息公布时，股价会上涨，你会从中大赚一笔。操作很容易，而且没什么代价。

■ 利用好并购浪潮

你可以趁着兼并浪潮寻找拟投资的目标。被收购公司的股东获得溢价通常会导致股价大涨。良好的收购目标具有以下几个或全部特征：

- 低估值
- 充裕的现金流
- 良好的资产负债水平
- 优质品牌
- 区域优势
- 较高的市场份额
- 规模较小
- 强大的分销网络
- 无控股股东

你可以从公司网站免费下载股东报告并阅读，核查公司是否具备上述特质。下面的两个例子（我为《福布斯》撰写专栏时确定的两个投资目标）展示了应如何确认和利用这些特质。

我在2005年5月9日的《福布斯》专栏中写过有关美国信用卡公司（MBNA）的文章。[①]该公司是世界上规模最大的信用卡公司，发行维萨（Visa）、万事达（MasterCard）、美国运通（American Express）等人人熟悉的信用卡。该公司的经营策略很成功，主要为协会或金融机构这样的团体提供服务。如果你手头有这样的一张卡，那么它很可能就是由该公司发行的。除了信用卡外，该公司还经营消费者和房屋净值贷款业务。它是完美的收购目标，具备前面列出的所有特质，包括强大的品牌、良好的资产

---

① 肯尼斯·L.费雪，《忧虑之墙》（*That Wall of Worry*），《福布斯》（2005年5月9日），第142页。

负债水平，而且其往绩市盈率为12，股价相对便宜。美国银行（Bank of America）也这么认为。2005年6月30日，该银行宣布收购MBNA，当天MBNA的股价应声上涨了24%。[1]如果你在我推荐的当天（5月9日）买入了这只股票，那么到6月30日时，你就会获得30%的收益。[2]

我在2005年4月18日的《福布斯》专栏中指出，加拿大太平洋航运公司（CP Ships）是非常好的收购对象。[3]尽管这家公司的总部设在英国，但其80%的业务都集中在北美。由于航运业的周期性明显，这家英国小公司的股票在2005年被投资者忽略了。但它是一家成长型公司，其市值为2005年盈余的13倍，实际收入为37亿美元，从这些数据来看，其股票价格很便宜。2005年8月22日，德国经营旅游和航运等多项业务的大公司——途易股份公司（TUI AG）宣布与加拿大太平洋航运公司合并，以较低的成本迅速地扩展了航运业务。当天，加拿大太平洋航运公司的股价上涨了8%[4]。如果你在我推荐的当天买入了这只股票，那么到合并信息正式公布的那一天，你会获得56%的收益。[5]

通常情况下，如果被收购企业的收益率高于发起收购企业的税前长期借贷成本，那么收购大多以现金交易的方式完成。假设公司的平均借款利率（评级为BBB的10年期债券利率）是6%，平均的公司税率为33%，那么税后的平均借贷成本为4%。被收购企业加上25%的溢价后，其收益率将大

---

[1] 彭博财经资讯，美国信用卡公司一日价格收益率，2005年6月30日的数据。

[2] 彭博财经资讯，美国信用卡公司价格收益率，2005年5月9日—2005年6月30日的数据。

[3] 肯尼斯·L.费雪，《意料之外：美国欠债太少了》（*Surprise: America Owes Too Little*），《福布斯》（2005年4月18日，第244页）。

[4] 汤森路透，纳斯达克综合指数于2010年3月10日达到峰值；加拿大太平洋航运公司价格收益率，2005年8月22日的数据。

[5] 汤森路透，纳斯达克综合指数于2010年3月10日达到峰值；加拿大太平洋航运公司价格收益率，2005年4月18日—2005年8月22日的数据。

于4%。因此，在收购信息公布前，大多数被收购企业的收益率在5%以上，也就是说市盈率在20以下。为了使发起收购的企业的每股收益最大化，收益率越高越好。大多数以现金交易方式完成的收购会产生市盈率较低（收益率较高）的价值型股票。寻找这类股票，利用好以现金交易方式完成的兼并潮流吧！

■ 没有哪种股票能永远更胜一筹

股票价格由供给和需求决定，发行或销毁的新股数量几乎是无限的，这就是没有任何指数、规模、风格、国家或类别的股票永远能更胜一筹的原因。（还记得第四章的图吗？）虽然某一类别股票（小市值股、大市值股、成长股、日本股、生物技术股）的投资者认为，他们喜欢的类别永远更胜一筹，但这不是事实，也不可能是事实。

当某一类别股票的投资者告诉你，他们投资的股票永远优于其他类别的股票时，这说明他们根本不了解市场。在适宜的环境下，如果时间足够长，供给的弹性是无限的，而需求在中短期内不断变化。没有任何证据表明任何类别的股票的供给会受到限制，不能被回购和销毁，或者从长期来看是可预测的。事实上，当市场上存在对某一类股票的需求时，投行就会满足这类需求，它们才不会考虑投资者希望这一类股票能一直表现优越呢。

例如，很多人都是低市值价值股的顽固追随者。我给你一个简单的小提示：无论何时，当高市值的成长股表现糟糕时，低市值价值股的表现会比较好，它们是风格截然不同的两种股票，存在此消彼长的关系，说一方表现好就相当于说另一方表现差。总有一些投资者认为低市值价值股的表现永远更胜一筹，我在30年前就开始投资低市值价值股，当时"低市值价值股"这个词还不存在呢！我的第一本书《超级强势股》（于1984年出版）

主要讨论市销率，特别是如何利用市销率这一指标确认低市值价值股。那时，"低市值价值股"一词还没问世，它首次出现于20世纪80年代中期，当时正是低市值价值股表现良好的早期。当时的情形与过去6年的很相似。

1989年，向机构提供咨询服务（主要与养老金理财计划有关）的大型公司卡伦公司（Callan Associates）组建了第一个低市值价值股同行小组，负责确定基金经理的优劣标准，这个小组的成员只有12个人，我是其中的一个。它实在是找不到其他专门投资低市值价值股的经理了，20年前这类股票的情况就是这样。

今天，我的公司仍在管理大规模的养老金基金、捐赠基金和其他基金，而且采用了非常有效的多元化投资组合策略（所有的机构投资者都是这样做的），但它们的表现时好时差，人们常常忘记了这一点，包括许多本应该很了解这一点的人。

我并不是反对持有低市值价值股，支持买进高市值股。我只是说，当短期看似有效的规律在长期无效时，我们会经历长期的痛苦期。痛苦期持续的时间过长时，每个人都会无法忍受。在5年、10年或20年的痛苦期内，供给的变化将决定市场及各类股票的收益。在更长的时期内，只要计算正确，所有主要类别的股票的收益率都相似。钟爱某类股票并不能保证你在未来获得较高的收益。

美元走弱或走强有什么关系吗

你掌握的有关供给和需求的知识是否适用于任何证券的交易呢？当然没问题。我们可以运用这些知识分析美元，以便从中发现更多的投资真相（同时揭穿更多的神话）。

美元的疲弱让人一刻都不能安心。人们一致认为，美元走弱会导致美国经济崩溃。人们如宗教般地信奉这一理念。2010年，人们都在谈论美元的世界储备货币地位将被取代的问题，但他们从来没有提出过可行的替代货币。

投资者忘记了这一点：在20世纪90年代末期，我们都担心，美元过于坚挺会抑制外国人与我们的贸易，导致我们的经济崩溃。遵循这一逻辑，什么不会导致我们的经济崩溃呢？也许我们与其他每个国家都有一个最优的汇率值，但我不知道这一汇率值是多少，或者说我不知道如何在自由市场上维持这样的汇率。我一直认为自由市场优于政府调控的市场，但投资者认为，最优的汇率必定存在，因为他们喜欢抱怨美元汇率走势，认为美元汇率的变化会把我们拖入深渊。

这引出了问题二：美元疲弱或坚挺是否重要？但我们首先要回答问题一：关于导致货币汇率变化的因素，你之前的哪些信念是错误的？我们来揭穿一些流行的神话。

■ 神话一：财政赤字会导致美元贬值

一些人喜欢把财政赤字视为导致美元疲弱的因素（再次申明，这种观念的假设前提是，美元疲弱不是好事，美元坚挺才是好事）。他们认为，外国人担心美国的财政收支无法保证政府的正常运转，因而减少了对美元的需求。

首先，如第六章所述，美国的联邦财政赤字不一定对经济或股市不利。相反，从历史上看，没有证据表明巨额财政赤字会导致经济不景气，事实上，情况恰好相反。正如第一章所述，在联邦财政赤字达到波峰后，股票的收益率通常为正，而财政收支出现盈余后，股票收益率却不那么令人乐观。

其次，汇率是货币现象，而财政赤字是财政现象，两者风马牛不相及。

没错，当央行将赤字造成的债务货币化时（2008年信贷危机后政府就是这么干的，当时实施了两轮量化宽松的货币政策），新的货币会被创造出来，美元会走弱。但是，为什么不直接关注货币创造呢？因为是货币创造导致了美元趋弱啊！无论是否存在赤字，货币创造都会削弱美国的购买力。

最后，在整个20世纪80年代和90年代初，美国均出现了巨额的财政赤字。在此期间的许多阶段里，比如，1992—1993年间，美元汇率飙升。今天英国也出现了财政赤字。如果财政赤字对美元不利，那么英国的财政赤字为什么没有对英镑不利呢？事实上，主要西方国家的财政赤字或财政盈余与其货币的相对强弱不存在任何关系。

■ 神话二：汇率由贸易余额、对外政策、国际受欢迎程度决定

正如第六章所述，你不能说，美国的贸易赤字对美元不利，但英国（或其他任何国家）的贸易赤字利于维护英镑的坚挺。贸易赤字永远不会被"清偿"。按照第六章的解释，这是一种重商主义观点，落后于时代约250年。在我们生活的世界里，苹果公司从海外进口存廉价的内存芯片和其他部件，从而导致了贸易赤字。但苹果转身就能以极高的利润出售最新的iPod（销售对象是吸食毒品成瘾的人和普通人），这增加了苹果公司的每股收益，为股东创造了价值。让重商主义者考虑一个存在贸易赤字、同时每个人的财富都在增加的世界，他们的脑袋会爆炸的，但我们就生活在这样一个美好的世界里。

与此相关的一个神话是，外国人"支撑着"美元，意思是指"外国人的善意决定着"美元。我没有见过外国这样做的任何证据。为什么外国人要做出不同于我们的行为？当你投资时，你会选择最能让你获利的地方呢，还是对世界最有利的地方？

外国人没有支撑美国的任何指标。重商主义者认为，外国人"会支撑某一方面直到其垮掉"。思维正常的人都知道，他们会把资金"投到最好的地方"。他们投资是为了获得较高的收益，否则，他们会把资金投到其他地方。没有比这更合理的解释了。

■ 神话三：美元疲弱不利于股市

如果你在美元贬值期间持有外国证券，那么你似乎可能得到更高的收益。反之亦然，货币疲弱时，本国股市的表现不佳。不要忘了，要在全球投资，你不需要用美元兑换欧元、日元或林吉特（马来西亚货币）。购买外国的普通股（以本地货币交易的外国股）对个人投资者而言是一种折磨，因为他们必须在该国开设代管账户。如果你是美国人，你可以通过美国存托凭证（ADRs）进行交易，即以美元交易外国股票。此外，从长期来看，由于全球货币汇率此消彼长，货币效应接近于零。

但美元的强弱是否预示着股市未来的走向？强势美元有利于美国股市，弱势美元则相反，这样的说法看似有一定道理。我们看看事实是否支持这种观点。如图7.1中所示，即使在美元疲弱期间，股市的表现也相当出色。

美国和全球都是如此。货币不决定股市的走向，反之亦然（见图7.2）。

没有理由认为强势美元能够导致较高的股市收益，反之亦然，不能以美元预测美国股市、全球股市、波兰股市的表现。美元强弱本身并不影响股市的走势。

我们运用问题三分析美元汇率的变化，就像我们分析美国贸易赤字对美国股市及其他国家股市的影响时一样。当全球股市暴涨时，美国股市可能也会如此，对吧？它们是正相关的。当全球股市崩盘时，美国股市也难以独善其身。

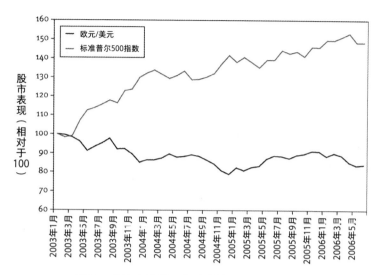

图7.1 美元疲弱并不意味着美国股票收益率低

资料来源：汤森路透

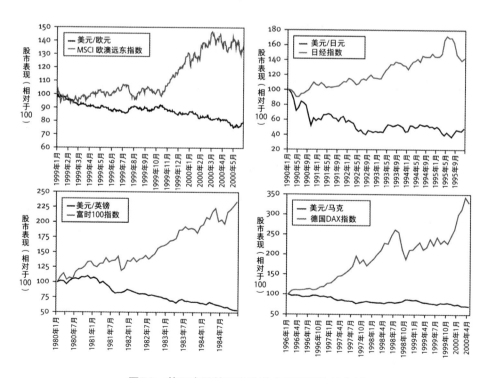

图7.2 美元疲弱并不意味着全球股票收益率低

资料来源：汤森路透

有时候美国股市涨幅大一点，有时跌幅大一点，但整体来看，美国股市与全球股市的走势一致。美国股市的市值大约占全球股市市值的一半，因此，如果美元贬值对美国股市不利，那么非美元货币升值就应该对其他国家股市有利，对吧？

但是，不可能出现全球性的货币贬值，只可能出现全球性通货膨胀。同样，不可能存在全球性的贸易赤字，但人们的表现就好像赤字比盈余更多一样，尽管他们从来没有明说。这是典型的重商主义做派！（尽管他们从未明说，但他们的行为已经表现出来了，这实际上是短视的损失厌恶心理作祟的结果。）

换句话说，美国的GDP占全球GDP的比例约为23%（根据我2011年更新的数据），其他国家和地区占77%。如果美元贬值对美国经济不利，那么其他货币升值应该对其他国家的经济有利，而且其他国家经济的改善应该抵消美国经济的恶化。哎！没有人从全球范围内考虑这个问题，因此才得出了错误的结论。重商主义者的思维不是停留在20世纪60年代，而是停留在17世纪90年代。

■ 货币的价格也是由供求决定的

各国的央行及银行系统确定本国货币的样式和风格，因为货币是可以在自由开放的市场上交易的商品，所以决定它们相对价值的机制与其他资产一样，也就是说，其价格由供给和需求决定。

汇率是以一种货币反映另一种货币的价值，是一个完全相对的概念。汇率的变化是由两种货币的供需变化引起的。需求的相对增加或供给的相对减少将导致一种货币的汇率上升、另一种货币的汇率下降，反之亦然。

货币供给：央行供给基础货币，其余银行根据央行政策进行运作。央行垄断货币的发行和销毁权，它希望货币量在适度增长的同时，能使物价保持稳定，从而保持相对较低的通货膨胀率。如果银行能负责任地落实各项政策，那么，尽管汇率在短期内会有所波动，但从长期来看，主要货币的汇率应能保持稳定。

然而，发达国家不负责任的央行或控制着央行的政府可能会损害该国的经济。就像德国的魏玛时代，这是现代史上一个绝无仅有的例子。20世纪20年代初，该国过度发行货币，导致马克被市场淘汰，恶性通货膨胀肆虐。20世纪90年代早期，像巴西这样的发展中国家还没有设置独立的央行，其货币可能经历更长时间的单向变化，几乎一直在贬值。但规则严明、央行独立（如美联储）的大国不会经历持久的单向货币变化。

从长远来看，货币与股票一样，其强弱是由供给决定的。当央行发行的新货币超出实体经济的需要时，超额供给会导致货币价格下降，推动物价上涨。相同数量的资产需要的货币越多，货币的储存价值就越小。从另一方面看，当央行对货币发行的限制太严格时，会出现相反的结果，但也不能使货币汇率过高。对于垄断的中央银行系统，投资者无力改变什么，只能希望它不犯太多的错误，而且投资者也无法预测长期的货币供给情况。

幸运的是，近年来，我们的央行表现得越来越出色了。1929—1932年，美联储的所作所为堪称灾难，在经济最危急的时刻，它减少了30%的货币供给量，大大加重了大萧条。有人说，是美联储的操作导致了大萧条，当时其声誉降至最低。自那以后，美联储的表现时好时坏，但总体来看，是变得更好了。

前任美联储主席常因在任时犯下的许多错误而遭受嘲笑。小威廉·麦克切斯尼·马丁（William McChesney Martin, Jr）、亚瑟·伯恩斯（Arthur Burns）和G.威廉·米勒（G. William Miller）卸任后都遭到了广泛而严厉的批评。伯恩斯担任美联储主席之前，就不断地批评马丁。1965—1970年间，马丁一直担任美联储主席一职，伯恩斯有足够的时间攻击他。伯恩斯声称，马丁本可以避免犯很多错误。

马丁后来声称，当你成为美联储的掌舵人时，就好像吃了一颗小药丸后忘记了知道的所有事情。只要你执掌美联储，这样的效应就会持续下去。伯恩斯成为美联储主席后回复他人的攻击时，也以服用了"马丁的药丸"为挡箭牌。50岁以下的人还记得，这一典故出自喜剧《卡特的小肝丸》（*Carter's Little Liver Pill*），这样的小丸药对肝脏没有任何好处，实际上是一种泻药。

他们都遭到了批评，他们也确实犯了很多错误，但在近几十年里，美联储主席们从先前的错误中吸取了很多教训。

保罗·沃尔克是首位在卸任后没有饱受批评的美联储主席，尽管他在1980—1982年为应对通货膨胀推行的货币政策导致了经济衰退。有人会说，这是他的重大失误，但总体来说，他的表现要比所有前任好。格林斯潘是其继任者，他的表现优于所有前任，因为他能够从前人身上汲取经验和教训。当然，他们的前任并不是白痴（尽管米勒可能对政治一窍不通，这另当别论），他们依据未经验证的理论摸着石头过河，做了力所能及的事情。按今天的标准来看，当时的数据搜集能力和电子分析能力极弱。只有运用先进的技术和即时传送的信息，美联储才能测试理论的可靠性和变量间的相关性（运用问题一），从而避免实施可能导致可怕后果的政策。而且他们能快速做出反应，并以之前的错误为戒。因此，近几十年以来，美联储的政策失误大大减少了。

但还是有错误发生，比如，1999年格林斯潘因为担心"千年虫"问题而发行了太多的货币，导致经济出现泡沫。当事实证明"千年虫"没有问题之后，美联储又迅速将投放的资金收回，这导致1999—2000年美国经济由盛转衰，出现了"硬着陆"现象。但与沃尔克执掌美联储时相比，格林斯潘时期出现错误的频率和规模都变小了，而且这个时期犯下的最大错误的危害与前几十年犯下的小错误的危害差不多。

海外也是如此。我认为，这得益于信息技术的推动和经验的积累，央行虽然还在犯错，但犯错的数量减少了，危害也大不如前。由于发达国家的央行犯错量减少了，中期的货币波动性可能会降低。

货币需求：货币需求由几大因素决定，其中主要是运用该货币进行交易的经济活动数量，例如，达拉斯（Dallas）的一家杂货店使用美元而非日元结账。使用某种货币的经济活动的数量越多，对该货币的需求就越大。另一个影响货币需求的重要因素是货币的"价值储藏"功能。如果投资者认为，某种货币与其他货币相比，其价值保持不变或增长时，对这种货币的需求就会增加。

短期（从几分钟到几个月）影响需求的因素包括政府或央行官员发表了利于或不利于货币或利率的讲话，在短期内改变了人们的情绪，从而影响了对货币的需求，导致货币市场的波动，但这种影响比较短暂，有时仅几分钟，有时可能持续一个月。

此外，央行的公开市场操作也在短期影响货币需求，比如，央行购买一种货币以兑换另一种货币，但任何一家银行都没有能力只通过货币兑换对货币市场产生决定性的影响。

即使那些被妖魔化的"投机者"也会对需求和货币的相对价格产生短暂的影响，但投机者的影响比银行的影响小，因为他们的资产负债水平比较低。几十年前，乔治·索罗斯确实让英格兰银行（Bank of England）栽了大跟头，但那是在早期发生的事情，而且当时的英格兰银行本身就处于危险境地了。索罗斯一再强调，这样的事情在今天不可能发生了。投机者的行为没有固定的模式，其影响力也在不断降低。投机者针对不同的货币进行投资，而货币的走势各不相同，这在一定程度上抵消了彼此的影响。

与股票一样，货币的走势在短期内变化无常。你不应该太在意货币价值短期的变化（除非你在炒货币，就跟炒其他投机性商品一样）。

■ 真正推动货币需求的因素

再次运用问题二的时间到了：你能看到哪些别人看不到的推动货币需求变化的因素？有几个明显的推动货币需求和供给变化的因素。首先是央行的操作。当一国的货币与其他货币挂钩时（比如，人民币与美元挂钩），为了维持这种关系，其央行必须买入或卖出其他货币。其次，当一国的经济增长速度比其他国家快时，对该国货币的需求就会增长，因为有更多的交易要以其货币完成。这两个因素都容易理解，你不需要运用问题二探知它们。但其他的因素呢？你还知道哪些呢？

每一天，投机者都会通过所谓的套利交易对汇率的变化押注。套利交易的运作过程是：你借入某一货币的短期资金，将它兑换成另一种货币并以新货币购买短期债券（你也可能选择长期债券，进行长期投资）。你希望通过这样的操作以较低的利率借入资金，并买入能够产生较高收益率的债券，这一收益率不会低于贷款利率。操作正确的话，两者之间的差额就是你获得的收益（人人喜欢免费获益）。

关键是你借入的货币的升值幅度不能过大，不能使债券所在国的利率优势消失，这可是利用问题二的好地方。你卖出借入的货币，买入债券所在国的货币，如果很多人同时这样做，那么债券所在国的货币就会升值。这样，你不仅可以获得利差，还可以获得货币升值带来的利益，这可真是锦上添花啊！是不是很诱人！

以较高的利率借入货币并买入收益率较低的债券是愚蠢的操作，完全

302

违背投资常理。因此，如果A国的短期利率低于B国，投资者更有可能以A国的较低利率借入资金并投资B国以获得较高的收益率，这对A国货币形成了抛售压力，对B国货币形成了购买压力。这样随着每日大量的套利交易发生，货币价格实现了自我调整。

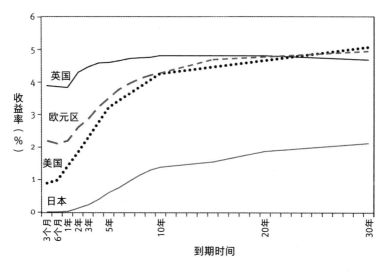

图7.3 全球收益率曲线（2004年1月1日）

资料来源：彭博财经

　　从理论上讲，这样的操作很合理，但我们看看实际情形如何。图7.3显示了美国、英国、日本和欧元区2004年初的收益率曲线。从图的左端可以看出，美国的收益率曲线远远低于英国和欧元区的，但高于日本。事实上，在整个年份，美元都比较疲弱。投资者在美国借入资金，然后在海外从事短线投资，这进一步导致美元走弱。如果你以1%的利率在美国获得为期6个月的贷款，然后在欧元区进行投资，获得2%以上的收益率，这样只要欧元不贬值，你就可以获得1%的纯收益。由于很多人同时行动，卖出美元，买入欧元，导致了美元贬值，欧元升值。如果你在英国进行投资，那么货币供需受到的影响会更为明显，这也是英镑如此坚挺的原因。

2005年，美联储多次上调利率后，美国的短期收益率已经超过了德国和日本，与英国的差距在日益缩小。由于套利交易开始转向另一个方向，2005年美元对世界主要货币的汇率均大幅上升。实际上，美联储提高短期利率后，促使美元下跌的套利交易得到了有效遏制（见图7.4）。

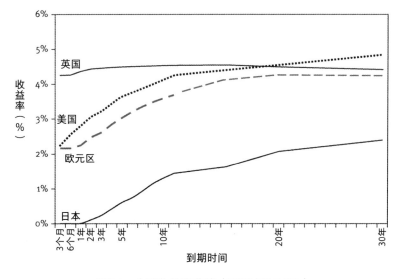

图7.4 全球收益率曲线（2005年1月1日）

资料来源：彭博财经

除个别国家外，一般短期利率较高且持续走高的国家的货币更加坚挺，短期利率较低且持续走低的国家的货币比较疲弱。这种模式引人注目，而且由于套利交易活动，这种模式具有较为合理的经济意义。换一种说法就是：当一国的收益率上升时，人们更愿意拥有其货币，对这一货币的需求增加，其价格也会提高。

这正是英镑兑美元（以及其他许多货币）汇率在长期内如此强势的原因，英国的利率一直高于其他国家。道理很简单！2005年美联储提高利率后，人们停止借入美元，不再卖出美元和投资海外市场，相反，他们从海外借入资金并买入美元，美元由此开始走强。当央行向人们支付更多的利息时（这与央行调整货币供给有关），人们对货币的需求就增加了。我所说的并非什么新内容，只是几乎没有人注意它们而已，相信它们的人也是少之又少，这正是它们仍然可发挥效力的原因。你可以结合我们在本章前面揭穿的神话，利用这些信息缓解因货币引起的恐慌情绪，为市场下注找到合理的依据。

投资者经常谈论供需，而且他们也知道，供给和需求的变化推动了价格的变化，但他们并没有将这些知识运用到对股票、债券和商品的投资中。而当他们想这样做时，他们往往又不能正确地考虑供给或需求。既然你很清楚，证券价格始终是由供给和需求决定的，你就应该集中精力做重要的事情，即运用学到的知识对12个月内的股市情形做出更为可靠的预测。这正是你掌握的独家信息。但你如何做出预测呢？你如何知道市场下一步的动向呢？我们将在第八章解答这些问题。

第八章

"巨大的羞辱者"和落后的思维

可预测的市场

假设市场的每一次变化都出乎你的意料，我这绝不是危言耸听，事实确实如此，我绝不会无缘无故地称市场为"巨大的羞辱者"。要把它视为危险的、掠夺成性的野兽，它想方设法从你手里夺走最后一分钱。了解这个事实是你与TGH打交道的前提。你的目标是不过多地被TGH羞辱。我们将在下一章讨论如何制定策略以提高实现长期目标的概率，但首先，我们来谈谈如何利用本书介绍的问题了解市场的运作机制，降低你被市场羞辱的概率。

TGH会以变化多端的假动作迷惑你。我们知道，从历史上看，股市的年均增长率约为10%[①]，那么，预期投资股市，每年能获得10%的收益合理吗？门儿都没有。自1926年以来，股票收益率接近长期平均水平的年份很少，多数年份的收益率并不处于平均水平。从表8.1中可明确看出这一点。

不仅美国股票收益率的变化范围很大，而且全球股市也是如此。在英国，"巨大的羞辱者"是YOH（Ye Olde Humiliatour），如表8.2所示。

[①] 全球金融数据公司，截至2012年2月12日的数据。1925年12月31日—2011年12月31日期间标准普尔500指数年化收益率为9.7%。

在德国，"巨大的羞辱者"是DGD（Der Grosse Demütiger）。各年的收益率差异很大。

表8.1 美国股市的平均收益率不是常态，极端收益率是常态

标准普尔500指数 年收益率范围	自1926年以来处于 该范围的年数	频率	
> 40%	5	5.9%	高收益率年份（37.6%）
30%—40%	13	15.3%	
20%—30%	14	16.5%	
10%—20%	17	20.0%	平均收益率年份 （34.1%）
0%—10%	12	14.1%	
- 10%—0%	12	14.1%	负收益率年份（28.2%）
- 20%— - 10%	6	7.1%	
- 30%— - 20%	3	3.5%	
- 40%— - 30%	2	2.4%	
< - 40%	1	1.2%	
总年数		85	
简单均值		11.8%	
年化收益率均值		9.8%	

资料来源：全球金融数据公司，标准普尔500指数总收益率，1925年12月31日—2010年12月31日的数据

由于收益率的变化无规律，你的大脑意识不到，任何年份的股市变化不外乎以下四种情况：

1.大幅上涨

2.小幅上涨

3.小幅下跌

4.大幅下跌

这四种情况概括了股市变化的结果，能帮助你看清形势，做出更周密的决策。它们还为你提供了一种约束自我行为的方法，注意，我这里说的是"行为"而非"技能"，是你思考问题三的结果。

你的大脑会与TGH配合，会让你相信，市场是千变万化的，但你必须清楚，市场变化的最终结果就是大幅上涨、小幅上涨、小幅下跌或大幅下跌之中的一种。介于二者之间的结果都是TGH在干扰你，切记，只有这四种结果。当市场发生变化时，你只需要考虑是小涨小跌，还是大涨大跌即可！（投资者几乎从不考虑大涨，但它与大跌一样重要。）

表8.2　英国股市的平均收益率不是常态，极端收益率是常态

英国富时指数 年收益率范围	自1926年以来处于 该范围的年数	频率	
> 40%	7	8.2%	高收益率年份 （34.1%）
30%—40%	7	8.2%	
20%—30%	15	17.6%	
10%—20%	19	22.4%	平均收益率年份 （41.2%）
0%—10%	16	18.8%	
- 10%—0%	12	14.1%	负收益率年份 （24.7%）
- 20%— - 10%	5	5.9%	
- 30%— - 20%	3	3.5%	
- 40%— - 30%	0	0.0%	
< - 40%	1	1.2%	
总年数		85	
简单均值		12.9%	
年化收益率均值		10.5%	

资料来源：全球金融数据公司，英国富时指数总收益率，1925年12月31日—2010年12月31日的数据

■ 关注变化方向而非幅度

关注股市变化的这四种情况，这样，你就能做出对投资组合产生最大影响的关键决策。这四种情况就是一个框架，能指导你的行为，并防止你的大脑把你引入歧途。

此外，就预测而言，最重要的是预测的方向准确，而不是幅度准确。为什么呢？因为预测方向准确能够确保你在大部分时间里站在对的一边。

而且，当你预测股市大涨、小涨甚至小跌时，你会最大限度地持有股票（从基准来看也是如此）。股票收益率是8%还是88%无关紧要，无论是多少，只要你的目标是实现长期的增长，你的主要资产配置决策就应该是，尽可能地加大持仓量。你投资组合中各个板块的权重可能会受到大涨或小涨预测的影响，但即使你预测的幅度有错，你对股票的整体投资决策仍然是正确的，正确的资产配置会给你带来回报，因此不可本末倒置。

在你预测股市会小跌的年份里，你可能不愿意持有股票。在这样的年份里，你应该套现吗？在我看来，除非你很自信（但不能过于自信），而且掌握独家信息，否则，你很有可能为了蝇头小利而做出错误的行为。想方设法避免在小跌年份持股就是大脑被过度自信所左右的范例。即使你预计股市会小跌，我也认为你应当关注相对收益。击败了股市就是击败了股市，即使你的绝对收益率为负也无所谓。

当你认为市场会小幅下跌，而且你想抛售大量股票时，请提出问题三。首先，你可能受短视性损失厌恶心理的影响，你应该尝试着积累一些遗憾感；其次，设想你的预测可能是错误的，比如，若股市小幅上涨或大幅上涨了会如何。股市在一年内涨跌5%可能恰好是心理波动导致的。即使你的预测正确，股市确实小幅下跌，你抛售股票或基金时支付的交易费用、税款和其他因素也会大大降低你的收益率。

然后提出这一问题：如果你现在离场了，你知道什么时候再进场吗，你能把握好时机吗？答案可能是否定的。如果你真的想获得与大盘相似的收益（如果你正在阅读本书，我猜你确实是这样想的），那么请记住，计算长期的股票平均收益率时，收益率为负的年份也是被包括在内的。在长期的投资过程中，你也会经历阶段性的下跌，对此你应该有心理准备。经历下跌期很痛苦，但这是你长期投资股票时必须经历的一部分，别忘了，你的目标是获得与大盘相近的收益。咬紧牙关，铭记前途是光明的。

此外，许多人都喜欢股市下行期间收益率上涨的投资组合，但这样的投资组合可能在股市上行期间反应迟缓。当股市上涨的概率大于下跌的概率，而你的投资组合与股市的走势背道而驰或者为规避下跌风险而放弃了上涨机会时，你实现的平均收益率会很低。

总而言之，当你卖出股票套现时，你实际上冒了巨大的基准风险，你已经完全脱离基准了。想想你错得离谱、股市看涨时会如何？你要支付交易成本、要纳税，你的相对损失高达25%，这相当于在未来25年内，每年降低了1%的收益率，这么大的窟窿很难填补。这正是人们在熊市底部所做的事情，他们选择了离场，想等到"形势变得明朗时"再回来。为了规避小跌的风险，他们放弃了大涨的机会。在我看来，对于想获得长期市场平均收益的投资者而言，这样的错误造成的后果很严重。

■ 当心股市大跌

至于第四种情形，即大跌情形，我认为，这是唯一一个你应大量抛售股票套现或者采取其他防御性措施、冒脱离基准风险的情形。而且，只有在这种情形下，你才应该更加关注绝对收益而非相对收益，并尝试着获得远高于市场的收益。但是，如果你决策正确，你也可以获得较高的相对收益。如果你非常确信，股市将大跌20%或更多，比如，大跌30%、40%甚至50%，那么你抛售股票套现或者购买债券就是合理的做法。虽然现金收益率不是太高，但如果你判断正确，股市跌幅很大，你也可以获得远高于市场的收益。

这种情形很罕见，只有当你非常确信自己掌握独家信息时，你才可以这样做。你不能凭直觉或者因为恐惧又或者受邻居观点的影响才这么做。此时本书能够派上大用场，而且你可以从中获得巨大的好处。假设在过去的30年时间里，你只投资了一只被动指数基金，其间你曾回避了25%的大跌并获得了5%的现金和债券收益，那么在这30年里，你每年的平均收益率要比市场高出1%。在整个过程中，你因一次正确的押注击败了90%以上的专业投资者。哪怕你只成功地完成了一次防御，哪怕你的防御策略不完美，你也能够获得持久的好业绩。

在牛市高峰期，有无数的人建议你，永远不要看跌，永远不要进行"波段操作"，这么做的人注定会错过大牛市，注定得不到高收益。2000年，到处都能听到有人提这样的建议，这实际上是TGH在诱导你进入熊市，此时它正以人们难以理解的无序方式踏上下行通道。只要不犯错误，即使你只是偶然地看出了熊市迹象，你也能获得丰厚的收益，并积累观察熊市的经验——尽管你也清楚，运用这些经验的机会很少。

熊市之后，进行"波段操作"和看跌的人变成了英雄。许多人过早地看跌市场，通常是在牛市顶峰出现几年之前，他们被称为"永恒的空头"（他们的短期业绩突出，但长期相对收益较差）。股市牛市熊市的交替变化把那些采取防御性策略的人塑造成了英雄，这正是TGH最擅长的，它知道投资者的目光不长远。要避免这样的结果，关键的做法是，掌握熊市"波段操作"技巧，需要时适时运用它。

我在1987年中期、1990年中期和2000年年末运用过三次防御策略，每次都幸运地成功了。下一次我可能就搞砸了（这样提醒自己是避免过度自信的一种方法）。避免在大熊市受损是我职业生涯中最重要的工作。避免一次大熊市造成的损失，就相当于获得了多年的超额收益。如果你在牛市波峰出现之后才进入股市，那么成功地躲避一次熊市就能弥补你错过牛市波峰的缺憾，就能使你处于领先地位。在你的投资生涯中，运用这种策略的次数很少，因此要正确地运用它非常难，大多数人都做不到这一点，这正是你应该掌握这种技能的原因。大部分人想要锤炼的是日常运用的技能，不会在意10年才用一次的技能。

判断出错

2006年年末，我在本书初版中写道"下次我可能就搞砸了"（本书于2007年首次出版），事实果真如此，我没有预见到2008年的熊市。我很失望吗？是的。我很惊讶吗？不，正如我所写的，正确地预测熊市很难。采取防御性策略并离开股市是艰难的决策，这也许是基金经理从相对收益的角度出发采取的最艰难、最冒险的行动。

2010年，我在《揭穿投资神话》一书中指出，以长期增长为导向的投资者持股度过熊市虽然感觉很痛苦，但却能实现长期目标，我详细解释了个中原因。大多数投资者很难理解这一点，但是，如果你想要实现长期增长，那么你就要经历市场的波动和下跌期，甚至是大幅的下跌期。了解这一点后，当你面临可能产生长期影响的下行波动时，你就不会贸然做出决策了。

■ 构建防御性的投资组合

假设你运用了本书介绍的三个问题，而且确信明年股市很可能大跌，真正的熊市会出现，那么你会做什么呢？防御性的投资组合是什么样的？

这要视具体情况而定。

你可能不愿意听到熊市即将来临的消息，但这可能是事实。不同的熊市有不同的特点，在一些熊市中，一些板块表现良好，但在熊市出现之前，你不知道这样的板块有哪些。

在持续时间较长的熊市中，如果你的预测很准，那么在投资组合中保持最大比例的现金是最合理的做法。牛市开始显现时，市场瞬息万变，此时流动性是关键，你需要准备好充足的资金进场。如果你的流动性不足，或者你进场的速度滞后，你有可能错过抄底的大好时机。你可以在货币市场进行投资，或者购买短期政府债券。除非可以立即变现，否则不要进行任何长期性投资。要有防御意识，但同时要保证充分的流动性。

■ 市场中立

举个例子，在2000—2002年的熊市中，我想要构建一个功能与现金类似，但收益率高于现金的投资组合。我希望我的投资组合能不受股市下行波动的影响，而且流动性比较高，以便我能快速地重返市场，我还想大幅度地节税。而且，我想利用我掌握的一些独家信息，增持某些板块并减持另一些板块。我预计科技股会走弱，并有确凿的证据，因此我想从中捞一些好处。为此，我必须保持市场中立，买入其他板块的股票，而不是增持投资组合内已有的股票。这意味着什么呢？

综合考虑各个目标后，我创建了一种我称之为"复合式现金"的投资组合。在那段时间里，我的资产配置总额达到了实际投资组合总额的130%（见图8.1）。以下是详细的说明。

首先，我持有30%的欧洲和美国大型股，它们都是防御性股票，涉及药品、银行和消费必需品板块。任何"防御性"的股票都不会受周期性因素的影响。我想投资的是产品缺乏需求弹性的公司，因为在熊市期间，人们往往会降低对高弹性商品的需求。我的投资组合内有很多20世纪90年代末购入的市值超高的这类股票，它们的资本收益还未兑现，因为我没有卖出它们。实际上你可以这样想：当需要建立"复合式现金"的时机来临时，要卖出不涉及资本收益的股票，然后卖空指数（后文还会提到），这样才能确保你不会因股市下跌而遭受损失。

其次，我持有38%的易变现美国政府债券（风险不太高）。

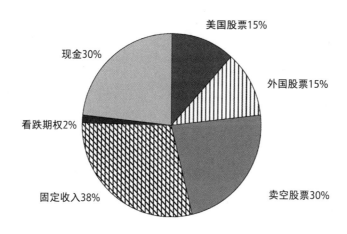

图8.1 假想的防御型投资组合资产配置图

注：仅为了说明而假想出来的资产配置状况，不应被视为预测依据

我还持有2%的标准普尔500指数看跌期权，交割期在一年后。指数看跌期权是一类理想的投资产品，在适当的时候（市场顶部），它是相对便宜的保险，而在错误的时候（市场底部），它是非常昂贵的保险。指数看跌期权就像意外事故保险，而意外事故会使指数大跌。果真如此的话，看跌期权将带来丰厚的收益，如指数没有大跌的话，则到交割日时，期权一文不值，由于比例较低，我受损的风险也很小。也就是说，如果指数没有大跌，那么我将支付2%的损失，主要由我的债券收入支付。但是，我的整个投资组合将带来相当高的收益。每次股价下跌时，看跌期权的收益都会飙升。

我还投入了30%的资金卖空纳斯达克100指数和罗素2000指数（各自的比例分别为20%和10%），完成卖空操作后，我又获得了30%的资金（30% + 38% + 2% + 30% + 30% = 130%，130%的资产由此而来）。我的赌注是，纳斯达克指数和罗素指数的总下跌额大于我持有的股票的下跌额，因此卖空了这两个指数，希望它们下跌时，我以较低的价格回购它们，这样，差价就是我获得的利润，而且利润额要大于我的股票下跌造成的损失。我没有将做空指数获得的收益进行再投资，而是以现金的方式持有，这样可以防止我判断出错。但即使是持有现金，我也获得了一些收入。

这次我的判断没有出错。在熊市期间，股市暴跌，我的投资组合表现得非常好。纳斯达克100指数的跌幅比罗素2000指数的大很多，但两种指数总的下跌额度很大，这样，随着我持有的股票下跌，卖空这两种指数的收益不断升高。我不知道下一次我会如何构建熊市投资组合，但我会依据当时的情况，尝试着建立波动性低、易变现、节税的临时性"复合式现金"投资组合，而且仍然会选择一些股票和板块。

剖析股市泡沫

如前所述，我曾准确地预测了1987年、1990年和2000年的三个熊市，但没有预测到2008年的熊市。

我会稍微分析2008年的熊市，但我将着重分析2000年的熊市。2000年3月，科技股板块领跌股市，开启了新一轮熊市行情。我当时之所以能成功地预测到此次熊市，是因为我看到了一些令人担忧的迹象，其他人没有看到这些迹象。能看到其他人看不到的可怕事实是成功预测熊市的前提。

1996—1999年间，由于美国股市的年收益率都超过了20%，人们普遍看跌股市，认为股票收益率为个位数，甚至为负。到了2000年，人们对股市的看法由看跌转变为坚定看涨，认为股票收益率将高于10%，如钟形曲线（当时运用这一工具的人很少，因此仍然具有相当大的威力）所示（见图8.2。）

根据钟形曲线，我可以排除从持平到20%范围内的任何可能性，剩下的就是大涨和看跌一边的两个空白位置了，一种是小跌，一种是大跌。我不会为了进行逆向投资而转为看跌，但我关注倒挂的收益率曲线，因为没有人谈论它。你知道，倒挂的收益率曲线是预测熊市和衰退的相当可靠的工具（鲜有人注意它），而且收益率倒挂成了全球性的现象，但没有人谈论这一现象，也没有人担忧它。相比之下，1998年，即使收益率曲线没有像往常那样表现平平，整个金融界都在谈论倒挂的美国收益率曲线。但2000年的情形截然不同（2005年，金融界人士讨论了这个问题，可能是因为2000年收益率倒挂时没有人讨论它所致，而且有意思的是，2005年既没有出现衰退也没有出现熊市）。与股票收益率相比，债券的收益率更高（见第一章的图1.5）。当时出现了很多以股票形式完成的收购。唯一的看涨因素是，当年是总统任期的第四年。

其间也没有人担忧股市的走势。《商业周刊》2000年1月的封面文章对"新经济"赞赏有加。[1]文章不仅认为高科技股的价值仍然无可限量，而且它们很快就会被其他行业模仿或在全球范围内被模仿。但对科技股大加赞赏的媒体不只《商业周刊》一家。我基本上找不到看跌股市的机构和个人（除了一直看跌股市的几个中坚分子）。就在一年前，很多人还认为"千年虫"病毒会导致世界末日呢，而在两年前，人们还担心俄罗斯卢布危机和二级对冲基金的破产会引发全球经济危机呢。经历了这些事件之后，人们变得乐观起来了。从情绪的变化判断，采取防御性投资措施是合理的，但此时看跌股市还为时过早。

---

[1] 迈克尔·J.曼德尔（Michael J. Mandel），《新经济》（*The New Economy*），《商业周刊》（2000年1月31日）。

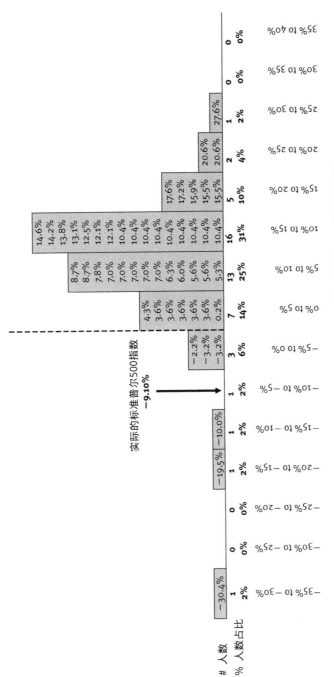

图8.2 投资情绪的钟形曲线整体右移（对2000年标准普尔500指数的预测）

当时没有人看出一个很严重的问题。科技行业经过多年的首次公开募股后，股票供给已经大大超过了需求。从很多指标来看，20世纪90年代末的科技股供需状况已经与1980年的能源股供需失衡状况几乎相同了。我在2000年3月6日的《福布斯》专栏中发表了题为《1980年再审视》（见附录G）的文章。这篇文章恰好在科技股和美国股市达到顶峰的前几天发表，这纯属偶然，我当时并不知道这篇文章会如此应景。

■ 泡沫问题——永远是一种"新范式"

我对使用"泡沫"一词相当谨慎，因为很多人虽在频繁地使用它，却并不太了解它。人们预测到的泡沫通常要比现实中的泡沫多。

而且，当真正的泡沫出现时，人们又经常忽视它。真正的泡沫在破裂之前，通常被视为一种完全不同于过去的"新范式""新时代"，此时，旧规则不再适用，你无法再以较低的风险或者不冒任何风险得到较高的收益了，因为"这次与以往完全不同"（更多论述参见我2011年出版的《费雪论股市获利》一书，我在这本书里讨论了这次"与以往完全不同"心理的危害）。日本的经济泡沫在1990年破裂之前，它在世人的眼中是卓越的商业国家，西方国家都无法与之匹敌。科技股泡沫破裂之前，它被称为"新经济"。但是，当某些行业存在泡沫，但泡沫没有破裂时，这意味着其股价已经涨到了很高的水平，很多人担心股价会回落（这里又涉及我们之前提到的高度框架了）。通常情况下，市场上早就出现了这种担忧，这有助于降低投资风险。

当某些行业确实存在泡沫，但不被称为泡沫行业时，人们就不会为它担忧。1997年、1998年和1999年，没有任何一家全国性媒体报道过科技股存在泡沫。1999年末，托尼·帕金斯（Tony Perkins）在其出版的书中认为，互联网股票存在泡沫，但没有引起人们的注意。我在《福布斯》专栏中称科技股存在泡沫，这是第一次在全国性纸媒中把"泡沫"与科技联系起来。

我在2000年初看到的科技行业状况与我在1980年目睹的能源行业状况一样，我认为科技股存在真正的泡沫，它可能引发一次严重的熊市。

回想一下1980年，当时的能源股涨势是多么不可阻挡。由于20世纪70年代全球央行实施了不合理的货币政策，全球通货膨胀率飙升，大宗商品市场交易繁荣。尽管两伊战争打得不可开交，但欧佩克的力量不容小觑。油价为33美元1桶，人们普遍认为，4年之内油价会暴涨至100美元1桶，没有人说过油价会下跌。2000年初也是这样的情形，人们普遍认为，互联网用户在四年内会增加至目前的3倍，大多数人对"新经济"的到来翘首以盼，都说着这样的话：收益不重要，这是新的范式，这是点击鼠标的新经济，不是摆弄砖头的传统经济。

能源股与科技股存在诸多相似之处：2000年3月，美国规模最大的30家公司的市值占美国股市总市值的49%，其中有一半是科技股。①而在1980年，美国规模最大的30家公司的市值占美国股市总市值的1/3，其中有一半是能源股。1980年能源股占整个股市的比例与2000年科技股占整个股市的比例相近。二者有太多的相似之处了，但所有人都没有注意到这一点，因此我认为，2000年的科技股走势与1980年能源股的走势不会有什么差异。

另一个被忽视的关键因素是IPO的数量占股票供给量的比例。在能源股泡沫中，也是先出现IPO热潮，后出现股价暴跌。我认为科技股的供给泛滥也会导致股价暴跌。表8.3展示的是，两个行业在20世纪70年代和90年代末出现IPO热潮后，股票供给量迅速增加的情况。1980年，有近一半的

---

① 标普研究洞见，标准普尔500指数总市值最高的30只股票。

股票价值增值均来自能源行业。1999年，几乎所有的价值增值均来自科技行业。

表8.3 两次泡沫的构成

美国能源股				美国科技股			
	1979年12月31日	1980年12月31日	变化数量		1998年12月31日	1999年12月29日	变化数量
能源公司数	229	301	72	科技公司数	1460	1652	192
市值（千美元）	189795	324629	134833	市值（千美元）	2307384	4930559	2623175
美国股市	1979年12月31日	1980年12月31日	变化数量	美国股市	1998年12月31日	1999年12月29日	变化数量
公司数	4291	4417	126	公司数	8656	8785	129
市值（千美元）	1024832	1325489	300656	市值（千美元）	12881072	15748729	2867657
新能源公司占所有新公司的比例			20.3%	新科技公司占所有新公司的比例			21.2%
新能源公司占所有公司的比例			1.7%	新科技公司占所有公司的比例			2.2%
能源股增加值占股市总市值的比例			44.8%	科技股增加值占股市总市值的比例			91.5%
能源股市净率			2.6x	科技股市净率			13.9x
标准普尔500指数市净率			1.3x	标准普尔500指数市净率			5.6x
能源股市净率/标准普尔500指数市净率			2：1	科技股市净率/标准普尔500指数市净率			2.5：1

资料来源：标普研究洞见（Standard & Poor's Research Insight）

此外，请注意，1999年新科技股占所有新股和所有美国股票的比例与1980年能源股的情况类似。而且，每个行业的市净率都大约是标准普尔500指数市净率的2倍。今天，有谁还记得，在1980年能源股被视为成长股呢？那是一段可怕的时期。关键是鲜有人能看出这一点，也鲜有人提及它。

现在看看表8.4中列示的两个行业的相对权重。前三张表显示了泡沫膨胀和破裂时期（1979—1981年）能源股在标准普尔500指数成分股中所占的比重，后三张表显示了1998—2000年间科技股在标准普尔500指数成分股中的比重。

1980年泡沫膨胀达到顶峰时，能源股占美国股市的28%，但科技股的增幅更为明显，从1992年的5%增加到了1999年的30%以上。我认为科技股的比例会下降，但它不需要下降太多就足以引发一轮熊市，其严重程度不亚于能源股引发的1980—1982年夏大熊市。有关这两个行业的观察结果对我判断科技股在2000年达到顶峰发挥了重要作用。

表8.4　行业泡沫简史：标准普尔500指数各板块权重

1979年12月			1980年12月			1981年12月	
原材料	9.64%		原材料	8.88%		原材料	8.58%
资本品	10.28%		资本品	10.82%		资本品	10.03%
通信服务	6.05%		通信服务	4.62%		通信服务	6.53%
必需消费品	10.90%		必需消费品	9.23%		必需消费品	10.58%
周期性消费品	9.86%		周期性消费品	8.00%		周期性消费品	8.84%
能源	22.34%		能源	27.93%		能源	22.80%
金融	5.79%		金融	5.34%		金融	6.01%
医疗	6.42%		医疗	6.54%		医疗	7.42%
科技	10.86%		科技	10.69%		科技	10.33%
运输	2.17%		运输	2.89%		运输	2.95%
公用事业	5.70%		公用事业	5.07%		公用事业	5.92%
	100.00%			100.00%			100.00%
1998年12月			1999年12月			2000年12月	
原材料	3.11%		原材料	2.99%		原材料	2.41%
资本品	8.07%		资本品	8.40%		资本品	9.01%
通信服务	8.33%		通信服务	7.93%		通信服务	5.47%
必需消费品	14.89%		必需消费品	10.88%		必需消费品	11.35%
周期性消费品	9.13%		周期性消费品	9.14%		周期性消费品	7.56%
能源	6.22%		能源	5.43%		能源	6.45%
金融	15.59%		金融	13.20%		金融	17.22%
医疗	12.07%		医疗	9.05%		医疗	14.10%
科技	18.54%		科技	30.02%		科技	21.85%
运输	0.93%		运输	0.70%		运输	0.67%
公用事业	3.11%		公用事业	2.28%		公用事业	3.91%
	100.00%			100.00%			100.00%

资料来源：标普研究洞见，汤森路透

我认为，从某些方面来看，科技股泡沫比能源股泡沫更严重。1980年，50家规模最大的能源企业中，没有一家在1978年或1979年发行IPO。尽管1978—1980年IPO的数量很多，但规模都比较小。而在2000年，50家规模最大的企业中，有11家于1998年和1999年发行了IPO，这会增大市场风险。

我确信科技股泡沫会破裂、股市会下跌吗？不确信，但出现这样的结果是合乎逻辑的。首先，人人似乎都看不到2000年与1980年的诸多相似之处；其次，你必然想知道投资科技股的人是哪些人，哪些人成了TGH羞辱的新对象。根据投资者情绪、收益率曲线、预算盈余、以股票形式完成的收购以及与当年能源股的相似性，我排除了2000年股市大涨或小涨的可能性。我觉得股市也不大可能大跌，因为从1981年的情况来看，石油板块大跌很长时间后才引起其他板块的连锁反应。行业泡沫破裂不会马上波及其他行业。所以我推测，科技股会开始下跌，而且会大跌，但大跌对其他板块影响的显现需要一定的时间，因此，整个股市大跌可能发生在一段时间

图8.3　牛市中股价缓慢下跌

资料来源：汤森路透

之后。最后，我认为，牛市不会戛然而止，而是会逐渐结束。在2000年股市达到顶峰的时期，全球股市连续10个月的收益率都超过了9%（见图8.3）。

再次提请你注意，2000年科技股占标准普尔500指数成分股的30%。一个占总市值30%的板块下跌了39%（纳斯达克指数2000年的跌幅），且其他板块股价持平时，整个股市的跌幅应为11.7%。但标准普尔500指数在2000年仅下跌了9%。从技术层面讲，市场其他板块的股价，即非科技股的价格有所上涨。科技股板块的崩盘尚未波及到市场其他板块。

但纵观整个2000年的走势，我认为科技股板块会继续恶化。我发现一些科技公司疯狂地烧钱，就像1980年的新能源公司，而且它们投入资金的比例几乎相同。如果这些公司重返股市募集更多资金，那么我们能计算出它们的资金多久后会耗尽——这意味着公司要么倒闭，要么发行更多新股，这都不是什么好结果。

为了做出更明确的判断，我们尽可能多地搜集了新科技股的数据，并计算了它们的资金消耗率（burn rate）。资金消耗率指的是一家公司在无法获得新资金的情况下，消耗原有资金的速度。为了计算资金消耗率，我们比较了2000年第二季度的现金和净亏损（这里指7—9月）。假设这些公司无法获得更多的外部资金，那么以现有的现金除以第二季度的净亏损便可得资金消耗率。

总而言之，从我们收集到的223家上市公司的数据来看，如果这些公司不快速发行新股的话，它们很快就会缺乏现金。表8.5列示了资金消耗最严重的25家公司。在短短一个季度的时间里，这类公司的总市值便由1300亿美元增加到了3120亿美元以上，市值的增加不是因为股价上涨导致的，而是因为这些公司发行新股导致的，而且没有人注意到这一点。市场上充斥着不盈利的公司的股票。随着IPO市场趋于恶化，几乎所有这些公司都在12个月后消失了。而那时，行业泡沫才刚开始破裂。

表8.5　网络公司的资金消耗率

	股票代码	公司名称	市值	总债务	1季度现金	2季度现金	1999年4季度	2000年1季度净收入	2000年2季度	资金消耗率
1	ONEM	ONEMAIN.COM INC	282.12	30.45	17.06	1.42	- 32.73	- 39.84	- 35.88	0.04
2	FLAS	FLASHNET COMMUNICATIONS INC	52.3	8.61	0.23	—	- 11.42	- 4.96	—	0.05
3	GENI	GENESISINTERMEDIA.COM INC	86.98	33.15	0.35	0.41	- 6.66	−5.13	- 7.34	0.06
4	HCOM	HOMECOM COMMUNICATIONS INC	8.14	0.48	0.08	—	- 2.3	- 1.49	—	0.06
5	3EFAX	EFAX.COM INC	16.07	1.5	1.6	0.18	- 10.14	−5.38	- 2.56	0.07
6	CLAI	CLAIMSNET.COM INC	23.19	0	2.49	—	- 2.39	- 1.93	- 9.31	0.27
7	NETZ	NETZEE INC	120.52	16.22	1.33	5.41	- 18.85	- 15.67	- 17.77	0.3
8	LUMT	LUMINANT WORLDWIDE CORP	235.83	6.79	9.44	—	- 24.47	- 29.65	- 29.12	- 0.32
9	3ESYN	ESYNCH CORP	83.41	0.11	0.5	—	- 2.14	- 1.49	—	0.33
10	RMII	RMI NET INC	66.39	3.78	3.26	—	- 12.24	- 7.4	- 8.41	0.39
11	DGV	DIGITAL LAVA INC	26.88	0.27	2.59	0.68	- 2.25	- 1.54	- 1.74	0.39
12	ECMV	E COM VENTURES INC	22.18	54.42	2.91	—	- 0.13	- 6.62	—	0.44
13	ZDZ	ZDNET	135.59	0	0.02	1.21	2.05	- 1.57	- 2.64	0.46
14	MRCH	MARCHFIRST INC	2679.63	20	369.83	176.43	8.36	- 117.33	- 374.45	0.47
15	GEEK	INTERNET AMERICA INC	48.92	0.73	3.3	1.72	- 0.9	- 1.58	- 3.27	0.53
16	ROWE	ROWECOM INC	51.25	6.96	9.29	10.13	- 1.61	- 15	- 19.16	0.53
17	PRGY	PRODIGY COMMUN CORP CL A	677.28	109.36	21.13	20.73	- 29.76	- 34.91	- 38.95	0.53
18	WAVO	WAVO CORP	22.19	3.37	10.23	4.77	- 14.42	- 3.51	- 8.91	0.54
19	ELTX	ELTRAX SYS INC	150.96	17.7	14.2	—	- 1.66	- 5.24	- 26.34	0.54
20	KANA	KANA COMMUNICATIONS	5575.49	1.72	35.67	162.84	—	- 14.45	- 284.94	0.57
21	ATHM	AT HOME CORP	7578.71	873.23	502.28	388.73	- 723.01	- 676.52	- 668.26	0.58
22	PILL	PROXYMED INC	30.88	1.75	7.91	7.38	—	- 5.72	- 10.48	0.7
23	AHWY	AUDIOHIGHWAY.COM	14.36	0.46	8.34	3.47	- 5.86	- 4.01	- 4.78	0.73
24	BFLY	BLUEFLY INC	10.77	2.87	3.91	3.93	- 5.69	- 5.67	- 5.3	0.74
25	ELIX	ELECTRIC LIGHTWAVE CL A	941.85	710.4	25.99	—	- 35.02	- 35.14	- 34.96	0.74

资料来源：标普研究洞见

　　表8.5的内容相当直观，你可自行计算这些公司的资金消耗率。表中的数据都是公开的，只要有网络连接设备就可以获取它们。

　　最令人不安的是，没有人注意到科技股热潮与20年前的能源股热潮存在诸多相似之处。我不是唯一一个目睹能源股崩盘的金融从业者，也不是世界上唯一一个能获得相关数据并进行比较的人。很多人应该比我先一步看出这一点，但我发现，他们没有，这是可怕的事实。围在篝火旁的他们，把目光望向了不同的方向。

现金短缺的科技公司仍然IPO和发行次级股，这导致了市场上股票供给过多。我认为，2000年结束时，供给会大大超过需求。一家接一家的网络公司会耗尽资金。这不仅是某个行业的现象，全球股市也将受到供给过剩的冲击。如果说市场上还有一些人对科技股或收益率曲线亦或其他方面有所恐惧的话，那么2001年股市只会小跌。当大多数人都无所畏惧时，可怕的时刻就来到了。巴菲特先生曾说过一句非常精彩的话："他人贪婪之时你要谨慎，他人谨慎之时你要贪婪。"到2000年末时我发现，2001年已经不存在能够阻止股市大跌的购买力了。

2000年结束时，纳斯达克指数下跌了39%，标准普尔500指数下跌了9%，投资者和专业的预测者仍然看涨，我最终得出的结论是，股市将全面转跌。不只是看跌科技股板块，而是看跌整个股市。

连锁性卖出（Sympathy Selling）

通常情况下，在熊市期间，一些板块会率先下跌。卖出效应波及到其他板块的过程被称为"连锁性卖出"。其运作机理是这样的：假设你管理着一只科技股共同基金，持有小型网络公司和科技巨头的股票。当小型网络公司的股票暴跌时，你必须采取补救措施，即卖出一些股票套现。你会卖出哪些股票呢？你不会卖出暴跌的小型网络公司的股票，它们不易变现，而且你希望它们的价格能在日后反弹，因此你卖出了英特尔、微软和甲骨文公司的股票，这些股票的流通量大，易于变现。而卖出这些股票会压低其价格。其他执掌共同基金的经理也进行了与你相似的操作。但是，一些成长股基金持有科技股、医药股、消费品股等。随着英特尔、微软和甲骨文的股价遭受重创，这些成长股基金的经理也必须卖出其他股票来弥补损失，因此他们会卖出默克（Merck）和宝洁公司的股票。从基金到基金的连锁效应会导致大部分股票受到影响。2000年到2003年，不受这种影响的唯一一类股票是流通量小、价值被严重低估的股票，恰好是领跌的被高估的科技成长股的对立面（顺便提一下，2008年、2009年交替之际，金融板块的这种连锁性卖出表现得非常明显）。

因此，我于2000年减持了科技股，年末我转换为防御性投资策略，一直持续了18个月之久。

几个基本的熊市规律

你可能会问，为什么是18个月呢？尽管牛市持续的时间差异很大，但大多数熊市都在1年至18个月的范围以内。从当代史来看，很少有熊市能持续两年或以上的时间。如果你采取了防御性策略，你就不应当认为熊市会持续这么长的时间。熊市持续的时间越长，你重新进入市场前等待的时间就越长。2000—2002年的熊市很不寻常，持续的时间比2008年的熊市还长！2008年的跌幅巨大，2000—2002年的跌幅也很大。正因如此，很多人都认为，熊市持续的时间都很长，跌幅都很大，这是"近期偏差"（recency bias）和认知错误的例子。如果你认为下一次熊市持续的时间会超过18个月并据此下注，那么你实际上是把注押在了历史异常值上。你不能因为恐惧或者受情绪的影响做出这样的判断，你应该以坚实、可靠的理由为基础。如果你仍然在很长的时间内看空市场，那么你可能错过牛市启动时股票飞涨的时机，你的代价将是巨大的。

此外，当你能成功地离场，而且事实证明你的决策很正确时，你那思维落后的大脑可能害怕你冒风险，因此，它会诱导你一直待到牛市启动、股价飞涨之后再采取行动。身处股市之外会让你感觉更惬意，会让你觉得自己的判断在很长的时间里是正确的，特别是当你认为，股市的飞涨不现实时。你的大脑想为你的成功离场积累骄傲感。转而看涨意味着你之前的判断可能是错误的，果真如此的话，人们会嘲笑你，我们思维落后的大脑不喜欢被人嘲笑。

一旦你成功离场后，你的大脑就会认为熊市会持续很长时间，但事实很少如此。你听过很多这样的说辞，"长期的熊市中包含着周期性的牛市"，意思是，股市总体上是下行的，股价上涨只是昙花一现，但历史数据明确告诉我们，股价上涨的时候远比下跌的时候多，真正漫长的熊市是不存在的，这跟很多人预想的不一样（有关这类谬论的更多讨论，请参阅《费雪论股市获利》一书）。

了解熊市的性质有助于你把握重新进场的时间。从历史上看，在熊市的前2/3时间里导致的损失只占整个熊市损失的1/3，我称之为"2/3与1/3规律"（请注意，这一规律并不具有普遍适用性，在做出改变资产配置的决策时，还应考虑其他基本因素）。这是一个粗略的概括，但有2/3的损失发生在熊市快要结束时。1973—1974年的熊市就是个好例子，如图8.4所示。

你无法完美地把握重新进场的时机（2002年的我就是如此）。在熊市的后期，股市表现得很残酷，这是TGH戏弄你的方式，它要让你错过新一轮牛市启动初期的飞涨。

换一种思路解读这条规律就是：在熊市初期，股价的跌幅并不大，越到后期，股价的跌幅越大。在峰值出现后的前10%—20%的时间里，市场缓慢下行。由图8.3可知，2000年是一个范例。这一规律在某些国家并不适用，比如，在一些小国，其股价在峰值出现后会急剧下跌。但对于美国、整个国外市场和整个世界市场，这一规律是适用的。因此，在预测下一个大熊市之前，你没有必要在股市到达峰值之前做出判断，这几乎是不可能的。在某些事件发生之后预测峰值要比在事件发生之前预测峰值容易得多。

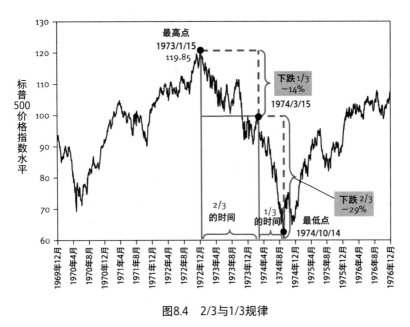

图8.4 2/3与1/3规律

资料来源：汤森路透

　　反过来，当股市进入底部时也是如此。虽然在牛市的顶部，股价不会飙升，但在熊市的底部，股价可能走出"V"形，有时会走出"W"形。"V"形底的情形（或者，有两个最低点时，底部呈"W"形），如图8.5所示。如果你在股价到达峰值之后的某个时刻成功采取了防御性策略，那么你在"V"形的哪一边重新进场重要吗？不重要。无论你在其左侧还是右侧进入，你最终的结果几乎都是一样的（过早进入可能会有一点利息损失）。

　　TGH希望你沉迷于损失厌恶和后见之明偏见中无法自拔，静等市场大幅反弹的时机来临。在正确的时间离场需要胆量，若你能正确地预测熊市（这很难），适时地重新进场也需要胆量，18个月的规律能给你提供参考，帮助你约束自己的行为。

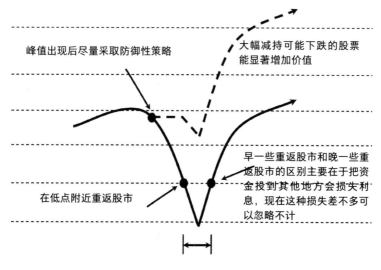

峰值出现后尽量采取防御性策略

大幅减持可能下跌的股票能显著增加价值

早一些重返股市和晚一些重返股市的区别主要在于把资金投到其他地方会损失利息，现在这种损失差不多可以忽略不计

在低点附近重返股市

图8.5　牛市紧随着熊市出现

注：本图仅作说明用，不应被视为预测依据

　　如果你觉得18个月的期限过短了，没问题，你可以自行确定熊市持续的时间，无论你确定的是20个月还是22个月，你都要以它为准。将你我设定的期限相结合的方法是，观察18个月后股市的情况，看看你的设定是否合理。如果满18个月后，你仍然确信，股市将继续走低，你知道其中的原因，但别人都不知道，那么你就继续等待吧。如果一个月后股市没有走低，你就要强迫自己重返市场。如果股市确实如你所料走低了，那么你就继续等待，但是，如果股市恢复至了刚满18个月时的状态，那么你要强迫自己进场。此时，你只不过是在"V"形另一边的同一水平上进场了而已。不要让你那不守规矩的大脑控制了你。

　　你不必准确地预测出熊市开始的时间还有另外一个原因。我们考察了美国和全球的历次熊市后发现，除两次外，在其他熊市期间，股市每月的平均跌幅在1.25%—3%之间，2%是一个很合理的平均跌幅，1973—1974年的熊市就是个范例（见图8.6）。1987年的熊市是个例外，这次熊市持续的时间非常短。2008年的熊市也不同寻常，这是大萧条以来最严重的熊市，雷曼兄弟（Lehman Brothers）倒闭以后，股市暴跌了了近1/3，导致了更高的月均跌幅。

记住这条规律，可以防止你对正常的波动感到厌烦。如果你怀疑自己遇到了熊市，请耐心观察。如果你发现股市跌幅超过了2%的平均水平，那么要确认股价无法反弹后再离开股市，你可能只是经历了一次调整。但是，若股市确实进入了下行阶段，你会发现股价会很快回升，但回升幅度不会超过2%，这也给了你清仓离场的好机会。所以，保持耐心很重要。

乔·古德曼（Joe Goodman）聪明睿智，是长期撰写《福布斯》专栏的作家（我于2007年8月超过了他，成为为《福布斯》撰写专栏时间第四长的人）。在我看来，他是《福布斯》有史以来最出色的专栏作家。他在20世纪40年代和50年代建议读者，永远不要过早地认为股市到达了顶峰。他认为，读者应该在自己认定的股市触顶日基础上再等待3个月，才能判定熊市是否来临。

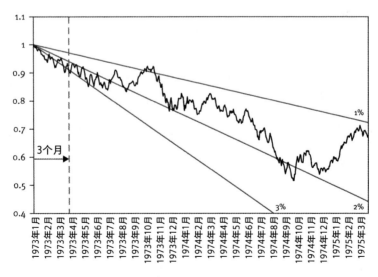

图8.6 2%规律

再次说明，你不一定必须依照这些规律做出判断，但你可以利用它们约束你的行为，防止你在股市调整期间过早地离场，眼睁睁地看着股价一路飙升。而且在你利用这些"规律"或者"规律"组合时，你仍然需要注意其他人认为合理，但你认为会对股市造成不利影响的因素。

■ 绝不乏味

如果你是一位目光长远、以增长为导向的投资者，那么你应该牢记这一点：不要认为预测熊市很容易。世界是一个可怕的地方，一直都是。可怕的大事件发生（和发生了很多）并不一定会导致熊市出现。

作为投资者，我们会记错过去发生的事件和我们对它们的反应（后见之明），所以我们认为，我们当时处理得很好，但实际上并非如此。历史上发生过很多大事件，从总体来看，股市在波动中不断上涨。表8.6列示了一些重大的历史事件和随后的全球股票收益率。从中你能体会到，股市的韧性有多强！

看看表8.6列示的历史性事件，并且回忆一下事件发生时你的真实反应。比如，古巴导弹危机发生时你感觉如何？约翰·肯尼迪被刺身亡或者美国驻伊朗大使被扣押时你是什么反应？再比如，"千年虫"病毒爆发日来临时你作何感想？不要在不恰当的时候因恐惧而匆忙离场，因为这正是TGH想要你做的。

■ 伪装成熊市的牛市

TGH会变着法儿地戏弄你，让你以为每个牛市都是伪装的熊市。在TGH的"刻意"安排下，每一轮新牛市都伪装成了"长期的熊市"。牛市毫不害羞地"穿着熊市的服装"。我从来没有见过不身着"熊市服装"出现的牛市。不幸的是，大多数投资者都不寻找身着"熊市服装"的牛市，等到他们回过神来时，一切都太晚了，在TGH的误导下，他们错过了牛市50%的上涨空间。

为了识破TGH的伎俩，你要知道如何区分伪装成熊市的牛市和真正的熊市，二者的主要区别在于下跌的幅度和下跌持续的时间。市场的调整比较短暂，通常表现为跌幅达10%—20%的全球性衰退，但有时跌幅更大。它持续的时间通常比较短暂，下跌速度比较快，而且事先没有任何征兆，其峰值呈现尖点形态，但它的结束也非常突然，而且可能以极快的速度创下新高，但是，当股价下跌时，会给人一种股价会永远跌下去的感觉。

你可能认为20%的跌幅过大了（就像1998年中期一样），可以认定股市进入熊市了，但别忘了"短暂而急剧地"下跌这一关键说法，这样才算违背了2%的规律。牛市中的调整很常见（平均每年一次或两年一次），而且很难把握调整的时间，所以你不可贸然做出预测，因为止跌回升的速度非常快。要把握好时机，你就必须在合适的时间进场，在合适的时间离场。但这两方面你可能都没有做到，不要担心。（从历史上看，没有一位资产管理者或金融从业者能在长期准确地预测短期经济衰退，如果有相应的预测方法，至少应有一个人已经掌握了它，但事实并非如此。如果你有这种本事的话，你也用不着阅读本书了。）

与小幅下跌的情形类似，靠运气准确地预测出调整时间的人得到的任何好处，都会被交易成本和税负所吞噬。

表8.6　历史大事件

年份	事件	全球股票收益率
1934	大萧条；首次保证金要求；希特勒就任纳粹德国元首	2.6%
1935	西班牙内战；意大利入侵北非；希特勒拒绝签署《凡尔赛条约》；美国颁布《社会保障法》	22.8%
1936	希特勒占领莱茵兰（Rhineland）	19.3%
1937	货币政策收紧；资本支出和工业生产严重下滑；经济不景气	-16.9%
1938	世界大战的阴云密布；华尔街丑闻被曝光	5.6%
1939	有关欧洲战争的新闻充斥报纸头条，德国和意大利签署为期10年的军事协定	-1.4%
1940	法国落入希特勒之手；英国空战爆发；美国修订中立法案	3.5%
1941	德国入侵苏联；珍珠港事件爆发；美国对日本、意大利和德国宣战	18.7%
1942	实施战时价格控制政策；中途岛战役（Battle of Midway）爆发	1.2%
1943	美国定量供给肉和奶酪；罗斯福实施价格和工资冻结政策	19.9%
1944	消费物品短缺；盟军登陆诺曼底；布雷顿森林体系建立	-10.2%
1945	富兰克林·罗斯福去世；出现战后经济衰退的预测；硫磺岛（Iwo Jima）决战；在日本投下原子弹	11.0%
1946	《1946年就业法》（Employment Act of 1946）通过；钢铁和造船厂工人罢工	-15.1%
1947	冷战开始	3.2%
1948	柏林封锁；为避免工人罢工，美国政府控制了铁路；以色列建国	-5.7%
1949	苏联成功试爆原子弹；中国共产党领导的中华人民共和国成立	5.4%
1950	朝鲜战争爆发；麦卡锡（McCarthy）和红色恐怖（Red Scare）	25.5%
1951	开征超额利润税	22.4%
1952	为避免工人罢工，美国政府收回铁矿；确定最高联邦所得税税率为92%	15.8%
1953	苏联成功试爆氢弹；经济学家预测1954年经济将陷入衰退	4.8%
1954	道琼斯指数突破300点，人们普遍认为，股市过热了	49.8%

续表

年份	事件	全球股票收益率
1955	艾森豪威尔生病	24.7%
1956	埃及收回苏伊士运河	6.6%
1957	苏联成功发射人造卫星；财政部长汉弗莱（Humphrey）发出萧条警告，艾森豪威尔总统表态认同	-6.0%
1958	经济陷入萧条	34.5%
1959	卡斯特罗（Castro）在古巴执政	23.3%
1960	苏联击落U2侦察机；卡斯特罗收回美国驻古巴炼油厂	3.5%
1961	猪湾事件（Bay of Pigs Invasion）；特种部队（Green Berets）被派往越南；柏林墙建起	20.8%
1962	古巴导弹危机，可能造成全球毁灭；肯尼迪压低钢铁价格，引发华尔街恐慌	-6.2%
1963	南越政府垮台；肯尼迪遇刺	15.4%
1964	签署《东京湾决议案》（*Gulf of Tonkin Resolution*）；纽约爆发种族骚乱	11.2%
1965	爆发人权游行；林登·约翰逊（LBJ）身患心脏病的谣言传播；财政部警告黄金投机行为	9.8%
1966	越南战事升级，美国轰炸河内	-10.1%
1967	纽瓦克和底特律发生种族骚乱；林登·约翰逊签署巨额国防开支法案；六日战争（Six Day War）爆发	21.3%
1968	"普韦布洛"号（USS Pueblo）被扣；春节攻势（Tet Offensive）；马丁·路德·金（Martin Luther King）和罗伯特·肯尼迪（Robert Kennedy）遭暗杀	13.9%
1969	货币政策收紧，股市下跌；优惠利率创新高	-3.9%
1970	美国入侵柬埔寨，越南战争范围扩大；货币供给减少；宾夕法尼亚中央铁路公司破产	-3.1%
1971	工资冻结；美国终结布雷顿森林体系（Bretton Woods System），金本位成为历史	18.4%
1972	美国的贸易赤字创新高；美国在越南港口布雷；尼克松访华	22.5%
1973	阿拉伯石油禁运导致能源危机；水门丑闻（Watergate scandal）；副总统阿格纽（Agnew）辞职	-15.2%

续表

年份	事件	全球股票收益率
1974	股市出现40年中最大跌幅；尼克松辞职；日元贬值；富兰克林国民银行（Franklin National Bank）倒闭	- 25.5%
1975	纽约市政府破产；经济形势严峻	32.8%
1976	经济复苏迟缓；OPEC提高油价	13.4%
1977	股市暴跌；社会保障税提高	0.7%
1978	利率上涨	16.5%
1979	油价飞涨；三里岛（Three Mile Island）核事故；伊朗扣押美国大使	11.0%
1980	利率高企；纽约暴发健康危机［拉夫运河（Love Canal）废物污染事件］；卡特下令停止向苏联出口粮食	25.7%
1981	严重的经济衰退开始；里根遭枪击；能源股开始崩盘；确认首例艾滋病病例	- 4.8%
1982	出现40年来最严重的经济衰退，利润暴跌，失业率大增	9.7%
1983	美国入侵格林纳达（Grenada）；美国驻贝鲁特（Beirut）大使馆遭炸；华盛顿公共电力供应系统（WPPSS）市政债券违约，成为历史上规模最大的违约事件	21.9%
1984	联邦政府赤字创新高；FDIC（联邦储蓄保险公司）对伊利诺伊大陆银行（Continental Illinois）实施紧急救助；美国电报电话公司（AT&T）被分拆	4.7%
1985	美苏军备竞赛开启；俄亥俄银行（Ohio banks）停止运营；美国成为最大债务国	40.6%
1986	美国轰炸利比亚；博伊斯基（Boesky）因内幕交易被判有罪；"挑战者"号航天飞机事故；切尔诺贝利核事故（Challenger explodes）；《税收改革法案》（*Tax reform act*）通过	41.9%
1987	股市单日跌幅创纪录；"伊朗门"事件调查（Iran-Contra investigation）结果显示里根违法	16.2%
1988	第一共和银行（First Republic Bank）破产；美国起诉诺列加（Noriega）；泛美航空（Pan Am）103航班爆炸	23.3%
1989	储蓄&贷款救助计划启动；旧金山地震；美国出兵巴拿马；柏林墙倒塌；日本人买下洛克菲勒中心	16.6%
1990	伊拉克入侵科威特，海湾战争开始；消费者信心骤降；失业率飙升	- 17.0%

续表

年份	事件	全球股票收益率
1991	经济衰退；美国开始空袭伊拉克；失业率升至7%；苏联解体	18.3%
1992	失业率持续上升；经济恐慌蔓延；货币供给收紧；大选更为激烈	-5.2%
1993	税负增加；经济复苏不明朗，二次衰退的恐惧蔓延	22.5%
1994	试图将医疗保险业国有化；中期选举中共和党获得绝对胜利	5.1%
1995	美元疲弱引起恐慌；俄克拉荷马城（Oklahoma City）爆炸案	20.7%
1996	人们担忧通货膨胀；前南斯拉夫共和国爆发冲突；美联储主席艾伦·格林斯潘发表了"非理性繁荣"演讲	13.5%
1997	10月科技股小崩盘和环太平洋（Pacific Rim）危机	15.8%
1998	俄罗斯卢布危机；亚洲金融危机暴发；长期资本管理公司（Long-Term Capital Management）破产	24.3%
1999	对"千年虫"问题的恐惧；《金融服务现代化法案》（Gramm-Leach-Bliley）获通过 [《1933年银行法》（1933 Glass-Steagal）的部分条款被废除]	24.9%
2000	网络泡沫开始破裂；总统选举争议（布什V.戈尔）	-13.2%
2001	经济衰退；"9·11"恐怖袭击；减税；美军进入阿富汗	16.8%
2002	企业会计丑闻；对恐怖主义的恐惧蔓延；伊拉克局势紧张；《萨班斯—奥克斯利法案》（Sarbanes-Oxley Act）通过；巴西的主权债务险些违约	-19.9%
2003	共同基金丑闻曝光；伊拉克战争爆发；"非典"来袭	33.1%
2004	对疲软美元和美国三重赤字的担忧增加；印度洋海啸致使20余万人丧生	14.7%
2005	因核武器问题与朝鲜和伊朗关系紧张；卡特里娜飓风来袭；油价飙升至70美元/桶	9.5%
2006	朝鲜试验核武器；民众担忧房地产泡沫；美国军队持续在伊拉克作战；民众担忧新任美联储主席（伯南克）	20.1%
2007	油价创历史新高；次贷危机显现；主权财富基金兴起	9.0%
2008	全球性金融恐慌；自20世纪30年代以来股市年跌幅创新高	-40.7%
2009	各国出台大规模的财政刺激计划；各国央行利率处于历史低位；关于美国医保的大辩论	30.0%

续表

年份	事件	全球股票收益率
2010	欧洲五国（葡萄牙、意大利、爱尔兰、希腊、西班牙）主权债务恐慌；二次衰退担忧；5月"闪崩"；民主党失去众议院控制权；医疗改革法案通过；金融改革法案通过；《巴塞尔协议III》银行改革法案通过	11.8%
2011	阿拉伯之春；日本地震和海啸；欧洲五国债务问题持续；本·拉登被杀；美国信用评级下调	- 5.5%

注：1970—2011年的收益率采用的是摩根斯坦利资本国际（MSCI）世界指数的收益率，该指数涵盖了24个发达国家的股市业绩，内含股息和须扣税款。1934—1970年的收益率来自全球金融数据公司，计算方法与世界指数的相似

资料来源：全球金融数据公司、汤森路透

■ 伪装成牛市的熊市

但熊市到来时，你感觉股市是在调整。牛市不会以突然下跌的方式宣告自己已登顶，不存在这样的公告效应（除了1987年、2008年）。此时，到来的不是披着熊市外衣的牛市，而是披着牛市外衣的熊市。如前所述，牛市到达顶峰之后的走势是平稳、缓慢的，除了永远看跌的人之外，人们普遍看涨股市。你不会听到"轰"的一声，你不会觉察到股市将经历长期的低迷期。事实上，你可能会觉得你的多元化投资组合很无聊，你应当增持个别股票或板块以提高收益。

从历史上看，如果股市在72%的时间里获得正收益[①]，而在获得负收益的年份里，跌幅较小的话，那么即将到来的可能是真正令人恐惧的大跌熊市。这样的大跌发生时，投资者损失惨重。但是，如果你想在股市中获得长期的高收益，你就得面对这类下跌。当大跌发生时，人们很容易相信这只是暂时的回调，但历史经验、基本面数据和利润动机（以及人性）都不

[①] 全球金融数据公司、标准普尔500指数总收益率，1925年12月31日—2010年12月31日的数据。

支持这样的判断。

另一种分析这种情形的思路是，如果你在20年内曾看跌过股市三四次，那么这说明你看跌过度了。人类为避免损失付出的努力要大于为获得收益而付出的努力，这是人类的本性使然，记住这一点。如果你的大脑一直对你说，熊市近在眼前，那么这说明你的大脑判断有误。只有独立分析才能做出正确的看跌判断。你必须独自分析，不受其他人的干扰。但是，如果你运用了本书介绍的三个问题，那你就永远不会孤单。

■ 太早进场

正确地预测熊市何时到来只成功了一半。如果你采取了防御性策略，那么你必须决定什么时候重新进入股市。面临危险时，我们那思维落后的大脑考虑的时是如何补救损失，而不是离场。就像你不能依据一套固定的指标离开股市一样，你也没有什么神妙之法确定重返股市的时机。

2002年5月，在预测到科技股泡沫和熊市近两年之后，我和我的公司再次看涨股市。事后来看，我们的论断下早了，因为直到2002年10月大盘才触底。我并不指望能准确地预测触底的时间，但在股市暴跌之前过早地进场承受TGH的羞辱永远不是什么好事。

为什么我和我的公司那年5月决定重返股市呢？下面列出了关键原因。尽管预测错误，重返股市过早，但我们是在三个问题基础上做出的理性、谨慎的决策。

● 根据熊市一般持续18个月的规律，我认为2002年6月股市能复苏，投资能获得相应的回报。我的客户们希望得到股票收益，我不习惯脱离股市太久。

● 自熊市来临以来看跌的共识首次形成，因此我认为未来12个月内最不可能出现大跌。事实证明，12个月后，全球股市下行，但基本上都是小跌。在我看来，接下来几个月的股市走势仍然不明朗。尽管股市没有在一年内大跌，但它立马大跌了，我踩中了地雷。没有人喜欢负收益，但我希望在股市出现前三种走势时获得收益。

- 熊市投资产品正在激增，例如，为应对下跌而专门设立的共同基金。看跌的文章广受欢迎，写此类文章的人被视为智者。

- 重大的负面消息已经广为人知了，在我看来，它们的价值已经大打折扣了，在过去的两年半里，它们"唬人"的力量几乎已消失殆尽了，包括经济衰退、利润下跌、企业可能破产、恐怖袭击和即将到来的战争、会计丑闻（安然、世通）等。

- 在2001年9月（纽约、华盛顿特区、宾夕法尼亚上空遭受恐怖袭击后）和2002年的低点之间，股市似乎走出了双底形态。

- 货币状况良好。广义货币增速高于通货膨胀率，短期流动性在提高，美国和全球的收益率曲线很陡峭。更重要的是，鲜有人注意到这一点。

- 外国市场的表现有史以来第一次优于美国，这表明股市将发生变化，全球熊市可能结束（尽管这种情况随后发生了变化，直到2003年才恢复）。

- 我们创立的一项资本市场技术，即运行强度指数（Run Strength Indicator）显示，股市已经处于超卖状态，即将上涨。不幸的是，所有的数据反映的都是第二次世界大战后的情况，当时的熊市规模比较小，而且是首次运用这一指标，对现实的反映不够充分。

■ 运行强度指数

运行强度指数是衡量情绪疲劳程度的指标。这是我公司利用问题二开发的资本市场技术范例，是衡量驱动股票需求的短期情绪的一种方法。从短期来看，情绪是决定股票价格的重要因素。这一方法涉及复杂的计算，囊括了许多因素，人们基本上可以通过这些因素获知股市何时上涨或下跌，因为这些因素决定了人们的情绪。运行强度的最低值为0，最高值为100。我们观察到，当不同股票的这一指数值都低于20时，强劲的反弹就会出现。反过来，当这些指数值高于80时，似乎表明股市处于超买状态，股价通常会下跌。我们反复进行了测试，结果证明这一规律成立。

2002年5月，该指数降至极低的点位，远低于20，这似乎表明股市处于极度超卖状态。大多数重要的指数均是如此，过去几十年都没有出现过这种情况，未来几十年也看不到这种情况。我们之前没有在真实的情境下使用这一指数，因此在测试它的时候也不是在真实的情境下。但时间至关重要。

到了6月底，我们明确认识到，这个指数还不适合作为确定时机的工具使用。事后来看，当时的市场情绪非常糟糕。事实上，运行强度指数只是不适合衡量极端的熊市情况，对于比较正常的熊市情况，它还是有效的。

但其他规律仍然适用，因此我们没有理由转而退出市场。我从这次经历中积累了懊悔感，并汲取了宝贵的教训（在一定程度上对抗了TGH）。

为罕见的极端现象创建资本市场技术需要运用具有可比性的历史数据，但这些数据可靠吗？我早就知晓，但在此过程中了解更深入的一点是：历史数据的失真很严重，数据是如何失真的，无人知晓。这次经历促使我铭记这一点：一定要确保历史数据可靠。因此，我采用了更严格的方法来确认历史数据的真伪，以此确保我们的假设更接近现实。考察的情形越极端、越罕见，就越需要确认数据的可靠性。可靠的数据极为珍贵，很难获得。

我从中吸取了另一个重要的教训：要多倾听客户的意见，但是，从另一种角度倾听。2002年5月份，我们决定重新投资时，几乎没有客户认为这是个馊主意。他们认为，我们把资产从现金和"复合式现金"全部转变为股票的决策很正确。回想之前，当我们把科技股清仓时，客户们普遍认为我们错过了大好时机，但事实并非如此。通常情况下，投资者会在错误的时间里做错误的事情。

但在2002年5月，我认为，我们的客户不能代表世界上的其他投资者。由于我们避开了熊市造成的大部分损失，我们对重返股市信心十足，没有担心股价的不利变化。但一个月之后，我们发现股价还在下跌，许多客户对此很不高兴。

因此，我们必须衡量我们客户群的实时情绪。我们的客户群足以代表美国的高净值投资者整体，因此，它是一个验证情绪的绝佳实验室。如果我们的客户不觉得恐惧，那么这说明恐惧情绪蔓延得并不广泛。直到今天我们仍然在搜集客户的相关数据并进行整理，以确认客户群的恐惧或极端乐观情绪，它是非常有用的情绪衡量工具。

当然，我也有判断错误的时候。我没有想到《萨班斯—奥克斯利法案》会在2002年7月得以通过，该法案对股市造成的不利影响至今存在。2002年末，我低估了"所有CEO都是骗子"的心态对整个社会的影响，这种心态导致了这一法案得以通过，而法案的通过又增强了人们的这种心态。例如，到了7月份，媒体上充斥着杰克·韦尔奇（Jack Welch）是个坏人、通用电气是下一个安然的谣言。如果通用电气有问题，那所有的企业都会有问题。一切都是情绪在作祟，但我事先没有看出这一点。在牛市或熊市的最后阶段看出情绪的变化很难，因而判断很容易出错。这一次我做出判断太早了，而且判断错了。过早地重返股市是大错，但只要判断正确的次数大于错误的次数，即使你不时犯错，你也可以在长期击败市场，这就是游戏的真谛。重返股市后，我仍然与股市共进退。

▪ 没有离场

在修订书期间，我还做出了另一个错误的判断，我从中也学到了很多。正如我一直强调的，投资不是一门手艺，需要不断的探索和学习。

我对2008年的股市判断错误，是因为从很多方面来看，这次的熊市特征与过去的不一样。股市到达顶峰时，投资者完全没有欢欣或乐观的情绪，这很不寻常。在我看来，如果没有财务会计准则委员会规则第157条（公允价值会计，FAS 157）的不利影响，这可能仅仅是一次典型的调整。

简言之，这一规则导致银行以不合理的标准来评估不易变现的资产。它迫使银行陷入了近乎自我延续的资产减记循环，使资产负债表形同虚设，迫使银行出售其他资产以符合（随意规定的）资本比例，最终导致一些大型机构濒临破产，对改善投资者的情绪毫无裨益。此外，熊市于2007年年底开始，该规则也几乎在这个时候颁布，熊市于2009年结束，当时有各种迹象表明，这一规则可能被中止或废除（事实上，它基本上已形同虚设了）。我认为，这绝非巧合。

政府对2008年处于困境的金融公司的反应也是极为随意的。一些公司被迫联姻，如摩根大通（JP Morgan）和贝尔斯登（Bear Stearns）一些公司被收归国有，如美国国际集团（AIG）、房利美（Fannie）和弗雷迪（Freddie）；一些则任由其破产，如雷曼兄弟。政府做出不同反应的依据是什么？人们不得而知，市场不喜欢这样的不确定性。

我认为，若没有FAS157和之后政府的反应，2008年会出现大幅度的调整，甚至是小规模的熊市。当然，我的判断可能是错误的，这一点无法验证。如果你的目标是实现长期的增长，那么你总是面临被TGH干扰的风险。你能做的就是多吸取教训，投资时把眼光放长远一些。

从2008年的熊市中得到的一个重要教训是，即使是会计或监管规则的小变化也能对股市产生巨大的影响，因此我们在公司内部建立了审视变化及其未来影响的机制。这一教训很难学到，但投资是一个不断探索的过程，一些教训容易学习，一些则难一些。

对于那些有兴趣了解更多2008年信贷危机及其演变情况的人，我向他们强烈推荐联邦储蓄保险公司（FDIC）前主席威廉·艾萨克（William Isaac）撰写的《无谓的恐慌》（*Senseless Panic*）一书。

▪ 70/30规律

在我的职业生涯中，我做出过很多错误的判断，而且将来还会出错。我清楚这一点，知道投资就是这样的。然而，为市场预测者进行排名的独立网站CXO咨询集团（CXO Advisory Group）一直将我列为最准确的公共预测者，其依据是2000年以来我在《福布斯》专栏中做出的预测（我的《福布斯》专栏很不错，但并不能完全展示我公司为客户们采取的市场策略）。

我的排名为何如此高呢？正如我之前所说，在投资方面，你不应该追求预测精准，因为这是不可能实现的。你的目标是尽量使你预测正确的概率大于预测错误的概率。正如我在2011年所写的，CXO认为我的预测准确率为63%（这是"大师级"的预测水准，可在www.cxoadvisory.com查看）。现在没有任何人的预测准确率能达到70%。51%的预测准确率就足以让你击败市场了，70%的准确率会让你成为历史上的传奇人物。但这也意味着，即使是传奇人物也还有30%的预测是错误的。如果让我签一份在70%的时间里预测正确、在30%的时间里预测错误的合同，那么我会毫不犹豫地签下它，并投入我的资金。你虽然可能会犯下大错，但随着时间的推移，只要能保证正确的预测多于错误的预测，你就能稳赚不赔。

什么导致了熊市

什么导致了熊市？这个问题没有单一的答案。有可能是货币供求状况、收益率曲线的变化、财政盈余、行业崩盘、过度需求或者是影响了产权的糟糕立法，但不可能是导致上一次熊市的因素。两个熊市的起因很少一样，因为大多数投资者都在与上一次熊市做斗争的过程中积累了经验，准备好了应对之策。

牛市持续得太久时，你可能认为熊市即将开启。此时可提出问题一：有无"正确的"牛市持续时间？答案是没有。牛市的持续时间不固定，当牛市的持续时间长于一般水平时，通常会有一群人说，牛市持续的时间太长了，必定会结束（关于这一现象，请参阅《费雪论股市获利》），这种看法是错误的。牛市结束有其自身的原因，而且最终肯定会结束，但持续时间不是原因。6年前还有人说，20世纪90年代初开启的牛市到了1994年就算持续太久了。"非理性繁荣"一词于1996年首次出现，现在来看，它出现得过早了。牛市会持续多长时间，谁也不知道。

运用本书介绍的三个问题来测试其中的一些指标，找出你最喜欢的，看看是否能找到可靠的熊市先兆指标。你会发现，没有任何基本指标、技术指标能够完美地预测熊市何时开启。你也"感觉"不到什么时候应该离场。我听到有太多的投资者（甚至是专业人士）说，他们对于股市的走向有一种"有趣"的感觉或者是"只可意会，无法言传"的感觉。那是TGH在捣乱。如果不是的话，就请服用阿司匹林和解酸药吧。然后再运用问题三思考一下，这才是你真正需要做的。如果你认为"有趣"的感觉在过去是正确的，那么这可能只是运气使然。但是，你也可能受到了后见之明偏见的影响，忘记了你"有趣"的感觉完全错误的次数。

▪ 本·拉登、卡特里娜飓风会导致熊市吗

有人可能会说："我们现在生活在一个完全不同的世界里，一次恐怖袭击就会对市场造成严重的影响，不是吗？"这是一个合理的问题。2001年"9·11"事件发生之前，熊市和经济衰退已经过去了2/3，但这一事件可能导致市场的复苏延期（尽管我们无法确认这是否是事实）。所以提出问题一："'9·11'事件对市场有持久的破坏性影响吗？"

美国股市当日关闭，直到9月17日才恢复交易。当天一开盘，标准普尔500指数就大跳水，到9月21日，指数下跌了11.6%。[①]但令人惊讶的是，仅仅19天后，指数就超过了9月10日的水平，而且指数在高位保持了几个月。我们对当时的情形记忆犹新。是因为在遭受恐怖袭击之前，全球经济已经陷入了衰退，股市已经步入了熊市。此次袭击使股市进一步恶化了吗？也许吧！但股市很快就恢复了元气，并且保持高位达数月之久。请注意，大盘指数保持在高位期间，还暴发了炭疽恐慌（2001年秋）。还记得这回事吗？股市没有中断上行趋势，而是稳步上涨至高于9月10日的水平。

与之前一样，我们在全球范围内审视西方国家的恐怖袭击对股市的影响，结果如图8.7所示。

2004年3月11日，基地组织制造了马德里火车大爆炸事件，西班牙人称其为"西班牙的9·11"事件，这是西班牙的灾难性事件。当天，标准普尔500指数下跌了1.5%，仅5个交易日后，该指数便恢复至事件发生前的水平。2005年7月7日，基地组织制造了伦敦地铁爆炸事件，当天标普500价格指数实现了上涨，股市没有受到影响。

---

① 全球金融数据公司。

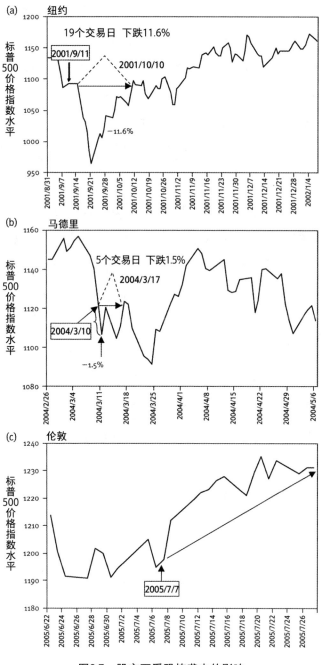

图8.7　股市不受恐怖袭击的影响

资料来源：汤森路透

此后，恐怖袭击事件时有发生，但股市大多没有受到影响，还是维持了原来的走势。未来的恐怖袭击是否对股市影响不大？这仍是一个值得商榷的问题。但自"9·11"事件发生以来，恐怖袭击已经不会引发股市恐慌了。那为什么投资者对恐怖主义如此深恶痛绝呢？这是因为无论我们在哪里生活、工作和旅行，恐怖袭击都是一种可怕的、真实的新威胁，我们要保护自己和亲友不受伤害。在此之前，在美国就发生过恐怖袭击，在外国也发生过针对美国的恐怖袭击，比如，2000年"科尔"号驱逐舰（USS Cole）遭遇炸弹袭击事件、1996年霍巴塔（Khobar）遭轰炸事件、1993年双子塔（Twin Towers）首次遭袭事件、1983年黎巴嫩海军营房遭受攻击以及洛克比空难爆炸事件等，除美国外，以色列的整个历史就是遭受空袭的历史。还有，英国的爱尔兰共和军（Irish Republican Army）被英国人视为恐怖组织，英国人似乎永远与这些恐怖主义分子生活在同一片土地上，但他们的股市表现良好。别忘了，第一次世界大战就是恐怖主义行为引发的。还有巴巴里（Barbary）海盗和的黎波里（Tripoli），你明白我的意思。恐怖主义不是什么新事物，它会给人类带来灾难，但人类的复原力很强，股市也是如此。图8.8显示了近代史上几次恐怖袭击发生后股市恢复元气所花的时间。

现在大规模的恐怖袭击会破坏市场吗？要回答这个问题，首先你得问问自己，再发生一次恐怖袭击事件会让你感到惊讶吗？你可能会更惊讶，截至2011年我撰写本书时，我们还未经历过另一次严重的恐怖袭击事件。2001年9月11日，没有人想到19名暴徒会把飞机和乘客当作炸弹从事恐怖活动，那天发生的一切都是不可想象的。

今天的股市很有定力，即使最近发生的最严重的恐怖袭击事件对股市的直接影响也非常有限。

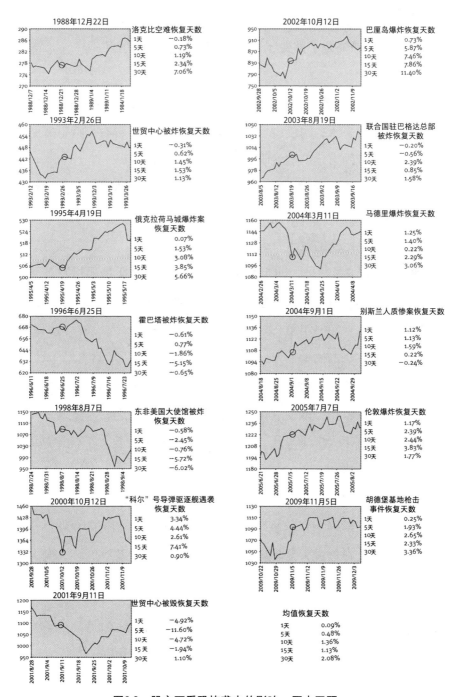

图8.8 股市不受恐怖袭击的影响：历史回顾

资料来源：全球金融数据公司，标普500价格收益率

■ 如果恐怖分子摧毁了一座美国大城市怎么办

如果恐怖分子摧毁了一座美国大城市呢？当然，后果是可怕的。但对股市的影响有多大？可能要比你想象的少，你只要看看卡特里娜飓风登陆新奥尔良造成的市场影响就明白了。

2005年，卡特里娜飓风和丽塔（Rita）飓风登陆新奥尔良和墨西哥湾沿岸的部分地区，墨西哥湾的大部分炼油厂停产，得克萨斯州、路易斯安那州和密西西比州的数十万人无家可归，流离失所。企业关门，员工失业。然而，2005年8月29日，即卡特里娜飓风登陆路易斯安那州的当天，美国股市上涨了0.6%。[1]当天虽洪水肆虐，遭飓风袭击的地方一片混乱，但股市表现得很正常。2005年第4季度，美国的GDP增长率为2.1%，标准普尔500指数上涨2.1%。[2]增幅虽不大，但绝没有如许多专家所预测的那样陷入困境。换个角度看问题：2005年第4季度，美国股市上涨了2.1%，全球股市上涨了3.1%，可以看出，即使在遭受卡特里娜飓风袭击之后，美国股市也没有被全球股市落下太远。[3]当然，没有卡特里娜飓风的话，说不定美国股市涨幅更大，但谁能证明这一点呢？

难道停工和海湾地区炼油厂生产中断没有使GDP受损吗？新奥尔良可是遭到了严重破坏啊！这是个好问题。我们首先从相反的思路提出问题：在这样的重大自然灾害发生后，为何GDP和股票收益率仍然表现良好呢？从相对的视角考虑这个问题。

假设遭受两次飓风的袭击后，路易斯安那州的每个人都突然失业了。

---

① 全球金融数据公司，标准普尔500指数总收益率。

② 美国经济分析局，汤森路透，标准普尔500指数总收益率和MSCI世界指数总收益率，2005年9月30日—2005年12月31日的数据。

③ 汤森路透，MSCI世界指数净收益率。

这不是实情，但我们假设出现了最糟糕的情况。路易斯安那州的人口约为450万，从历史上看，其人均收入仅为美国平均水平的四分之三。[1]该州人口占美国总人口的1%。如果飓风过后，该州的所有人都不再创造GDP了，那么美国的GDP增长率可能会因此减少1%，那么，当年美国的GDP增长率就是3%而不是4%了，之后GDP增长率会回归正常水平。

我并不是说路易斯安那州的人工作无效率、不重要，我只是觉得，该州对美国整体经济增长的影响很小，你不应该对此感到惊讶。美国经济体量巨大，路易斯安那州太小了，不足以对美国的GDP产生重大的影响。而从全球股市和全球经济来看，美国仅占全球GDP的23%，因此飓风对全球增长的影响更小。[2]从相对角度分析问题，结果一目了然。

■ 还记得我祖父费雪吗

我们也可以以史为鉴。当卡特里娜飓风登陆美国时，我做的第一件事是，拿出我的股票图表和历史书，查找曾重创我家乡的自然灾害事件。1906年的大火和4月18日的地震几乎将旧金山夷为平地，我的祖父费雪（详见第五章）不得不把与祖母的婚礼推迟到第二年。他们及家人和旧金山的其余人一起，住到了金门公园（Golden Gate Park）的帐篷里。我祖父的医学研究被耽搁了好几个月，因为他要治疗在灾难中受伤的人。

但股市并没有被压垮。当年4月份美国股市有所下跌，但下跌可能是由其他因素引起的（具体原因不明），但五六月份股市再次上涨，而且当年没有再出现大幅的下跌。大跌发生在下一年，即1907年，当时对纽约

---

[1] 美国人口普查局，《州&县数据速览：路易斯安那州》（State & County QuickFacts: Louisiana），参见网址：http://quickfacts.census.gov/qfd/states/22000.html。

[2] 彭博财经资讯、美国GDP，截至2011年12月31日的数据。

银行业的恐慌情绪蔓延，导致股市下跌了49%，从高峰跌落至谷底。①但在1906年，旧金山对美国的重要性大于2005年新奥尔良对美国的重要性。

旧金山遭受重创没有导致股市在1906年崩盘，这一结果很有历史启示意义，它告诉你不必担忧卡特里娜飓风对股市的影响，也告诉你，当恐怖分子对美国的城市造成重大破坏时，你也不必担心股市会受牵连。

你可以用同样的思路和方法看待其他"看跌"事件，如"SARS"、禽流感、埃博拉病毒、汉坦病毒（hanta virus）、炭疽病、水痘等。例如，2004年，SARS造成了巨大的恐慌，2005年和2006年，人们非常担心禽流感在人与人之间传播，但这些年的股市表现良好。

运用三个问题测试是否有任何地缘政治事件、自然灾害、健康危机，或者让我们所有人担心、烦恼的事情或听到的新闻能对股市产生重大的影响。你会发现，它们都不是预测熊市的可靠依据。

现在你已经掌握了三个问题，知道如何运用它们识别市场的走向了，而且理解了真正的熊市是什么样的了，接下来你要制定一个可以让你享用一生的投资策略了。请继续阅读吧！

---

① 内德·戴维斯研究公司（Ned Davis Research, Inc），道琼斯工业股平均指数收益率。

第九章

制定投资策略

坚持自己的策略不动摇

我们曾在第三章论述过，要想运用三个问题约束自己的行为，保持大脑清醒，不被TGH羞辱，就需要制定一个能指导自己做出决策的综合性策略。能运用三个问题就很棒了，但策略可以为你运用三个问题、在市场上下注提供基础和框架，帮助你不断向目标迈进。

也许你认为，你已经制定了非常出色的策略，这很好，但许多投资者把策略与方法混为一谈了。例如，许多投资者想以低廉的费用获得与大盘持平的收益，因此他们把购买免佣共同基金视为自己的"策略"。但这只是一种理念，而非策略。在没有策略指导的情况下，以这样的方式操作，30年后你可能没有支付任何费用，但你也得不到体面的回报。

许多投资者，包括许多专业人士，采用的方法（他们认为这是策略），是严格遵循静态资产配置法，即保持股票、债券和现金的比例不变。对于那些缺乏自控能力的人来说，这是一种很好的自我控制机制，就如同让其他人为你准备饭菜有利于控制你的体重一样。但静态资产配置法无法使你在机遇来临时利用好三个问题。

投资者还使用止损和平均成本法（这都是自我控制机制，也是我在附录H中详述的无效策略），即买即卖和有保护的看涨期权（在附录I中详述的另一种无效策略），在一个板块卖空而在另一个板块双倍买入的方法，他们认为这些方法都很有效，但实际上，有些有效，有些无效，但它们都是方法，算不得策略。这些看起来花哨但无效的方法不是策略。

在特定的时期采用适当的方法本无可厚非（注意，这里强调的是"适当的"，而不是"止损的"），但策略就相当于一幅蓝图，如果你掌握的信息与其他人一样，那么运用这些方法又有何用呢？只有在策略框架下运用它们才更有效。你要运用三个问题了解别人未知的信息，利用这些信息勇往直前，而不是在无策略的情况下耍一些投资小把戏，这样你受损的风险很大。

策略是指导你每个决策的计划。当你迷失方向时，它能把你拉回正轨。市场千变万化，不能仅靠直觉做出判断，它是许多人投资失败的一个原因。你感觉错误的通常是正确的，而你感觉正确的通常是错误的，这正是你需要运用三个问题和策略来确保你头脑清醒的原因。

在开始考虑投资策略之前，我们先来看看与投资目标有关的一些基本规则。投资目标是什么？这个问题的答案多种多样。想想你的目标，你能否用一两句话描述它们？如果你要用10页的文字，外加一些配图才能描述清楚，那么这说明你没有明确的策略。策略应当是简单明了的，且只适用于你自己。

例如，你的财务顾问是否评估过你的"风险容忍度"？为确定你是哪类投资者，他是否让你填写过调查问卷？通常情况下，这种调查只能反映出你当天的感受。另外，他可能还会判断你是什么类型的投资者，比如，你是追求"增长""积极增长"，还是"增长和收入"等。他还可能让你从五颜六色的饼形图中做出选择，或者在1—7或1—10或1—37的范围内给自己打分。

我从这种方法中发现的问题是：首先，追求成长对一个人来说是激进的，但对另一个人来说是保守的。更重要的是，投资者的感觉会发生变化。1999年填写调查问卷的人说他们的风险容忍度很高，追求20%的年收益率，到了2002年和2003年，这些人可能成了厌恶风险的人，他们只想确保获得较低的绝对收益。他们的长期目标和需求没有发生任何重大变化，但他们对近期市场行为的感觉发生了变化。如果他们根据近期的感觉制定了长期策略，那么他们会犯下代价高昂的错误，等到他们恍然大悟的时候，一切都来不及了。

有时候，个人投资者很难确定对风险容忍度的自我评估是由长期目标决定的，还是被自己近来阅读的资料、经历的事情、讨论的话题或思考的内容影响的。

投资者的反应也可能受其配偶或子女的影响。独自观看海盗电影的男士比与妻子一同观看电影的男士要更喜欢海盗的生活方式。

正如我和梅尔·斯特曼在学术文章《均值方差优化难题：安全投资组合与食品投资组合》(*The Mean Variance Optimization Puzzle: Security Portfolios and Food Portfolios*)[1]中指出的，风险是多方面的，任何人都不可能时刻完全了解它。你的大脑应对投资风险的模式就跟应对食物和饮食一样。食客和投资者都想同时获得好几样东西。他们感受到的风险都与他们没有得到的东西有关，他们从来不会去想，如果他们没有得到现已得到的东西时会是什么感觉。你的大脑很难同时体会所有的一切，你只重视你没有得到的东西，对你来说，这是风险。

我不会在这里重述这篇文章的内容。我只想申明一点：投资者不仅想获得收益，他们还不希望落后于人，或者不希望承担过高的机会成本。这正是股市上涨了35%时，那些原本只想获得10%的年收益率但实际上获得

---

① 肯尼斯·L.费雪和梅尔·斯特曼，《均值方差优化难题：安全投资组合与食品投资组合》，《金融分析师杂志》(1997年7/8月），第41—50页。

了20%年收益率的人感到愤怒的原因。对他们来说，这是一种风险。投资者也担心波动性，将其视为风险。大量的金融学理论把波动性描述为风险指标，但它只是风险中的一种，一些人比另一些人更担忧它。当然，投资者想对风险定价，不同的人对风险的定价也不同，当定价结果与他们的预想不一致时，他们就觉得存在风险。他们想要好声望。声望意味着很多事情，包括品牌效应（吸引人的独特之处）、安全感或品质风险小和较高的社会地位等。换个角度思考就是具有"炫耀权"（bragging rights），比如，"我认购了谷歌的IPO，你没有"。但是，如果声望突然消失，他们就会觉得自己身处风险的旋涡中。

此时，他们就受秩序偏好的影响了。很少有人能意识到秩序偏好对每个人的重要性，但你可以饮食为例，从两个方面思考它。一是为什么人要在早晨吃适合早餐吃的食物，晚上吃适合晚餐吃的食物，为什么不调换一下呢。食物含的热量相同，但即使无人监督，人们也不会调换。二是人们为何不调整食物的搭配呢，为什么不试试往咖啡里放沙拉、在沙拉或牛排上放奶油，看看味道如何呢。可能更美味呢！你不做这样的尝试，是因为你不想违反秩序偏好。如果你在餐厅里当着众人的面这么做了，与你一起用餐的人以后就不会跟你一起用餐了，他们会认为你是个疯子。

我的看法是，无论何时，你所注意的和令你烦心的风险都与你没有得到的东西有关，而且你的大脑几乎不注意你得到的其他东西，不关心你没有得到这些东西时，会作何感想。

■ 增长或收入亦或二者兼得

我深信，你是一个独特、有吸引力的人，然而，其他大多数人也很独特。你的独特之处无法通过统计数据显示出来。从统计学的角度来看，表示独特性的位置往往在钟形曲线的两端。如果你真的很独特，那么从技术层面来讲，你就是一个怪异的人。大多数人认为自己是独特的，但却不喜欢被视为怪人。因此，如果你是一位长期投资者，你可能与相当多的人具有类似的投资目标。总体来看，投资目标可被划归为以下三个基本类别：

1. 最大化最终价值

2. 获得现金流

3. 以上两者的结合

最大化最终价值：如果你的目标是最大化最终价值，那么你会扩大投资组合，赚取养老金，以便现在或未来购物（购买首套或二套房、上大学、购买一艘小船等）或者留给你爱的人又或者捐赠给你青睐的慈善机构。你也可以将此称为"增长"目标。

但"最大化最终价值"不一定意味着增加你的资金额。你可能还需要足够的资金来满足现金流需求（下一个目标）。例如，当被问及花销的主要用途时，人们通常会说是为了养活自己和家人。这可能需要增加他们的资金额，这是最常见的投资目标。

获得现金流：许多投资者需要从资金中获得"收入"，以维持现在或将来的日常花销。举一个极端的例子，如果父亲去世后留下了稳定的收入来源，而子女们无权干涉投资，也不一定了解资金的投资方式，那么子女们可能会非常高兴！这种好事值得庆贺一番！

当然，这样的继承人并不真正关心"收入"概念，只有那些辛勤耕耘的才关心它，这些继承人只想要稳定、安全的现金流。

现金流为考虑这一问题提供了更好的视角。金融学理论说得很清楚，在税收和风险等因素的影响下，我们不清楚我们喜欢哪一类现金流。例如，扣税后，现金是来自股息（可能有风险，也可能没有）还是资本收益（可能有风险，也可能没有）无关紧要，与资本收益相比，收入产生的总收益可能更多，也可能更少。我们应当关心的是税收和风险调整后的总收益率，而现金流的来源并不重要。

最终价值、现金流或二者的某种组合，投资目标就这么多！尽管还有各类子目标，比如，"我想在去世之后尽可能为拯救海豹联盟（Save the Seals League）多留些钱"，这意味着你想为慈善事业最大化最终价值。你能理解这一点吗？例如，一位年届50的投资者可能认为，他用钱的主要目的是养活自己和配偶，但他们夫妇俩还想为子孙后代留下点遗产，并做点善事。他们希望在生命结束时，他们资产的最终价值能实现最大化。这样做可以让他们获得日常生活所需的现金流，同时给子孙留下礼物（也许就是海豹）。大多数长期投资者的目标都是最大化最终价值、获得现金流或者二者的结合。

保本怎么样：可能还有第四个目标，即保本。真正的保本意味着毫无风险地保持资产的名义价值。根据我的经验，将保本作为长期目标的人比较罕见。当你拥有的资金大大超过你的需求，而且你确信通货膨胀不会侵蚀你的购买力时，也就是说，你没有其他需求，只想减少干扰因素时，这样的目标可能是适用的，也是比较合理的。但据我所知，具有这类目标的长期投资者少之又少。

从短期来看，保本比较有意义。有些人可能在攒6个月后的购房首付款，因此，以定期存单这样的低风险工具保存资金是合理的。针对这样的短期目标，你会避开波动性较高的股票。但一般来说，如果你购买了本书，你就不会想把大量的现金藏在床垫下，同时还想获得长期收益。

保本与增长是截然相反的目标。你经常听说投资者渴望"保本和增长"，而且你可能听闻一些专业投资人士能够提供"保本和增长"的服务。听起来很棒！谁不想保本并实现增长呢？但这就像不含脂肪的牛排一样不切实际。同时实现这两个目标是不可能的。

为什么呢？要实现增长，你就必须承受一定的波动风险，保本不需要承受波动风险，将两者相结合意味着获得无风险的收益，这是不可能实现的。

想实现无波动的增长？这要比你想象的更危险

读者们肯定还记得麦道夫（Madoff）和斯坦福（Stanford）庞氏骗局的悲惨结果。这两位绅士（斯坦福仍处在待审阶段）都大肆宣称，他们能以有限的风险获得较高的稳定回报。不幸的是，他们的客户发现，这样的事情不可能发生。[更多详情请阅读我2009年出版的图书《小心！这是投资圈套》（*How to Smell a Rat*），书中详细介绍了能助你识破庞氏骗局的各种迹象。]

如果你的目标是实现增长，而且20年后你账户里的资金额翻了两三番（如果你以股票指数为基准，很有可能取得这样的结果），你实际上在增加资金的同时保持了初始资金的价值。然而，在这20年里，你的账户余额随着市场起伏，你在经历波动性和其他风险的同时，实现了增长。因为你有长期的投资规划，你获得了类似股票的较高收益。但如果你的目标是保本的话，20年后你的资本额仍与现在一样，不会增加分毫。

如果有金融界的人为你提供"保本和增长"服务，他们要么是不称职，要么是别有用心，无论哪一种，对你而言都是很危险的。

切记不要犯错。大多数投资者都想实现一定的增长，否则他们不会从一开始就考虑股票、债券这类有风险的投资产品。如果你的目标是在任何时候都不损失一分钱（真正的保本），那么你根本就不应该买这本书，你应该把钱藏到床垫下保存。当然，即使你的目标是避免一切金钱损失，由于通货膨胀的长期影响，把钱藏到床垫下也不是最佳选择。通货膨胀是寻求保本的投资者的软肋，当通货膨胀率飙升时，你又如何在不冒风险的情况下实现真正的保本呢？避免所有风险是很难做到的。

四个重要的规则

你的投资目标是最大化最终价值、获得现金流还是二者的结合？你又如何实现这些目标呢？

如果你想做出更多正确的决策，你一开始要怎么做呢？正如你不需要高学历、不需要当学徒就能学会如何运用三个问题一样，制定策略也非常简单，你只需要遵循以下四条规则就可以了。我们公司管理资金时也遵循这些规则。

规则一：选择适宜的基准；

规则二：分析基准的组成，判断预期的风险和回报；

规则三：以不相关或负相关的证券降低获得预期收益的风险；

规则四：始终铭记，你可能犯错，因此不要违背前三条规则。

我们逐一讨论这些规则。

■ 规则一：选择适宜的基准

你很清楚，基准对成功的投资至关重要，你知道基准应该是什么样的（建构合理）、不应该是什么样的（价格加权的指数，如道琼斯指数）。同样重要的是，你选择的基准要适合你。基准决定了你可能经历的波动性、你的收益预期，甚至在某种程度上决定了你的投资组合。它就是你投资的路线图，你的标尺。你不应该在短期内改变它，除非发生了一些重大事件，改变了你投资的初衷。某些因素会严重影响你的投资期限，比如，你的配偶去世，这可能缩短你预期的投资期限或者你与年轻的配偶再婚，这可能延长你的投资期限。或者某些因素会严重影响你的投资目标，比如，出现了影响你未来所需的现金流的变化。因此，选择适宜的基准对你而言至关重要。

你的基准可以全部是股票（如我们讨论的），也可以全部是固定收入或者二者的结合。选择基准要看四个因素，它们决定了你是需要全股基准，还是全固定收入基准，亦或是二者相结合的基准。不必考虑毫无意义的"风险容忍度"调查结果。选择适合你的基准时要考虑的四个因素是：（1）你的投资期限；（2）你需要多少现金流以及何时需要；（3）你的收益预期；（4）其他适用于你投资组合的特定需求。例如，如果你是大公司X的一名高管，你就不能持有本公司的股票。或者你不想持有所谓的"罪恶股票"（烟草、赌博等行业的股票，由个人喜好决定），或者你有奇特但很强烈的观点，比如，你讨厌法国人或者你不想持有生产豆腐（或其他产品）的公司的股票。

风险容忍度的荒谬之处

自我6年前第一次撰写本书以来，有几个人批评了我提出的"把荒谬的风险容忍度抛到窗外"这一观点。他们只着眼于这句话的表面意思（也就是说，他们没有联系上下文理解它），他们认为我贬低风险容忍度的重要性。他们想错了。风险容忍度确实重要，非常重要！事实上，本章（以及整本书）基本上都在讨论风险容忍度和如何在承担适当风险的前提下，增加实现投资者目标的可能性。

我当时认为（现在仍然这样认为），通过调查问卷判断投资者的风险容忍度的做法是"荒谬"的，要了解投资者为实现长期目标需要承担多少风险，就需要深入了解投资者的投资期限、目标、现金流需求和其他可能影响他们投资组合策略的独特因素。这意味着要开展深入的调查，定期审视投资者的投资期限、目标、需求等，只有这样才能为他们制定有效的投资策略。

在我看来，通过简单的问卷调查方式不能确定投资者的风险容忍度，也无法为他们制定适宜的投资策略。

第一个决定因素：投资期限

你的投资期限可能是你的一生，也可能更长。除非你讨厌你的配偶，否则你也应该为他或她的一生考虑，这可能延长你的投资期限。如果你爱你的孩子，想为他们留下点东西，这也会延长你的投资期限。简言之，你的投资期限就是你希望自己的资产能持续存在的时间。你的投资期限肯定不是距离你退休或计划分配财产的时间。很多投资者对投资期限的看法都是错误的，他们没有运用问题一和问题二思考它。

千篇一律的投资期限

在我看来，金融服务业的一些宣传助长了人们对投资期限的误解。你可能听过这种说法："用100（或120）减去你的年龄，就是你应该投资股票的年限。"这种说法的假设前提是，年龄是唯一重要的因素，但实际上，还有其他许多因素需要考虑。我在2010年出版的《揭穿投资神话》一书的第四章详细讨论了投资期限问题。

你经常会听到有人说："我马上就要退休了，我必须得保守些，不能再冒险了。"但假设你是一名65岁的男性,你的妻子现在60岁,而且她可能活到90岁(很有可能实现),那么你的投资期限可能是30年,几乎是你的妻子预期寿命的1/3!如果你将大量的资金抽离股票,那么从历史数据来看,你的妻子可能无法安度晚年。如果你真的很讨厌她,想让她老无所依,那么这不失为一个好主意。不过,我猜测,这不是大多数人阅读本书的目的。

也许你已经想好了从何时起依靠资产收入生活,但你的资产收入必须足以维持你和家人未来的生活,否则你或者你所爱的人将会受苦。未来的这段时间就是你的投资期限。

你可能出于某种原因缩短了投资期限,比如,现年32岁的人可能需要在未来3年内攒钱购买首套房。但大多数情况下,投资者将投资期限预估得过短了。由于我的祖父母都很高寿(90多岁),我设定的投资期限比较长。人在年老时需要更多的钱,因为任何形式的医疗保险都无法满足老年人的需求。

股票还是债券?896%的问题

如果你的投资期限超过了20年,而且你正在阅读本书,那么,全股票型基准可能最适合你,但这也不是绝对的,因为你还要考虑现金流需求和其他因素。不过,从长期来看,股票是表现最好的流动性资产,股票收益率高于债券的可能性很大。自1926年至2010年底,共有66个20年滚动期,在64个滚动期中,股票的表现大幅优于债券[1],时间占比高达97%。超过20年的股票投资的平均收益率为896%,而债券的平均收益率为245%。在两个债券表现优于股票的20年投资期限中,债券的平均收益率为262%,股票

---

[1] 全球金融数据公司,标准普尔500指数美国股总收益率、美国10年期政府债券总收益率,1925年12月25日—2010年12月31日的数据。

的平均收益率为243%，二者之比为1.1∶1[①]，差别不大，而且股票收益率仍为正。从历史上看，投资股票能获得更高的收益。

从更长的时期来看，两者根本没有可比性。比如，按30年滚动期计算，股票的平均收益率为2473%，债券的为532%，二者之比为4.6∶1，差别巨大。在此期间，债券的收益率从未高过股票。[②]

你可能会觉得我在为投资股票敲边鼓。我是股票的死忠粉，因为股票的长期收益优越（也因为许多其他的原因），我相信人们经常低估他们基准中的股票比例。然而，有时候股票的表现会比较糟糕，比如，在熊市中，此时，通过持有现金的方式避免收益率下降是一个好方法，但这不是一种策略。

第二个决定因素：现金流

确定投资期限后，接下来要考虑现金流需要，这并不是说"如果你需要3%的现金流，你就应该在基准中设定X%的固定收入；如果你需要4%的现金流，你就应该设定Y%的固定收入"，没那么简单。你必须考虑其他目标和资产长期保值的可能性，权衡各种因素。

换句话说，投资期限相同、投资组合规模相似、现金流占投资组合的比例相同的两对夫妇，仅因为他们的长期目标不同，他们的基准就可能非常不同。

对于需要4%现金流的夫妇，如果他们同样（或者更多）关注投资组合的增长，那么100%的股权基准就是适宜的。

---

① 全球金融数据公司，标准普尔500指数美国股总收益率、美国10年期政府债券总收益率，1925年12月25日—2010年12月31日的数据。

② 全球金融数据公司，标准普尔500指数美国股总收益率、美国10年期政府债券总收益率，1925年12月25日—2010年12月31日的数据。

另一对夫妇可能更关心现金流，他们不想给子孙留下任何遗产，那么他们的投资组合只需要提供足够的现金流即可。对他们来说，提高固定收入在基准中的比例是适宜的。

然而，即使是混合型基准，比如，60%的股票和40%的固定收益或者70%的股票和30%的固定收益，有时候为了临时采取防御措施，你也可能把现金的比例提高至100%。不要误以为混合的基准是绝对安全的。你的基准是你的路线图，但你不一定自始至终都要保持各类资产的比例不变。在大熊市中，固守最初的比例会让你蒙受损失，必要时你得灵活变通。

内生股息

投资者在退休或临近退休时，内心会比较恐慌，他们认为，为了获得债券利息和股息，他们应该把所有辛辛苦苦攒下的钱都投入债券和高股息股票。他们认为，如果他们能从中获得体面的收入，他们就可以不必再管理投资组合，靠这些收入安度晚年了。如前所述，他们混淆了收入和现金流。

可运用问题一揭穿这个神话（这的确是个神话）。包含大量债券和高股息股票的投资组合能为退休后的生活提供足够的收入吗？可能吧！也许你的资产是1000万美元，每年你只想获得5万美元的收入。也许你不需要以资产增值的方式抵御通货膨胀风险，也许你不在乎资产因再投资风险或者高股息股票的价格跳水而缩减。

但大多数人可能无法忍受他们的资产在整个退休期间不增长或者大幅缩水。如果你在2002年时能购买收益率为6%的债券，但到了2011年时只能购买风险不高、收益率仅为1.5%的债券时，你会怎么办？当以前炙手可热的派发8%股息的股票贬值了40%时，你会怎么办？这家公司肯定会削减股息，这是理所当然的做法。然后，这只股票的市值降低，你从中得到的收益也会降低。如果出现了通货膨胀呢？

投资债券和股票并不一定能保证你获得稳定的收入，那你如何获得现金呢？如果你选择了全股基准，当你需要现金流时，你不会出售股票套现对吗？

为什么不呢？此时不这么做更待何时呢？我利用问题二想到了一个解决方案，它既能使资产保持增长，又能提供现金流，我称之为内生股息法。

假设你有100万美元的投资组合，你每年从中取出4万美元，这相当于每月取出3333美元。你必须始终保持投资组合中的现金额为这一数额的2倍，这样你每月不必急着出售股票套现，从而可以冷静地思考卖出的股票和时间。但你总是会卖出一些股票，获得一两个月所需的现金。你可以抛售掉一些正在下跌的股票，也可以削减比例过高的股票。你总是持有一些能为你增加现金的股票，但这是你之前正确选择的结果。获得内生股息是一种税负较、费用低廉的方法，它能够帮助你合理地投资，获得较高的收益。

第三个决定因素：收益预期

选择适宜的基准时要考虑的第三个因素是收益预期。如果你现年50岁，而且想在5年后退休，你要维持目前的生活质量，每年需要50万美元现金。如果你的投资组合总额为200万美元，那么你退休后肯定会陷入困境中。你的预期收益太高了，除非你能在未来获得大约1000万美元的意外横财，否则你每年的花费就不应当超过8万美元，或者你应当继续工作。想办法向你的爱人解释这个结果吧！

假设有一位名叫简（Jane）的投资者，她有可靠的收入来源，可保证她在退休后衣食无忧（有退休金或者房租收入）。她和丈夫不需要靠这些资产生活，因此打算把钱留给孩子们，但她也不太关心最终价值的最大化。

相反，她对波动性深感担忧，夜不能寐。

对她而言，全股票基准可能适合，也可能不适合。你需要了解更多信息，不要轻易排除任何可能性。

为什么呢？因为简的投资期限很长，而且不需要收入。我想知道她担忧的波动性是什么以及波动性是如何影响她的，我还想深入了解她的目标，了解究竟是什么令她夜不能寐。让投资者晚上难以安睡的原因有很多，但如前所述，很少有投资者能正确定位未来的风险。如果你完全根据现在的感受制定长期策略，忽略了其他因素，那么你肯定会铸下大错。简3个月、9个月或几年内的感受会不同吗？20年后她会不会因为持有的股票比例太低、投资组合价值大幅缩水而寝食难安呢？你必须考虑影响基准选择的其他因素。

第四个决定因素：个人的独特性

大多数投资者具有类似的目标，并不意味着他们没有自己的特点。这与"不喜欢"外国股票、医疗股、科技股、新兴市场股无关，因为这些都是固执而非个人独特性的表现。这里的个人独特性指的是，由于个人信仰、癖好或其他独特因素，对某家公司或者某一板块具有强烈的情感反应。创建一个反映个人独特癖好的基准没什么问题。

你可能永远都不想持有法国公司或者烟草制品公司、豆腐制品公司的股票，也许你在上市公司工作，不能持有本公司的股票，建立基准时可以将这些公司排除在外。这些都是正当理由，你在选择基准时可以考虑。

由于从长期来看，所有主要类别的股票的收益都相似，因此不必考虑全球基准的微小差异引起的收益差异。这样你就会有良好的自我感觉，从而会继续这么做。没有哪个投资者管理不好投资组合是因为他们创建了独特的基准，比如，将爱荷华州的投资产品排除在外（因为与爱荷华州的人离过婚。如果是我的话，我会以极低的价格买入爱荷华州的投资产品，以此来报复爱荷华州人）。

无论原因是什么，你都因强烈的个人感受在基准中排除了一些股票或子板块。但请注意，当你开始排斥整个板块时，你可能受到了损失厌恶或者后见之明偏见的影响，个人癖好恐怕就不是主要的原因了。2002年以后，许多投资者对科技股产生了严重的过敏反应，这是一种认知错误，而不是个人独特性的表现。

因此，适合你长期目标的风险水平主要由这几个因素决定：（1）投资期限；（2）收入需求；（3）收益预期；（4）个人特性。简现在可能认为，她很厌恶风险，但在1999年，她会认为自己重仓持有科技股是过于冒险的行为吗？她现在的感受可能发生了变化，这主要是股市近期的表现导致的。凭短期的感受制定长期策略很危险，因为感受随时可能改变。但你的资产必须持续的时间和你需要的现金流轻易不会发生变化，除非发生重大的事件。当然，你现在反对烟草，将来也可能如此，这一点不会改变。

我并不是说你要设定一个包含烟草股板块的全股基准，而是说有可能是别的因素导致或加剧了"溃疡"。在确定长期坚守的基准之前，你最好深入思考它的构成。

追逐热门——变还是不变

谨慎选择你的基准，因为一旦选定了基准，你就要在很长的时间内以它为指导，甚至可能是在你的整个投资期内。草率地改变基准会招致灾难，改变基准实际上是在追逐热门。当人们将基准从1999年的纳斯达克指数转变为2005年的罗素2000价值指数时，他们就是在追逐热门。做出这种行为的人忘记了交易成本和税负。他们的业绩总是落后于市场，因为他们选择的是过去有效但未来无效的基准。

　　你现在知道，从长期来看，所有建构合理的基准的收益水平会趋同。如果你有改变基准的冲动，你可以运用问题三审视一下自己的动机。变换基准可能是避免懊悔感和积累骄傲感直接导致的结果，秩序偏好和过度自信可能也起到了推波助澜的作用。不要急着行动，如果你为了追逐热门而改变了基准，那么你可能损失收益，最终追悔莫及。

　　这条规则在两种情况下可以破例，记住，只有两种情形。一种是，重大事件的发生改变了资金的主要用途，包括投资期限。比如，年龄75岁的丈夫身体很差，年龄70岁的妻子身体硬朗，但妻子突然在车祸中丧生。若这对夫妇没有孩子，也不向慈善机构捐款，此时他们的投资期限就与以前完全不同了。为了适应更短的投资期限，丈夫就应该改变基准了。或者是相反的情形：投资者在晚年与更年轻或更健康的人结婚了，其投资期限延长了，此时改变基准无可厚非。这里涉及现金流需求的变化。也许在今后的生活中，你需要从投资组合中获得更多或更少的现金流。无论哪一种情况，可能都需要重新审视基准。

　　变换基准的第二种情况与投资者的生活无关，如果面向未来的新基准与之前的基准反映的内容基本相同，但结构更为合理，那么你就应该采用新基准。这纯粹是技术层面的调整。比如，MSCI世界指数是一个涉及面广的优秀基准，但它没有纳入新兴市场国家的股票，只能反映发达国家的股市状况。因此，MSCI创立了所有国家指数，这一指数的构建方法与世界指数相同，但涵盖的国家更广，更能反映整个世界的股市状况。

　　你应该选择其中一个而舍弃另一个吗？在我看来，选择哪一个并没有太大的区别，很难说一个比另一个具有明显的优势。如果你目前的基准是MSCI世界指数，那么你应该在新兴市场股市表现不佳几年之后再把基准转变为MSCI所有国家指数。

　　从世界指数和所有国家指数中选出一个就好像你驾车穿越美国时，从北部的80/90路线和南部的70/44/40路线中做选择一样。选择哪条路线都可以，只要能从东海岸到达西海岸就行。但是，如果有一个新的世界指数问世，它更好地反映了整个世界股市的现状，那么转变基准就是合理的做法。我想让你明白的是，变换基准一定要有非常坚实的理由。

■ 规则二：分析基准的组成，判断预期的风险和回报

投资组合管理的第二条规则有助于你确定投资组合的组成、各部分的比例和投资时间。如第四章所述，你的基准，特别是涵盖面广泛的基准，包含不同的成分。纳斯达克指数很好理解，你认为科技股今年能否表现良好？除非你想体验大起大落，否则不要以纳斯达克指数作为基准。

无论你选择了哪个基准，它都是你构建投资组合的指南。如果你的基准中包含60%的美国股票，那么你最初的投资组合中也应该包含约60%的美国股票，除非你运用本书介绍的三个问题掌握了独家信息（如果是这样的话，你可能在某个时间点根本不持有股票）。如果你的基准中包含10%的能源股，而且你不掌握独家信息，那么你的投资组合中也应当包含10%的能源股（但是，如果你掌握独家信息，你的投资组合中可以没有能源股，或者有5%或20%的能源股，因为你有下注的依据）。当你不掌握独家信息时，你的目标是让你的投资组合实现与基准一样的业绩。当你确实掌握独家信息时，你的目标是获得超过基准的业绩。当然，你掌握的独家信息越多，你下的注可能就越大，你的投资组合与基准的差异就越大（如果你不记得如何判断投资组合中的组成部分，请重读第四章的内容）。

你现在是否很紧张，怕自己判断有误？如果你的资金少于20万美元，那么你的投资可能以购买基金为主，有很多指数基金能满足你的需要，例

如，如果你选择了标准普尔500指数作为基准，那么你可以买入一只标准普尔500指数基金。如果你的基准是MSCI世界指数或所有国家指数呢？请登录www.msci.com，查看美国与世界其他国家的相对比例（一直围绕50/50波动）。你可以用一半的资金买入前面提到的标准普尔500指数基金，用另一半资金买入MSCI欧澳远东指数基金。你想要击败市场吗？当你可选的对象很少时，就如同投资基金一样，击败市场很难。这正是涵盖面广、组成部分多的基准能给你更多机会击败市场的原因。你可以运用本书介绍的三个问题对外国股和美国股下注。你也可以在不持个股的情况下，运用交易型开放式指数基金（ETF）就对板块和风格下注，当投资组合的规模较小时，这一点很难做到。

如果你比较富裕，你可以而且应该买入个股。你的资金越多，你持股的比例就应该越高，因为买入大量股票的成本要比买入共同基金、交易型开放式指数基金或其他形式的投资产品更低廉。股票的一大好处是，买入时很便宜，持有时几乎没有成本。但无论是投资交易型开放式指数基金还是个股，你从现在开始都要注意单个板块和子板块。所有的信息都可在指数网页上查询。表9.1列出了截至2011年9月30日MSCI世界指数中各国和各板块的比例，你投资组合的组成及各部分权重应与之类似。

你应该定期核查基准，确保它不出任何问题。不要等到你的投资组合或基准变化了几个百分点后才想办法恢复平衡，也不能因小问题而过度紧张。为了保持平衡，你可在一年内调整一两次基准，但当板块或国家突然出现了重大的变化，而且你掌握了独家信息时，你可以根据需要调整基准。这样做会降低你犯错的概率，减少你的费用。交易太频繁是过于自信的表现（你自认为有下注的依据，但事实并非如此）。

掌握了基准的组成部分后，继续评估预期的风险和回报。假设你选择的基准是MSCI所有国家指数，该指数涵盖包括美国在内的45个国家的数据。①哪些国家今年表现良好，哪些国家落后呢？运用三个问题，看看你能否发现促使你看涨或看跌某个国家或地区的信息。板块也是如此，运用三个问题，看看你能否掌握推动某个板块上涨的独家经济、政治或情绪信息（如果你想阅读关于如何分析板块情况的入门书籍，请参考威利出版社出版的"费雪投资系列书籍"）。

表9.1　MSCI世界指数涵盖的各板块和各国家（地区）的权重

板块	权重
能源	10.9%
原料	7.3%
工业	10.7%
非必需消费品	10.4%
必需消费品	11.1%
医疗	10.5%
金融	18.1%
信息技术	12.2%
通信服务	4.6%
公用事业	4.2%
国家（地区）	权重
奥地利	0.1%
澳大利亚	3.7%
比利时	0.4%
加拿大	5.2%
瑞士	3.8%
德国	3.4%

① 摩根斯坦利资本国际，截至2011年9月30日的数据。

续表

板块	权重
丹麦	0.4%
西班牙	1.5%
芬兰	0.4%
法国	4.0%
希腊	0.1%
中国香港	1.2%
爱尔兰	0.1%
意大利	1.0%
以色列	0.3%
日本	10.1%
荷兰	1.1%
挪威	0.4%
新西兰	0.1%
葡萄牙	0.1%
瑞典	1.3%
新加坡	0.8%
英国	9.7%
美国	50.9%

资料来源：汤森路透，截至2011年9月30日的数据

你的目标是，在控制基准风险的同时，尽量提高做出正确决策的概率。将你的自信程度（但不是过于自信）与投资规模联系起来。没错，当决策正确时，增加或减少某个板块的权重能带来巨额收益，当决策失误时，这样做损失巨大。

如果科技股在你的基准中占20%，而且你非常相信这个板块将大涨，你可能把它的权重增加一倍，达到40%，但这个增幅很大，承担的风险也很大。记住，你增加了这个板块的权重，你就得减少其他板块的权重。如果你的决策正确，那么你将会获得丰厚的收益。但是，如果你决策错误，科技股没有上涨而是大跌了，那么由于你减持了业绩良好的板块，你会付出双重的代价。你准备好接受这样的结果了吗？要以基准约束你，使你下的赌注与你的自信心相匹配。

当你不掌握独家信息，同时又无法对某个国家或板块做出预测时该怎么办？此时你应该保持中立。你的目标是正确的决策多于错误的决策，而且你决策的正误不由运气决定。

■ 规则三：以不相关或负相关的证券降低获得预期收益的风险

大多数投资者，甚至是新手投资者都知道，多元化投资有助于降低风险。还记得安然公司那些可怜的员工吗？他们用401（k）账户中的大部分资金都买了安然的股票。通过多元化投资可以避免遭受巨大的损失。公司破产的原因有很多，股票崩盘的原因则更多。首席执行官可能没有做错任何事，他们只是竞争不过同行业的对手而已。运行良好的公司的股票也可能毫无征兆地下跌，这正是投资组合中单只股票的比例不能过高的原因。

我父亲一生都倡导集中式投资组合，沃伦·巴菲特也一直是此类投资组合的支持者。然而，我要说的是，持有集中式投资组合的唯一基础是，你坚信自己掌握很多人不知道的信息，而且你没有过度自信，你必须确信这一点。如果你不掌握独家信息，那么持有集中式投资组合只不过是你过度自信的一种表现，会增加你的投资风险。要坚守单只股票在投资组合中的比例不得超过5%这一准则。

要将单只股票的比例控制在5%以下，这一准则并不只适用于一个账户。如果你拥有401（k）账户、个人退休账户（IRA）和应税经济账户，你所有账户中单只股票的比例都不得超过账户总价值的5%。

5%规则

我在2010年出版的《揭穿投资神话》一书中详细地阐述了这一规则。你买入上市公司的股票时，要遵循这一规则。许多超级富有的公司创始人或CEO会集中投资于一只股票，即他们创立、拥有和经营的公司的股票。创业者的这种致富之路很诱人，但也非常坎坷（更多讨论详见我2008年出版的图书《费雪论创富》）。

你肯定听过这种说法："你必须利用集中式投资组合获取财富，以多元化投资组合保护财富。"那些仅靠一两只或是十来只股票发家致富的人可能非常幸运。持有一只股票时，你可能经历激动人心的大涨时刻，也可能经历暴跌时刻。注意，那些因幸运获得丰厚收益的人可能会积累骄傲感，并认为自己很聪明。他们的配偶和孩子可能知道他们成功的真相（当然，我并不是说你应该持有自己创立或控制的公司的股票，这是比尔·盖茨和其他许多超级富豪发财的方式。他们创立了一家公司，然后靠这家公司变成了富豪。我说的是你集中持有一只或几只你无法控制的股票的情况）。

多元化的魔力

由于没有任何一种股权型投资产品能一直表现优异（你可以运用问题一测试这一观点），多元化投资能够把风险分散于不同的国家、板块和公司。

风险的类型有很多，但标准的金融学理论将风险定义为收益的标准差或方差。大多数投资者认为，股市在上涨时会保持平稳，在下跌时会波动。但波动性是一把双刃剑，而且时时刻刻存在。你应该考虑的问题是：这类或这只股票的波动性相较其他股票是强还是弱？多元化可以降低整个投资组合的波动性，从而降低投资风险。现代投资组合分析表明，即使是随机的投资组合，其波动性也小于单一板块的投资组合。

确保你的投资组合在不同的市场情境中有不同的表现，如果你选择的基准足够宽泛，而且你建立投资组合时以基准作为指导，那么你就能确保这一点。在你的基准中，每个板块或国家的变化幅度都有所不同，有的变化幅度大一些，有的小一些。如果你遵循了规则三，在你的投资组合中纳入了相关性较低或相关性为负的板块或国家的股票，即使它们不是最有价值的，也能降低整个投资组合的波动性。

较好的例子是科技股和医疗股：从短期来看，这两个板块通常呈负相关关系，也就是说，当一个板块上涨时，另一个板块下跌。图9.1描绘了2000年这两个板块的真实表现。

规则三，即混合不同的元素，事关收益风险的管理。标准差是衡量各板块风险的指标，科技股板块的标准差为3.5%，医疗股板块为2.5%。如果你的投资组合中，这两个板块各占一半（这不是个好主意，但为了说明问题，姑且先这么假设），那么你的标准差，即波动风险，为2.0%。[1]将负相关的不同类股票纳入投资组合，可以降低组合的风险。

也许你运用三个问题后，特别相信某个板块的表现优于另一个板块，此时你可以增加这个板块的比重，减少另一个板块的比重。规则二可以给

[1] 汤森路透，科技股以纳斯达克100指数来衡量，医疗股以标普500医药指数来衡量，现在已不再编制后一指数。我们计算了每个指数的标准差、两个板块各占50%时投资组合收益率的标准差，且对每年的数据进行了调整。

你提供帮助，你只要确保投资组合中包含所有的基准成分即可，这样你的投资组合就是多元化的。

图9.1　医药股板块与科技股板块

资料来源：汤森路透

但是，在投资组合中纳入负相关的板块就如同为防止决策出错购买保险，这不仅适用于负相关的板块。金融学理论说得很清楚：不同板块的组合，不论它们呈负相关、低相关还是无相关关系，都应当在降低风险的同时提高收益率（运用问题一验证这一说法的真伪，从不同的板块选择任意两只、四只或六只股票，运用它们的长期数据进行测试）。

■ **规则四：始终铭记，你可能犯错，因此不要违背前三条规则**

这可能是最重要的一条规则，它能约束你的行为。遵循它能确保你投资时运用问题三，没有这一规则，你可能会被认知错误带偏。它迫使你积累懊悔感，避免骄傲感。利用这一规则可以降低你过于自信的风险。任何时候你都可能忽视前三条规则，都可能不基于三个问题而是基于从众心理或者本能做出决策，规则四能确保你不偏离正轨。无论你有多自信，你做出的每一个决策都可能是错误的。一旦你接受了这一事实，你就不大可能做可能导致严重危害的事情了。

规则四迫使你以基准为指导，它就像一条拴狗绳。绳子较短时，你的小狗才不会遇到太多麻烦。绳子过长时，你的小狗会去花园里刨土、被汽车撞到或者在街上追逐流浪猫。

例如，假设你非常确信科技股今年会表现良好，科技股在你的基准中占15%，但你不满意，将其调高至20%甚至25%，你认为科技股会成为领涨股。你的信心会诱使你放弃所有医疗股，并加大对科技股的投资，因为你知道，科技股飙升后，医疗股往往表现欠佳。在改变你的投资组合时，问问自己："如果我判断错了该怎么办？"你准备好承受严重失误的后果了吗？

核心策略与应对策略

规则四是我以核心策略和应对策略管理资金的主要原因。核心策略是我根据自己掌握的独家信息做出的市场投注，即与基准相比，调高某个板块的比重。例如，当我认为美国股的表现优于外国股、科技股优于医疗股、非必需消费品股优于必需消费品股时，我会调高（与基准相比）这些股票在投资组合中的比重。这是我的核心策略。

然后我会针对预期表现欠佳的板块制定应对策略。我持有它们是因为我可能判断出错，而且可能大错特错。在我的职业生涯中，我很幸运地做出过很多正确的决策，但我清楚，我做过错误的决策，而且未来还可能多次犯错。

当我的核心策略失败时，我的应对策略就会发挥效力，也就是说，当原先看好的板块表现糟糕时，原先不被看好的板块会表现良好。如果我对科技股的判断有误，那么医疗股的表现就会很好。美国股和外国股中总有一个会表现得更优秀一些，我不想因判断失误而错失机会。我总是问自己："如果因为某些无法预料的原因，我看好的板块表现很糟糕时，哪个板块会表现得比较好呢？"我也想从中分得一杯羹。大多数投资者从不这么想。

运用应对策略意味着你将永远持有"下跌"或"落后"股。当你的决策正确时，你应对策略中涉及的股票应当下跌或落后，这不是坏事。当你决策错误时，这些股票可以防止你遭受惨重的损失。这是在管理你的投资风险，是合理的做法。我在职业生涯中颇为满意的一点是，当我因判断出错而业绩落后时，我并没有落后很多，原因就在于我运用了应对策略。

为了前后一致，我们仍然以科技股和医疗股为例说明核心策略和应对策略的作用。假设在你的基准中，除了科技股和医疗股外，其余板块的比重都一样。你刚接触本书介绍的三个问题，因此你一开始关注的是医疗股。你认为自己发现了一些其他人没有发现、应该能使医疗股超级热销的信息。也许你发现，在周末，每一位国会议员的脑袋都受伤了，你还知道国会议员（和女性）要在周二就药物监管问题进行投票。他们希望新的止痛药快速通过审核，因此会做出违背他们本性的事情，比如，减少政府控制。在这样的背景下，你认为FDA将会为一大堆药物开绿灯。其他人都没看出这一点，其他人都认为，国会议员犯头疼病是利空因素，因为头疼会让他们思维不清晰，脑子变迟钝。但你知道的更多。

根据你的独特看法，你决定重仓持有医疗股。你很有信心（但并非过度自信），所以将医疗股的比例从10%提高到15%，这超出的5%就是你核心策略的体现。

现在，除非你使用了保证金，否则，你各项资产的比例之和应为100%，而非105%，因此你必须降低其他股票的比例。降低哪一只的呢？

假设科技股在基准中的比重为12%。若医药股表现很差，那么12%的科技股将缓解你遭受的损失，这是应对策略。但是，如果你非常相信医药股，你可以将科技股的比重从12%降低至7%，通过尽可能地降低应对策略涉及的股票的比重，你也增大了你的赌注规模。你仍然持有7%的科技股，但是，如果你降低的是其他板块的比重，那么科技股（应对策略涉及的股票）的比重应该比这大多了。

利用三个问题思考一番后，你发现大多数人都认为科技股被低估了，因为科技股的市盈率很低，此外，美元近来一直走强，人们预计这种趋势会延续下去，因此，他们认为美股将走强。每个人都记得20世纪90年代美股领涨全球的情形，科技股也是如此。

但你清楚，市盈率低并不必然意味着低风险、高收益。你也知道，美元在去年走强并不意味着今年也会走强。你还知道，强势美元不一定能使美股跑赢外国股。发现全球的科技股形势一片大好后，你认为，此时不需要采用完全的应对策略，因此你决定将科技股的比重降低5%，变为7%。

如果你提高医药股比重的核心策略失败，你的应对策略还能缓解你的损失。如果你的核心策略成功，你对科技股的决策可能（但不是肯定）正确，你会持有更多的热门上涨股，并减持下跌股。你因为正确地运用核心策略和应对策略（本案例中是增大核心策略涉及的股票的比重，尽量降低应对策略涉及的股票的比重）而击败了市场。

你可能做得更极端。你可能将医疗股的比重从10%提高至22%，将科技股的比重从12%降为0。判断正确的话，你会大赚一笔。但你没有那样做，你仍然保留了7%的科技股。

假设你对国会议员头部受伤的判断是错的，国会召集的只是一些头部轻微疼痛的议员。除了阿司匹林外，国会禁售了所有的药品。没有人预料到这一点，因此医药股暴跌，人们纷纷涌向了"热门"板块，比如，科技股。你对两个板块的判断都错了，你减持了热门的上涨股，增持了下跌股。哎！你的收益率落后于基准，但幅度不会太大，因为你没有将上涨股清零，你也没有大幅增持下跌股。

某一年的收益率落后于基准几个百分点时不必太过介怀，比如，基准的收益率为20%，你投资组合的收益率为16%或17%。毕竟，投资业绩不能只用一年的表现来衡量。如果你投资组合的收益率在几年内稍微落后于基准，那么你总是有机会赶上去（实际点的说法是"落后一点点"），只要在接下来的时间里，你能做出更多正确的决策即可。

在核心策略正确率比较高的年份里，你的收益率将与基准持平，或者超过基准。有几年，我运用的大多数核心策略都是错误的，但由于我的总策略是正确的，即持有股票而不是现金或债券，我落后于基准的幅度都不是太大，之后都有机会弥补差距。为什么会出现这样的结果呢？因为我从来不会设定太高的收益目标，这导致我落后于基准时，落后幅度不会大到令我难以承受的程度。采用应对策略能防止你在判断出错的年份里落后基准太多。

我唯一一次对大幅跑赢基准感到舒服的时候，即承担大量基准风险的时候是，我相信大跌是迄今为止最有可能发生的情形时。当我预测股票将大跌时，我会尽力以较大的幅度跑赢市场，采用的方法就是避开大跌股。这样做承担的基准风险要比人们认为的大得多，决不可掉以轻心。但从长期来看，如果你经常以较小的幅度击败市场，偶尔以较大的幅度击败市场，那么你就会大幅领先TGH。只有在这种情况下，我才甘愿冒巨大的基准风险。

如何选出只涨不跌的股票

列出这样的标题只为博你一乐。我希望持有只涨不跌的股票，但我并不知道如何才能选出这样的股票。许多人都自称有这样的本事，但无人兑现。我也从未见过这样的神人。你选股时应该以两个而且只能以这两个目标为准：首先，找到最能代表板块特点的股票；其次，找到板块内你认为最有可能表现优秀的股票。注意，我没有说"找到涨幅最大的股票"，我说的是"最有可能表现优秀的股票"。你的目标是尽可能了解板块的属性，找到"最有可能"表现优秀的股票，因为一些股票的表现可能落后于它们所属的板块。

选股很重要，但令人惊讶的是，随着时间的推移，选股对投资组合表现的影响非常小。你可能会觉得这种说法不可思议，纯属胡说八道。你原本购买本书是为了从中学到选股技巧，我洋洋洒洒地写了几百页，但内容均与选股技巧无关，原因何在呢？首先，选股根本没有人们想象的那么重要，对此学术界早有共识：投资收益的多少很大程度上不由选股决定，而是由资产配置决定，即与某一年内持有股票、债券、现金的比例及类型有关的决策。学者们对"很大程度"一词的解释并不明确，一些人的研究表明，90%的收益由资产配置决定，另一些人却认为没这么多。我不想多说什么，"很大程度"一词就足以说明问题了。

我们公司认为，从长期来看，70%的收益源于资产配置（股票、债券或现金），20%的收益源于子资产配置，即与持有哪一类股票和债券、是调高还是调低外国股或本国股、价值股或成长股、某一（些）规模或某一（些）板块股有关的决策。大多数金融界人士都认为，选股本身能产生一小部分投资收益，但它不是主要因素。

以20世纪90年代末为例考虑这个问题。当时如果你用扔飞镖的方式选定30只大市值成长股，你可以获得可观的收益。你选择了默克还是葛兰素史克并不重要，它们都是高市值的医药成长股，走势类似。一些投资者费神劳力地分析默克的渠道和葛兰素史克的盈利以及它们的资产负债表、

90天移动平均值，但这番努力收效甚微。在20世纪90年代，这两只股票的表现非常相似，默克上涨了552%，而葛兰素史克上涨了534%。[①]你如何运用三个问题发现有关默克和葛兰素史克的独家信息呢？从整个医疗板块入手是否容易获得新发现？从高市值股、成长股入手呢？或者从美国股和英国股入手呢？如果你这样做了，那么你可能最终选择同时持有这两只股票，这是非常明智的选择（见图9.2）。

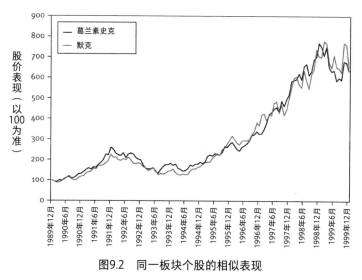

图9.2　同一板块个股的相似表现

资料来源：汤森路透

再来看看2000—2002年的情形。在这些年里，最佳的做法就是采取防御性策略，主要持有现金和债券。如果你没有这样做，你就应该持有小市值价值股。如果你这么做了，你也会获得不错的收益。如果你选择了其他股票，那么你会损失惨重。决定收益率高低的是资产配置决策（是否持股或者持有哪类股）而非选股决策。

不要误解我的意思，选股很重要，选股正确肯定能增加价值，否则我

---

① 汤森路透，默克和葛兰素史克股票收益率，1989年12月31日—1999年12月31日的数据。

会建议所有人（甚至是有巨额资金的人）购买指数基金或EFT基金。与其他所有投资决策一样，你无需选择业绩一直优异的基金，你只需要做出更多正确的决策并以基准为指导即可。

那么，你想把大部分投资时间用到哪里呢？是投入到决定70%甚至90%收益的决策上，还是投入到决定10%收益的决策上？

■ 如何选股

我之前已经讲过这个问题了，就在我出版的第一本书里，即《超级强势股》。但现在，我不会重复赘述那些方法了，倒不是说那些方法很糟糕，那些方法在当时还是很先进的。但我现在的做法与25年前肯定不同，否则结果会很尴尬。我确实希望有先见之明，能知道10年之后的事情，这样我就能改变我现在做的事情。当今时代，变化无时不在，无处不在，我的目标是不断创新，不断改变。那现在该怎么做呢？

下面介绍应如何做。这是一个不断做排除法的过程。

把投资组合的构建过程想象成一个漏斗（如图9.3所示）。你把全世界的证券，包括股票、债券、现金，一股脑地倒入漏斗中，落到底部的是通过层层筛选的证券。

运用三个问题来检验经济、政治和情绪这三大驱动因素，确定市场最有可能出现哪种情况。经过分析后你确认，市场最有可能出现这三种情况——大涨、小涨或下跌，接下来你的工作就变得容易了，你要根据基准确定你投资组合中的股票比例（100%、70%还是60%）。整个世界的股票通过筛选后落入了下一层。

现在你进入了子资产配置筛选层。再次运用三个问题，在基准的指引下确定不同国家和板块的比重（有疑问时可参考本书前面的内容）。此时，你要根据核心策略和应对策略筛选股票，即你想提高或降低哪些部分的比重。在漏斗的这一中间部分，你确定的是投资组合中各个组成部分的比重，无需考虑单个股票。可使用我们在本书中介绍的方法。经过一番科学的分析后，你将确定拟投资的国家/地区、板块及其适宜的比例。根据子资产配置的决策结果，一些股票会落入下一筛选层面，此时你就要选择个股了。

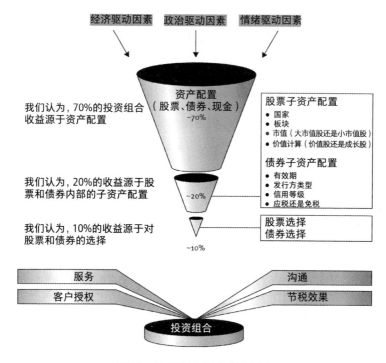

图9.3　投资组合漏斗式选股法

注：收益贡献率仅为近似的估计值，仅作说明用，不应被视为预测收益的依据

每次考虑一个板块，这样更容易选股。不必在全世界的股票里寻觅，只要在你需要的板块中寻找即可，也就是说，你不是在15000只股票中挑选，而是在每个板块的15或20只股票中挑选出3—4只。

假如经过几层筛选后，你确认需要一定比例的美国低市值价值股。你需要一些体面的股票，即收益率能达到平均水平或高于平均水平的股票。那么，你要找到价格相对便宜的股票。更重要的是，你想发现能够推动收益率上涨的信息，我指的不是在《华尔街日报》头版上看到的内容，而是你运用三个问题挖掘到的独家信息。

在《福布斯》专栏中做出的选择

一般情况下，我不会在《福布斯》专栏中透露我公司为客户的投资组合选定的股票信息。这样做不是为了保密，我只是不想让我的客户变成罪犯而已，而且，我自己也不想变成罪犯。

如果我公司的客户持有了我在《福布斯》上写过的股票，那么他们会受到提前交易（front-running）的指控，而我可能受到有偿帮客户提前交易的指控。有人会这样认为：我为客户购买了某只股票，然后在《福布斯》杂志上强烈推荐它，让读者们去购买，推动其价格上涨，之后我再为客户抛售股票，从中获得利润。

这是一种犯罪行为，是内幕交易，该判重罪。我向来痛恨犯罪行为，我把"不从事犯罪行为"作为一生的信条。为了远离灰色区域，不钻法律的空子，不打擦边球，我在文章中提到的股票都是我认为相当完美但我客户的投资组合中不需要的股票。由于（如前所述）选股只能为投资组合带来一小部分收益，我可以为《福布斯》和我的客户挑选不同的个股，而且两边的效果都很好。世界上的股票非常多，足够我们为客户和《福布斯》杂志做出不同的选择，使两边划清界限，不至于纠缠不清。为了澄清这一点，我偶尔会提醒读者注意。

下面举个例子。2005年初，我预测美国小市值价值型工业股将表现良好，我在年初的《福布斯》杂志上提到的一只股票是福斯（Flowserve，

FLS)。[①]

福斯公司制造化学、石油和食品加工行业的特殊液体（例如，腐蚀性液体）使用的泵和阀门。发现宝贝了，对吧？谁每天不考虑使用它的产品呢？如何计算一家在阀门和泵业领域表现如此突出的公司的市值呢？找这样的公司就如同在阀门堆里找一根针那么难，你得在它所属的板块中细细查询。

为什么选择福斯呢？为什么不选择肯纳（Kennametal）或艺达思公司（Idex Corp）呢？它们也都是很出色的小市值价值型工业股，而且都运行良好！这是因为我了解有关福斯的独家信息：2005年初，投资者仍然对会计"违规行为"非常敏感。2004年末，福斯新任命了一位CFO，这一做法令人费解。几天后，这位财务官决定辞职，但又过了几天，他放弃了辞职。接下来的事情就众所周知了，福斯推迟了第三季度财报的公布时间。这样的行为很可疑，其股票的表现也非常诡异。如果你是注重基本面的投资者，该公司的这一行为可能会吓跑你，因为其资产负债表并不吸引人。公司股价达到了往绩市盈率的26倍，并不便宜。

由于这些原因，大多数投资者会远离这只股票。人人都知道，糟糕的财务状况加上"定价过高"的股票会带来麻烦。但实际上，这只股票很便宜。该公司发行的股票总额占其年收入的60%，如果公司利润能提高到正常的制造商水平，那么购买这只股票就可能获得可观的收益。任何有关这家公司的好消息都会令人惊讶，因为人们已经习惯听闻不利于它的坏消息了，因此都认为会有更多的坏消息传来，股价也会进一步下跌。在这样的背景下，任何好消息都能促使股价上涨，而且它本身就属于业绩较好的板块，它的表现应该优于板块的平均水平——这是我的目标。

---

① 肯尼斯·L.费雪，《给它时间》（*Give It Time*），《福布斯》（2005年1月31日），第142页。

我运用问题三确保自己不会因过度自信或其他任何认知错误而做出决策。我问自己："如果我错了该怎么办？如果这只股票没有上涨该怎么办？"事实果真如此的话，我会期待它跟同板块的其他股票表现一致，或者不如其他股票。由于我预测整个板块表现良好，当所有人都认为它会落后于板块时，我不会对它的落后感到太失望。

注意，我没有飞往得克萨斯州福斯的总部去考察，没有戴着安全帽在它的工厂里转悠，我从未见过该公司的CEO，我也没有聘请商业间谍向高层管理者打探内部消息〔这是非法的做法，也是荒谬的做法，但能被布鲁斯·威利斯（Bruce Willis）拍成精彩的商业间谍电影〕。我查阅的都是公开的信息，你很容易就能找到这些信息。在筛查个股的时候，我采用了老办法，即问自己："其他人在担心什么呢？"然后把这个问题抛诸脑后，提出第二个问题："我能从这些公开的资料中发现什么呢，会发生哪些能使股票上涨或下跌的怪异事情呢，这类事情发生的可能性有多大？"最后，我会像荷马·辛普森（Homer Simpson）一样对自己的大脑说"好吧，你不喜欢我，我也不喜欢你"，而且我会弄清楚我的思路、偏见和自我价值感如何导致我做出错误的决策。事实上，选择只涨不跌的股票的方法就这么多。开个玩笑，我的意思是，运用这些方法是能让你选出大多数时候业绩优于平均水平的股票。

如果你阅读过我在《福布斯》上撰写的文章并根据我的推荐买入了福斯的股票，那么结果会令你非常开心。2005年，这只股票的涨幅为44%，而其所属的板块在全球的涨幅为12%，标准普尔500指数涨幅为5%，全球股市涨幅为9%。①福斯公司的股票表现优异，涨幅超过了同类股票，那它是

① 汤森路透，福斯收益率，2004年12月31日—2005年12月31日的数据；MSCI工业股净收益率，2004年12月31日—2005年12月31日的数据；MSCI世界指数净收益率，2004年12月31日—2005年12月31日的数据。

美国小市值工业机械股中表现最佳的股票吗？不是。表现最佳的是捷尔杰工业公司（JLG Industries, Inc）和久益环球公司（Joy Global, Inc.），这两只股票的涨幅分别为133%和109%。[①]你也可以通过自上而下的筛选过程得到同样的结果。运用前面介绍的漏斗式筛选法，最终落入底部的是这两家公司而非福斯（或者，你决定同时持有这三只股票）。但促使你选择这些股票的原因是什么？你要看到其他人未知的事情，在漏斗底部的少数股票中做出选择要比在顶部的大量股票中做出选择容易得多。一开始就做出正确的方向性选择有利于提高你从需要的板块中选定福斯、捷尔杰和久益环球这类高收益股票的概率。如果你花费了大量时间浏览网站和美国消费者新闻与商业频道（CNBC），研究一些德国小市值价值型公用事业股，但没有首先考虑你今年是否想持有股票或者想持有哪种类型的股票，那么你就是在浪费你的时间和精力。

选择所有股票类型时均应重复这一过程，这样你投资组合中的股票将非常具有代表性。记住，你无法每次都选出表现最佳的股票，要承认这个事实，你的投资组合中总有那么一两只股票最终会跌得惨不忍睹。世界上最出色的投资经理人也无法选出只涨不跌的股票。

你做出的有关子资产配置的决策是正确的，即与规模、风格、国家、行业等有关的决策是正确的，但你却选出了一只业绩不佳、会计丑闻缠身、卷入政治风波或者在其他方面表现比较差的股票。有可能出现这样的情形吗？当然有可能。

我们之前已经说过，你的投资组合应该是多元化的。如果能源股在你投资组合中的比重是10%，那么你应当从这一板块中选出三五只或七只股票。这样，当你选择了一只表现糟糕的股票时，你也不会受损严重（规则

---

① 汤森路透，捷尔杰工业公司和久益环球公司股票收益率，2004年12月31日—2005年12月31日的数据。

四）。你选择的这几只股票应该具有代表性，表现应该优于板块内的其他股票。我选择福斯不是因为它的涨幅巨大，而是因为它是我看涨的板块的优秀代表，而且具有超越其他股票的潜力。如果你也是这么选择股票的，那么你持有的一些股票（如这里的福斯）会大涨。

专注于股票的多元化并不意味着要你放弃选股。你不能这么做。股票的多元化投资意味着，你不能把所有的资金投到板块内的一只股票上。否则，当你选择的股票表现糟糕，而股票所属的板块表现良好时，你的投资组合不会受益。我总是希望我选定的板块能在我的投资组合中发挥效力。不通过自上而下的方法选股，大多数侥幸成功的投资者最终会遭遇失败。不采用这种方法的人通常是自负、不理智的人。

在规模较小的板块内如何选股呢？假设你以MSCI指数为基准，但你想投资新兴市场国家的股票。你不想承担巨大的基准风险（持有基准中不包含的股票总是会承受风险），因此想购买5%的新兴市场国家股票。你的这一决策是慎重的，风险是可控的（对你有好处）。你不想只购买一只股票，那样无法实现对新兴市场的投资多元化。那么，你想选择哪个国家呢？津巴布韦？智利？然而，如果你为了实现多元化购买了足够多的股票，那么你将支付巨额的交易成本。此时，你可能选择一只低成本的交易型开放式指数基金。我不太喜欢大规模资金池（其效率不如个股），但有时候它是理想的选择。你是否真的掌握独家信息，能证明选择津巴布韦股比选择智利股更合理，或者选择东巴塔哥尼亚胡椒（East Patagonian Pepper）的股票比选择中央克卢日运输局（Central Cluj Transportation Authority）的股票更合理？

你到底何时卖出股票

选出适宜的股票只是成功的一半，你如何知道什么时候卖出最合适？如买入股票一样，卖出股票的决策也应该慎重。最容易想到的答案是，当你预测到股市来年将大跌时，卖出你的大部分股票是明智的，但这种情况很少发生。在真正的熊市期间，你怎么才能知道该何时卖出股票呢？

答案是：你运用三个问题分析后发现，你持有股票的一些基本条件发生了变化。例如，收益率曲线一直比较平坦，但突然之间变得异常陡峭了。此时，你可能决定减持成长股，增持价值股。

如果你认为需求有弹性的公司（技术、非必需消费品）比需求无弹性的公司（医疗、必需消费品）表现更出色，那么你可能改变两类股票的权重，从而卖出一些股票；或者你得知了影响一个部门或行业的其他经济、政治或情绪信息。例如，你得知国会将通过更多的会计限制规定，你认为金融领域将会受损；或者高股息股票已经上涨了很长一段时间，每个人都对公共事业股票趋之若鹜，此时你认为，应该减持公共事业板块股票并增持无息股了。请注意，这并不意味着你卖出的股票是前途堪忧的，它们只是不符合你现在的需求了（运用三个问题得出的结论），你现在需要的是能体现资产和子资产配置决策的股票。

■ 锁定收益

某只股票大涨时你会怎么办？你是否会卖出它并"锁定收益"？我从未真正了解何谓"锁定收益"，我认为经常提及它的人也并未深入地思考过它。怎样"锁定收益"呢？你不会把从上涨的股票中得到的收益锁在保险柜里吧！你会把它们再投资，对吗？而且你以"锁定"的"收益"买入的股票不一定只涨不跌吧！你买入的下一只股票可能下跌，使你之前被"锁定"的收益化为乌有，所以不存在所谓的"锁定收益"。

不要为了"锁定收益"而卖出股票。卖出是为了脱离或减持某个板块（或某只股票）或者是因为你认为某只股票无法再在投资组合中发挥你需要的效力了。

一只股票大涨不意味着它会继续上涨，这是亘古不变的规律。记住，股票不是序列相关的，它们有50%的概率延续之前的走势，也有50%的概率逆转之前的走势。如果导致你持有某只股票的基本条件没有发生变化，那么你可以继续持有上涨的股票。

■ 何时卖出股票

股票大跌时该怎么办？你不是应该抛掉它们，付清税费，承担损失，然后另择股票吗？也许是，也许不是。

首先要弄清楚大跌的原因，是因为整个股市在回调，股票受到大环境的不利影响了吗？如果是这样，抛售就不明智。通常情况下，重要的是相对收益，而不是绝对收益。股票下跌是因为其所属的板块在下跌吗？是因为板块在调整呢（其他板块也在调整），还是因为板块不受青睐了？股票下跌是因为它是你应对策略涉及的股票吗？如果是的话，它的表现就是正常的，这不应当成为你抛售它的理由（关注一只股票或一个板块的表现而不是整个投资组合的表现是秩序偏好的体现，这是一种认知错误，你应该运用问题三克服它）。

事实是，当利空消息传出时，市场已经做出了反应，你可能已经错失了避开大跌的机会。现在，你可能以极低的价格抛售掉股票，拿着套现的资金继续投资，但这是买高卖低的行为。而且你接下来买入的股票并不一定只涨不跌，如果它下跌了，你就错判了两次。记住，股票维持原来的走势和发生逆转的概率各为50%。

不要因为股票大跌就本能地卖出它，相反，要像当初买入股票时一样考察公司。忽略掉那些传得沸沸扬扬的消息，它们已经出现了，你无力改变什么，你要找寻的是独家信息，比如，公司能否从"利空消息"中恢复元气？公司的基本运行是否健康？

另外，要审视利空消息是否空穴来风。不要轻信它们，记者们为了抢发消息，不一定能保证内容的真实性。他们往往夸大其词，或者完全凭空捏造。他们可能不介绍报道涉及的公司的背景信息，实际上，他们可能根本就不掌握这些信息。公司的一些日常操作很容易遭误解，被炮制成爆炸性新闻，或者一些轻微的差错也会成为媒体关注的热点。一些记者可能从心怀不满的员工那里探听消息，而且不核实信息的真伪。或者他们会忽略真正重要的信息，因为他们对公司的核心业务不甚了解，这样的事情一直在发生。记者们时常得到错误的信息。

如果负面消息缠身的公司仍然经营良好，那么其股价很可能实现反弹，这给了你在高位卖出的机会。而且，由于股价突然大跌时人们的情绪很差，无论多么微不足道的利好消息都会刺激股价上涨。

也许你头脑冷静，没有盲目地跟风抛售股票（他人抛售对你有利），而且你清楚股票突然下跌的原因。也许坏消息确实预示着丹麦的某家公司经营出现了问题，即使是对其管理层进行大调整也无济于事，因为核心业务已经崩溃，此时，尽管股价处于低位，卖出止损仍是正确的选择，也许你会发几声牢骚，但你很清楚，此时你已经无力回天。这正是你的资产配置应实现多元化而且不应过多地投资某只股票的原因。

如果这样的结果令你极度沮丧，请考虑一下这种情况：假设你的投资组合建构得很合理，任何个股的比例都不高。其中某一只股票由于突如其来的利空消息暴跌了一半，你的损失可能为1%。如果你能从相对的视角考虑问题（要一直这么做），那么你就可以克服秩序偏好产生的不利影响，专注于整个投资组合而非暴跌的股票。你只损失了1%。事实上，股票突然之间暴跌100%的情形并不多见，个股可能会下跌10%—20%，但对整个投资组合的影响是很小的。一只股票的暴跌对建构合理的投资组合的影响非常有限，出现这样的情况时，不要太在意，要积累懊悔感，吸取经验，继续前行。如果基本的条件不具备，那么请暂时静观其变，多留意基本条件的变化。

下面介绍两个例子。我的公司对两只经历相似的股票做出了截然不同的决定，抛售掉了一只，继续持有另一只（本书初版中也有这两个例子，我认为它们现在仍能带来有益的启示）。

2004年10月14日，时任纽约州总检察长的艾略特·斯皮策（Eliot Spitzer）（在他担任州长和陷入丑闻之前）判定美国国际集团（AIG）的CEO汉克·格林伯格（Hank Greenberg）有罪[①]（我认为，斯皮策先生相信格林伯格家族的每一位男性成员均有罪，他总是找他们的茬儿）。

格林伯格的儿子杰夫（Jeff）管理着另一家大型的公共保险公司威达信集团（Marsh & McLennan）该公司拥有普特南公司（Putnam）管理的共同基金，斯皮策在前一年对该公司发起了猛烈的攻击。实际上，斯皮策声称，威达信操纵了保险合同投标过程，并指称，包括美国国际集团在内的其他保险公司是同谋。后来，斯皮策公开指责美国国际集团和汉克·格林伯格参与了威达信的非法行为。由于斯皮策紧咬不放，威达信董事会迫使汉克·格林伯格退出。而后，美国国际集团董事会也迫于斯皮策的淫威，迫使汉克·格林伯格辞职。最终，对美国国际集团的指控被撤销，威达信

[①] 纽约州总检察长艾略特·斯皮策新闻稿，《调查显示保险业存在广泛的腐败行为》（*Investigation Reveals Widespread Corruption in Insurance Industry*）（2004年10月14日）。

的问题也迎刃而解。

斯皮策和汉克·格林伯格均在媒体上公开谈及了这件事情，格林伯格的一些朋友也被卷入其中，包括前高盛CEO约翰·怀特黑德（John Whitehead）。斯皮策可能从人身和工作两个方面均对怀特黑德进行了威胁，孰真孰假，就看你相信谁说的话了。

市场讨厌令人意外的事情，尤其是涉及纽约州总检察长的意外。2004年10月14日，即整个事件被公布之后，这两家公司的股票都应声下跌，美国国际集团的股价下跌了10%，威达信的下跌了24%。[①]投资者遇到这样的事情该怎么办呢？

提前避免下跌几乎是不可能的，谁也不知道斯皮策计划做什么，没人了解他的居心。当这样的事件发生时，你特别需要运用问题三。股价突然下跌往往会导致投资者做出规避损失的行为。大跌之后卖出股票有时是合理的做法，有时是愚蠢的做法，但只有到后来你才能确认何时卖出明智，何时卖出愚蠢，你当时不会从市场或《纽约时报》上得到任何有价值的线索。

那时我特别看好金融和保险板块。这两只股票的表现一直不错，都符合我作为投资者的需要。我卖出它们的唯一原因是，公司本身出了大问题。我与汉克·格林伯格见过几次面。尽管他跟我一样，有时会比较粗鲁，但他在很长的时间内都是非常出色的CEO，真的非常出色，我都不相信他会做过什么出格的错事，因为根本没必要（基本规则：最能干的人不需要打破规则，也不会这么做）。此外，他已经80岁高龄了，继续发挥卓越才华的时间不会太长了。

但我也没有想到2005年晚些时候，斯皮策会悄悄地给格林伯格定了

① 汤森路透，美国国际集团和威达信集团股票收益率，2004年10月13日—2004年10月14日的数据。

罪（审判结果是在感恩节那一周宣布的，此时，任何新闻都不会引起太多的关注。ª如果你不希望一则新闻引起关注，那就在感恩节、圣诞节、复活节等节假日公布吧，因为在这些日子里，看新闻的人很少）。我知道（人人都知道），美国国际集团是一家从事多元化经营的大公司，我了解该集团被指控的罪行，但我认为这些不会影响它的长期发展，其行为不算什么严重的罪行。如果事实证明，涉事企业在竞标过程中确实存在问题，那么AIG可以轻易地剥离掉该企业，并解雇行为不当的人。我看不到该集团其余部分受不利影响的原因。另外，尽管格林伯格带领该集团取得了今日的辉煌成就，但他毕竟已经80岁了，他的离职不会给集团带来太大的伤害。更重要的是，他的离开可能会让市场满意，从而减轻股票的压力。最后，由于人们普遍看跌该集团股票，利空消息会得到消化，我认为，任何利好消息都是惊喜，都能刺激投资者看涨该集团股票。因此，我选择继续持有美国国际集团的股票。

威达信集团则是另一番情形。斯皮策指控该集团在主要业务和核心竞争力方面存在欺诈行为，问题似乎更加严重。为了应对指控，该集团必须找到至少一次相似的诉讼案例，而且案例可能发生在其他州。它可能会经历战略性重组，炒掉一些高层管理人员，在长达数月甚至数年的时间里，集团会处于混乱之中。然而，这些还是小事。

威达信集团的CEO迈克尔·切尔卡斯基（Michael Cherkasky）非常出色，此前担任克罗尔公司（Kroll）CEO。克罗尔是威达信集团于一年前收购的主营安全业务的公司。切尔卡斯基之所以被任命为CEO，不是因为他是经营大型保险公司的最佳人选、具有广泛的背景和成功的经验，这些他

---

① 伊恩·麦克唐纳（Ian McDonald）和莱斯利·斯金斯（Leslie Scism），《美国国际集团CEO清除了一个障碍，但面临着更多障碍》（*AIG's ExChief Clears a Hurdle but Faces More*），《华尔街日报》，2005年11月25日。

都没有，他之所以被选中，是因为他之前曾在监管部门工作过，并且曾与艾略特·斯皮策共过事，董事会认为他与斯皮策合得来。但在我看来，这是错误的选择，对股市而言是利空消息。切尔卡斯基担任CEO的经验主要是在克罗尔公司积累起来的，这家公司的规模比我的公司都小。我很清楚，我肯定没有资格担任威达信集团的CEO。换句话说，如果切尔卡斯基有资格担任威达信的CEO，那么我也能。但切尔卡斯基既没有在保险领域工作过，也没有在金融服务领域工作过，而且还没有担任大型公司CEO的经验，因此他无法胜任经营多元化的威达信的CEO一职。我知道，我没有办法管理好威达信，他就更不行了。因此，我的公司决定承担高达两位数的损失，抛售威达信公司的股票。

我敢肯定，很多人起初都认为我们的决定很奇怪。为什么要抛售威达信的股票而不是美国国际集团的呢？这两家公司的股票难道有区别吗？它们不都是斯皮策的指控对象吗？为什么我们不抛售大跌的股票、买入大涨的股票？从理论上讲，这个主意很不错，但我们都知道，你买入的下一只股票可能比上一只股票表现更糟糕。决不要因为股票下跌就抛售它，而是要因为你持有股票的基本条件发生了变化而抛售它。再次回想一下我们之前提到的漏斗式筛选法和你卖出股票的理由。根本的原因可能是，你预测股市即将大跌，因此想大幅减持股票。或者也可能因为你想减持成长股，增持价值股，减持小市值股，增持大市值股，或者相反。或者板块前景发生了变化，你需要减持板块内的股票。或者某只股票大涨，导致其在投资组合中的比重远远超过了2%或3%，投资风险增大。或者你发现公司从事非法勾当，消除不利影响需要很长的时间或者不可能消除不利影响。

当斯皮策于2005年2月正式对美国国际集团发起指控时，该公司股票再次大跌，跌幅超过了31%，到了4月，股价处于低位。自2004年10月14日以来，除了投资者对斯皮策下一步行动的担忧外，一切都没有变化，所以

我们继续持有股票。由于有了更宏大的投资组合主题，我们最终于2006年
1月份卖出了这只股票，当时其股价从2005年的低点回升了42%，比2004
年10月14日陷入困境时上涨了19%。①我们不能保证在2004年10月14日购买
其他股票，到2006年时也能获得19%的净收入，而且在此期间，这只股票
的业绩几乎与标准普尔500指数相同。当我们卖出美国国际集团的股票时，
威达信股价的跌幅仍在3%以上，落后于其所属的板块。当美国国际集团陷
入困境时，我们没有惊慌失措，没有草率地抛售其股票，我们对此感到很
满意（现在回想起来也觉得颇有趣，因为许多人认为，若格林伯格仍在位，
没有被政客赶下台，那么美国国际集团本可以避免愈演愈烈并于2008年达
到顶峰的混乱局面）。

提醒自己，你的目标不是寻找飞涨的股票，你不是股票收藏家。这样
的人会受秩序偏好和过度自信的影响，只关注涨势喜人的股票，而忘了整
个投资组合的表现，他们缺乏管理风险的能力。你的目标绝对不应是找到
下一只热门股，并向你的牌友们（或瑜伽班的学友们，或更糟糕的是参加
狂欢派对的朋友们）炫耀。相反，你的目标是尽可能提高击败基准的概率。
你需要的股票应该与你基准内包含的股票相似，这才是你应铭记的内容。

这样一来，你就有了规范你自己的、能让你不断运用三个问题的策略。
当你那思维落后的大脑想向TGH屈服时，能获得类似于大盘的收益就算很
不错的成绩了，但我希望你有更高的目标，我希望你能制定一个策略来约
束自己。我希望你能为开发资本市场技术做出贡献，成为推动学习曲线快
速向下移动的人之一。我希望你能掌握三个问题，并始终运用它们。我希
望你不要对TGH客气，要毫不手软地击败它。

---

① 汤森路透，美国国际集团股票总收益率，2004年2月11日—2005年4月22日、2005年4月22
日—2006年1月11日以及2004年10月14日—2006年1月11日的数据。

结　论

是时候说再见了

最后，请允许我谈谈个人的经历，讲讲我写作本书的原因。如果你对本书不满，那么就请你责怪美国林业局吧！我小时候特别热爱森林，我的父母住在郊区，房子后的栅栏与一片树林相邻。我经常越过栅栏，跑进那片郁郁葱葱的橡树林。从父母的家里搭便车向金斯山（Kings Mountain）进发，20分钟就能到达海拔2000英尺高的红杉林中，那里是我居住和生活了将近1/3个世纪的地方。但小时候，我总是把自己视为一名护林员，而且由于热爱树木，我后来上了林业学校。

有一年暑期，我为美国林业局的调研人员工作，此次的经历让我下定决心，无论如何将来绝不在政府部门工作。今天，林业工作总是与政府脱不了干系。那个夏天的经历让我意识到，政府工作太过压抑，我根本不想再与政府有任何联系。我当时就很清楚，我永远不可能成为职业的政治家，因为政治家要为政府服务，这样的想法可能拯救了我的灵魂。我希望能做一些更美好的事情。

森林仍然对我有无穷的吸引力，尤其是红杉林。事实上，全世界唯一的单一树种学术讲座就以我的名字命名的，而且这一树种就是我钟爱的红杉树，对此我感到无比自豪。我一生都致力于研究和保护红杉树，包括寻找和挖掘了30多个1920年之前的红杉伐木场遗址，以及搜集红杉艺术品并分类等。我还建立了世界上规模最大、不隶属于任何机构的森林历史图书馆，馆内藏书超过3000册。但你永远不能说服我为政府工作。把这些作为爱好没问题，但要把本职工作和纯粹为了乐趣而做的工作区分开，这一点很重要。

资本市场很有趣，但与它们打交道也是我的本职工作。我希望本书能让你获益，也希望你喜欢本书，能从中得到启迪。我开始为《福布斯》撰写专栏时，时任《福布斯》编辑兼美国商业新闻界领军人物的吉姆·迈克尔斯（Jim Michaels）就告诉我，专栏文章要具备这三个特点：娱乐性、教育性和盈利性。它们都是非常好的人生目标。但是，尽管乐趣无穷，但研究市场的工作仍然是很繁重的，看到本书中呈现的大量数据和分析你就能明白这一点。本书为你提供了工具，你可以利用它们掌握更多的知识，但你自己必须努力，毕竟很多事情别人无法代劳。

在我完成学业的时候，我已经对自由市场着迷了。从学校毕业后，我开始为我父亲工作，我从他身上学到了能学到的一切，并且意识到我不是出色的员工后，我选择了离开。当时的我年少无知，没有意识到以当时的资历无法取得成功，但也正因为如此，我才取得了成功。在此后40多年的时光里，我与TGH进行了无数次的交锋，现在我仍然在与它打交道。为什么我能在如此漫长的时间里经受住TGH的折磨呢？当我可以安享退休生活，研究研究红杉树，侍弄侍弄小猫，陪伴妻子时，为什么还要继续工作，处理尘世中所有无聊的事情呢？为什么我几十年来一直在《福布斯》专栏中公开作出预测，任由读者证明我的对错呢？为什么我要做这些？

变革主义

因为只有这样我才有机会一直发现新事物，做新事情。生活在这个时代，最重要的是具备尝试新事物的能力。在第五章和第九章，我详细介绍过我的祖父。他在1958年去世之前，已经看到了许多惊人的变化，包括汽车、广播、电影、抗生素、飞机等。他坐在客厅里能看到总统在一个"木盒子"里对着他讲话。1880年时他5岁，如果当时他向他的祖父描述他在1958年看到的情形，我的曾曾祖父艾萨克·费雪（Isaac Fisher）会以为我祖父疯了，他会质问他的儿子菲利普·艾萨克·费雪（Philip Isaac Fisher）："菲利普，你做了什么，让我的孙子变得疯疯癫癫的？"

但艾萨克想错了。我祖父这一代人在日常生活中看到的变化要比之前或之后的任何一代人都多。他们身处新事物涌现的转折点，即常被美国人低估的非线性爆发点，也就是我们所说的"美国工业革命"时期。这是有史以来最强大的精神力量得以释放的时期。在祖父那一代人之前，每一代人的生活都基本相同。他们可能会迁徙，可能会交战，可能从事不同的职业，但在我祖父出生之前，人们的基本生活变化非常非常缓慢。

我父亲出生于1907年，他也看到了巨大的变化，从绝对数量来看，他看到的变化比祖父看到的多，但从相对数量来看，祖父看到的更多。父亲在2004年去世之前看到了喷气式飞机、集成电路和生物技术的出现。我这一代人见证了巨大的变化，而且将继续见证巨大的变化，但从相对数量来讲，我看到的变化要比我父亲和祖父看到的少。我的三个儿子中，最小的也有30多岁了，他们认为变化很正常。没错，现在看到变化很正常，但从漫长的人类历史来看，变化仍然是新现象。每个人现在都能参与到改变世界的洪流中，就像我的祖父在霍普金斯医学院做开创性的事情和我的父亲在成长型股票投资领域完成开创性研究一样。几个世纪以前，除了像艾萨克·牛顿（Isaac Newton）这样的怪才之外，其他人不会做这样的事情，但现在普通人也有这样的能力了。我们生活在特殊的时代，如果我们愿意，我们可以参与开发之前没有的新事物，在我们后代的眼里，这些新事物会变得很普通。

我称这一过程为变革。现在普通人都可以利用自己开发的事物改变周围的世界。牛顿是早期的变革主义者，工业革命使全球涌现出了很多变革主义者，他们有无限的想象力，能够理解高深莫测的事物。

这样的人主要是科学家和资本家。朱利叶斯·罗森瓦尔德（Julius Rosenwald）创立了西尔斯·罗伯克公司（Sears, Roebuck and Co.），改变了人们对一个世纪以来零售业的看法，他是变革主义者；卡内基、福特也是变革主义者。撰写了《国富论》的亚当·斯密是变革主义者，但其他多数作者不是，他们只是渐进主义者。爱因斯坦当然是变革主义者，而且科学领域里有很多变革主义者，有的名闻天下，有的默默无闻。近来，鲍勃·诺伊斯（Bob Noyce）和戈登·摩尔（Gordon Moore）结合科学专业背景与商业敏锐度，共同创立了英特尔，改变了世界；比尔·盖茨是变革主义者，他改变了小企业与大企业的竞争环境；查克·施瓦布（Chuck Schwab）也是变革主义者。变革主义者的名单很长，甚至无法列尽。但是，你不一定要产生巨大的影响力才能成为一名变革主义者，你只需要改变你周围的世界，让其他人能通过你提出的新科学、新知识、新技术或新视角看到与之前不同的世界即可。

每一位变革主义者都会彻底改变我们的生活方式，有时候因为我们看不到，所以意识不到。我资助红杉森林生态学的肯尼思·L.费雪（Kenneth L. Fisher）讲座，部分是因为我热爱红杉树，但也因为这一讲座最初的负责人史蒂夫·西列特（Steve Sillett）是一位变革主义者，他正在迅速地改变我们对红杉树的认识。对于那些之前从未解决的问题，他总是创意无限。他正在改变我们对红杉树以及大型树木的探索方法。如果没有他这样的变革主义者，我就不会提供资助。

本书中介绍的三个问题就是专门为此设计的，因此你可以利用它挖掘自己的潜能，成长为一名变革主义者。

　　我在设计市销率方法时就是这么做的。早期对小市值价值股进行研究时，我向机构投资界证明了将方差和协方差融入传统的金融学理论（马科维茨的均值方差优化框架）是非常适合的，此时的我正在努力成长为一名变革主义者。我不是牛顿，也不是鲍勃·诺伊斯，无论如何我都称不上天才，但我可以提出问题，你也可以，而且你可能天赋异禀，能理解我从未理解的事情，将来能成为一名伟大的变革主义者。

　　我始终在做同一类事情，因为在人类进化的现阶段，最令人兴奋、最有趣的事情就是开发新事物，揭穿过去流行的神话。我们肯定会犯错误，但我们肯定会取得进步。你可能做得跟我一样好，或者比我更好。如果你还年轻，那么来日方长，你一定大有可为。我知道很多人难有成果是因为他们不想这样做，但是，如果少数年轻人理解了变革的真谛，愿意提出问题，希望变革金融和市场理论，那么，他们必定会对未来产生巨大的影响。

　　这些年我之所以能不断前行，是因为我每天都在改变我周围的小世界，也许在未来，我会运用三个问题，尤其是第二个问题获得令人震惊的新发现，相信你也会。

　　理财是很有意义的服务性工作，但很多人都做不好这项工作，因此在这一行里做出成绩至关重要。但我不会像100年前霍普金斯医学院的毕业生们那样救死扶伤，也不会成为资本主义版的特蕾莎修女。许多客户都因我们公司提供的服务维持了幸福的生活，我为能提供这样的服务深感荣幸。但是，即使没有我，我的公司也能提供同样的服务。我退休时，公司的运行机制不会改变，我们有能力确保这一点。我之所以一大把年纪了还在继续工作，是因为我想享受新发现、新挑战带来的乐趣。

　　你买入的股票不知道你是黑人还是白人，是男性还是女性，是年老还是年轻，是美国人还是法国人。价格由供求关系而非其他因素决定。股市具有全球性、高效性、易波动的特点，总是会出现令人震惊的变化。从很多方面来看，我与TGH之间存在强烈的爱恨交织关系。

通过本书我想向你传达的信息是：股市无法被预测，但可以被击败。你现在应该怎么办呢？我希望你能快速地掌握本书的内容，正如我反复提及的那样，除非你掌握独家信息，否则你无法在市场下注并长期获利。我不是在分享我知道的一些分析技巧，而是在向你展示如何在市场中运用科学的方法。我展示的方法总有一天会失效，或迟或早，然而，你总是可以运用本书介绍的三个问题。唯一能助你击败市场的是创新。据我所知，尽管有很多图书介绍了投资工具，就像我在自己出版的第一本书（1984年版）中展示了PSR这一创新一样，但至今我没有发现一本书是教你如何独立进行投资创新的。

这正是本书的目的所在，你可能认为我说的都不对，或者部分内容不对，这很好，我接受你的反驳，但我不希望你只认为我不对，却不证明我错在哪里。如果你不相信我写的内容，你至少要利用书中提供的方法论证我的错误。请你写信给我，让我看看R^2，指明我的认知错误，科学地理解我未能理解的方面。信中要提供能证明我错误的确凿证据，不要只是在信中骂我是白痴，我不会读这样的来信，你怎么想不关我的事。我诚心邀请你对本书中的所有内容提出质疑，搜集资料，整理分析，利用不同长度时间段的数据进行验证。运用国外的数据核验你的结论，确保它们没有受到偶然因素的影响。向我展示数据和分析过程，证明我哪里有错。

不要只说我错了，却不证明我错在哪里，这样做对你没有任何好处，只会浪费你的时间。如果你认为我错了，并且可以提供令人信服的数据，那么你的做法不会伤害任何人。相反，由于你发现或证实了一个事实，你做了于人于己皆有利的事情。你也会发现，人人都知道、都信以为真的结论并不都是正确的，因此，若你能证明我哪里错了，我会虚心接受。在此过程中，说不定你能发现与TGH交锋的新方法，果真如此的话，我要向你致敬。即使你证明我错了，这也说明本书介绍的探究方法是有效的，这不是从另一个角度证明了我仍是正确的吗？这不是皆大欢喜的结果吗？

THE ONLY THREE
QUESTIONS
THAT STILL COUNT

附录 A

因果关系和相关系数

运用三个问题时，你需要运用一些非常基础的统计学知识。掌握这些知识一点都不难，下面我们将进行介绍。你可以使用相关系数和拟合系数R^2创造奇迹，利用这两个分析工具，你可以令人信服地证明两个变量之间的关系。方法很简单，只要你能上网、会使用Excel软件就可以。

首先，我们搜集一些数据进行比较。为简单起见，我们研究一只股票在10天之内与市场的相关性（10天的期限太短，运用10天的数据无法完成可靠的分析，仅能提供一些参考）。

第一步：

登录雅虎财经频道网站（http://finance.yahoo.com）。

如果你精通网络搜索，你可选择自己喜欢的任何网站搜索数据。你要知道如何下载数据，如何将数据复制粘贴到Excel表格中。

- 在页面顶部找到指向标准普尔500指数的链接，点击。

- 在页面左侧找到"历史价格"选项，点击。

- 点击"每日价格"选项，选择较短的时间范围（根据你的个人喜好选择，但要注意，第二步中选择的时间范围要与这里的相同。我选择的时间范围是2006年1月1日—2006年1月10日），然后单击"获取价格"，之后选择"下载到电子表格"。

- 你将得到一张Excel表格，其中包含你选定的时间范围内的指数数据。
- 将日期（Date）和"调整后收盘价"（Adjusted Close）两列的数据复制并粘贴到新的Excel表格中，暂时不考虑其他数据。注意：由于周末和节假日休市，一些日期没有相应的数据（你需要的是"调整后收盘价"，即根据股票分割和股息情况调整后的收盘价）。

第二步：

再次返回雅虎财经网站，获取单只股票的报价。我选择的是通用电气的股票，因为它是非常基础的股票。弹出单只股票的页面后，单击价格图表并按之前的步骤获取股票的历史价格数据。将这些数据粘贴到Excel表格中标准普尔500指数数据的旁边。现在，你的电子表格看起来是这样的：

	A	B	C	D
	J8	fx		
1				
2	日期	调整后收盘价	调整后收盘价	
3		标准普尔500指数	通用电气	
4	2006年1月10日	1289.69	34.67	
5	2006年1月9日	1290.15	34.86	
6	2006年1月6日	1285.45	34.94	
7	2006年1月5日	1273.48	34.71	
8	2006年1月4日	1273.46	34.80	
9	2006年1月3日	1268.80	34.85	
10				

不算太难，对吧！

第三步：

看到下面的公式别紧张，你不需要计算它，列出它只是为了说明相关系数是如何计算的。

$$P_{xy} = \frac{Cov(r_x, r_y)}{\sigma_x \sigma_y}$$

如果你已经有6个多月没上过统计课了，那么你就别费心思考虑这个公式是怎么推导得来的了，你还是打开Excel电子表格，点击公式，进入"插入公式"菜单，选择"函数"（Function），再选择"统计"（Statistical）类别，滚动鼠标，往下查找，选择"系数"（CORREL）一项，Excel会自动计算出相关系数（真得谢谢Excel软件）。

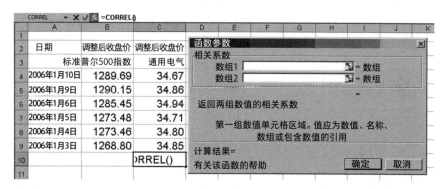

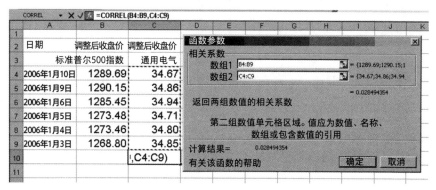

	日期	调整后收盘价	调整后收盘价	
		标准普尔500指数	通用电气	
4	2006年1月10日	1289.69	34.67	
5	2006年1月9日	1290.15	34.86	
6	2006年1月6日	1285.45	34.94	
7	2006年1月5日	1273.48	34.71	
8	2006年1月4日	1273.46	34.80	
9	2006年1月3日	1268.80	34.85	
10			0.028494	

Excel程序向导要求你提供两个"数组",也就是你的数据列。单击每个数组框,拖动和突出显示每一数据列。你可能需要尝试几次。

输入数组数据后,点击"确定",相关系数就显示出来了,不需要复杂的数学计算或公式推导。

相关系数表示的是,在你选定的时间范围内(可能很短),通用电气股票的走势与标准普尔500指数的走势有多相近;系数值接近于1表示二者是正相关关系(即走势相同),系数值接近于-1表示二者是负相关关系(即走势相反);系数值接近于0表示二者没什么关系。记住,考察的时间范围较短时,结论根本不可靠。

第四步:

你还需要做一些事情,它们听起来很难但实际上非常简单。为了解两个变量的相关性,你必须进行回归分析,并计算出拟合优度系数R^2,计算方法很简单。

只需要计算出相关系数的平方即可(这就是为什么它被称为R^2的原因)。如果相关系数是0.5,那么R2就为0.25($0.5 \times 0.5 = 0.25$);如果相关系数是0.85,那么R2就为0.7225。

R2表示的是,一个变量的变化在多大程度上由另一个变量引起(或可归咎于另一个变量)。R2为0.7225表示,一个变量的72.25%的变化是由另一个变量引起的(这是一个令人印象深刻的发现)。

现在你可以用相关系数来揭穿本身就不存在的因果关系并发现更多的独家信息了。

附录 B

无参考价值的新闻

以下内容引自我1998年7月6日的《福布斯》专栏文章①。

读者尼尔·贝尔在发来的电子邮件中说，他对我"不太关注2000年的问题颇感困惑"。我回信说，我在1995年3月13日的专栏文章中谈及过相关问题。他回复我说，我应该查阅几个详细讨论"千年虫"问题的网站，以便了解这个问题有多严重。

我照他的建议做了，我得出的结论是：对"千年虫"问题的普遍担忧不会严重损害股市，不会给人们带来极大的不便。

我对这个问题的看法很简单：人们应该关注媒体消息，哪怕只是为了从相反的角度考虑问题。如果多个网站详细论述了某一主题，那么要么这些论述是错误的，要么它们已经被市场消化了。关于市场的一个最基本的事实是，市场（巨大的羞辱者）是所有已知信息的打折地。当你确信所有已知的信息是错的，或者信息已经被市场消化时，你就能取得成功。对于这些消息，你听听就算了，不要试图靠它们挣钱，除非你反向操作。

有关"千年虫"的信息铺天盖地，就连美国证券交易委员会也表达了对"千年虫"问题的担忧，因此，你没必要再为它操心了，这只不过是TGH玩的小伎俩而已，就跟人人都担心高市盈率一样。在市场上，能影响

---

① 资料来源：1998年7月6日《福布斯》，经《福布斯》杂志许可转载。版权为《福布斯》杂志所有。

你的往往是你看不到或不知道的东西，因为只有意料之外的事情能推动市场发生变化。在这个互联互通的世界里，网络上传播的任何信息都不会让人感到太意外。就高市盈率股票而言，最出人意料的是利空消息，而非利好消息，因为利好消息的价值已经体现在价格中了。在我26年的职业生涯中，在我撰写这一专栏的15年中，这一规律从未失效过：显而易见的事件不会引起市场的变化，意料之外的事件才会。

1995年时我写道："如果你在媒体上多次读到或听到与一些投资理念或重大事件有关的信息，那么它们就不会有什么效果了。等到媒体评论员思考或写出来的时候，它们早变成旧闻了。"

本着这样的精神，我要对你说："别把'千年虫'问题放心上！"

THE ONLY THREE
QUESTIONS
THAT STILL COUNT

附录 C

大傻瓜

以下内容源自我1999年10月18日的《福布斯》专栏文章①。

1942年发生的事情对我们判断年底的股市行情有什么借鉴吗？首先，"千年虫"不会危害股市，它甚至可能推动股市回升。

1942年发生的事情与"千年虫"有什么关系呢？1942年发生的事情显示了市场的运行机制，在这样的机制中，"千年虫"不会引发灾难。那些仍然认为"千年虫"会危害市场的人不了解市场，你不必在意他们的看法。

这里有两个规律在起作用：首先，不管事件是否已经人尽皆知，市场会不断变化；其次，认为事件会推动价格上涨并坐等这一结果的人通常会被套牢，损失惨重。

1999年的"千年虫"和1942年的阿道夫·希特勒，哪个危害更大？然而，在人们对战争结果一无所知的1942年，标准普尔500指数上涨了20%，1943年上涨了26%以上，1944年上涨了20%以上，1945年上涨了36%，并于1946年达到了顶峰。最后一年（1946年），很多人预计股市下跌，纷纷卖出股票套现，但股市没有下跌，于是人们又纷纷买入股票，这推动了股市进一步上涨。

市场如何在确切的消息出现很久之前（1942年和1943年）就实现了上

① 资料来源：1999年10月18日《福布斯》，经《福布斯》杂志许可转载。版权为《福布斯》杂志所有。

涨呢？因为它是市场。市场在战争或衰退或其他不利的情形开始出现之前就已经下跌了。通常情况下，它们的战线拉得很长。在利好消息出现很久之前它们就上涨了，所以才有这么一句老话："市场知晓一切。"市场也是所有已知信息的"打折地"。这意味着我们知道、担忧和谈论的一切事情都已被市场定价了。

导致市场变化的是我们不知道、不担忧和不谈论的事情。这并不是说人们永远不会觉察到这些事情，恰恰相反，是人们对它们视而不见。

例如，1996年，外国资金大量涌入美国，推动美国股市大涨，进入了牛市阶段。我在1997年提出了不明资金大量涌入的问题，但很少有人注意这一点（请参阅我1997年10月20日和1999年3月22日的专栏文章）。

"千年虫"是现代历史上被宣传得最广泛的"灾难"。有关它的信息可谓铺天盖地，恐怕只有亚马逊上游盆地的原住民不知道它了。我甚至不用介绍"千年虫"的确切含义，你就知道我说什么了。

我在1998年7月6日的专栏文章中详细介绍了"千年虫"不会危害股市的原因，但现在，随着12月31日越来越临近，我要进一步做出这样的论断：对"千年虫"的另一波恐慌会推动股市上涨。

很多投资者都非常了解股市的运作规律，他们知道年底前会出现一波买入热潮。在接下来的几周内，他们会感觉到"千年虫"问题已经没什么杀伤力了，到了年底，那些持谨慎态度的投资者也不会再畏首畏尾了。这些精明的人会戏要那些担忧"千年虫"问题的人，会在年底前把资金投入股市。我并不确定股市短期内的走向，但是，与其他可能性相比，股市更有可能在年底前出现大涨。

因此，我仍然会把100%的资金投入股市，用67%的资金买入美国规模最大的25只股票，用其余33%的资金买入欧洲大陆和日本的大市值股票。

T HE ONLY THREE
QUESTIONS
THAT STILL COUNT

附录 D

我讨厌基金

以下内容源自我2001年8月20日的《福布斯》专栏文章[①]。

关于共同基金，我想告诉你的是：我讨厌基金。你们当中的大多数人也应该如此。《福布斯》杂志的普通订阅用户（最新数据显示，其净资产高达210万美元）都非常富裕，不太适合购买基金。基金从来都不适合你，它们适合资金额较少但寻求多元化投资的人。但投资基金是有代价的，而且代价巨大。

数年来，我一直建议投资者在全球范围内投资，但现在我不会这么做了（例如，参阅我2000年11月27日的专栏文章），因为对外国和全球股市投资的成本太高了。

全球无佣金基金的年均费用率为1.8%，包括投资组合管理费和间接费用。最重要的是软美元（soft-dollar）费用，它是一种交易佣金，即超出正常竞争性费率的部分，支付给研究基金的经纪商。基金客户承担的软美元平均成本为年资产的0.3%。这是经纪商对客户的敲诈，但它却是合法的。这笔费用本应该由基金公司出。

可选择的基金过多时，人们会大惑不解，难以选择，此时他们需要向其他人或机构求教，因此会支付1%的费用。将这三种费用相加后可知，

投资者每年为全球性股票投资组合支付的费用高达3%。要想获利，投资者得具有非凡的本事。如果从长期来看，股票上涨了10%，通货膨胀率为3%，那么你的实际收益率为7%。3%的费用会蚕食掉近一半的收益。最终，你承担了类似股票的风险，却获得了类似债券的收益。这岂不是傻子般的操作？

接下来谈谈基金的业绩。人人都知道，普通的共同基金跟不上市场的步伐，但他们不明白原因是什么。这与选股无关，而与基金的结构有关。下面谈谈原因。

基金结构往往偏重小公司，大公司的比重较小。这么做的原因有很多，其中一个重要的原因是，如果投资组合经理只持有通用电气和埃克森美孚这样的大公司股票，那么他们很难证明获得丰厚的资金管理费用的合理性。因此，在过去的10年里，当基金中的大公司股跑赢小公司股时，基金业绩不如由大市值股构成的标准普尔500指数。

你可以量化二者间的差异。投资组合有所谓的加权平均市值，一只基金将80%的资金投给了一只市值达100亿美元的股票，将20%的资金投给了一只市值为1000亿美元的股票，那么这只基金的加权平均市值为280亿美元。对于追踪标准普尔500指数的指数基金而言，其加权平均市值为1100亿美元，而普通的美国股票基金的加权市值仅为240亿美元。

对于一只主动管理型基金而言，其加权平均市值要达到1100亿美元要面临很多限制。目前，仅仅有15家公司具有这么高的市值，而基金成分股的数量远远超过15只。

若小市值股跑赢大市值股呢？基金业绩仍然不如股票，至少主动管理型基金是如此。小市值股票（即市值低于50亿美元的公司股票）的价格往往比较低，而且其买卖价差比较高。如果一只基金以20美元的价格买入一只股票，以20.5美元的价格卖出，那么它会损失2.5%的交易成本，这与支付3%的费用一样糟糕。

所以我不喜欢基金。主动交易型基金成本非常高，被动指数基金要便宜得多。当然，标准普尔500指数基金能很好地跟踪该指数，但我也不喜欢它们，为什么?因为要纳税，投资基金没有节税优势，只有劣势。

喜欢基金的人，包括《福布斯》杂志的编辑，常常说指数型基金的税负小。事实上，他们还没有养成将应纳资本收益税加到投资者身上的习惯，由于他们在过去的10年里总是能获得新收益，因此他们的投资还算很成功。到了大规模清偿的时候，指数基金不得不出售低成本的股票，税负会不可避免地转嫁到投资者身上。还要注意的是，即使是节税型基金也无法将资本损失转移给投资者。如果要用资本损失抵消节省下来的税费，那还不如直接持有股票。

对于资金额超过35万美元的人（大多数都是《福布斯》的读者）来说，投资股票比投资基金更划算。遵照专栏的建议，我再多说两句。股票投资是全球性的，根据《福布斯》的测算，扣除1%的经纪费用后，股票收益连续多年超过了MSCI世界指数、MSCI欧澳远东指数和标准普尔500指数，而且投资股票几乎没什么成本。今年如何呢？我全年都想持有现金。当行情好转时，我会推荐投资股票，而不是基金。

附录 E

年化平均值

我们经常提到"年化收益率"和"年化平均值"，那么，什么是年化平均值呢？它与普通的平均值有什么区别吗？

当然有！

普通的平均值，或者统计学教授口中的算术平均值，与年化平均值（被称为几何平均值或平均值）不同。两种均值都有各自的用途，但谈到收益时，我们总是使用年化平均值，为什么呢？因为算术平均值并不能反映投资收益的实际状况。

为了说明问题，我们假设指数的涨跌幅度极大。在第一年，指数上涨了75%；第二年，指数下跌了40%；第三年，它又上涨了60%。算术平均值的计算公式是：[75% + (−40)% + 60%]/3，即平均收益率为31.7%。

但年化平均值（名字听起来好笑，但计算并不难）的计算方法是，将各年的收益率加1，然后相乘，之后开n次方根，n为年数，这里是3。将得到的数值减去1，即获得年化平均值，本例中为18.88%。你可以用Excel软件完成整个计算过程，如下图：

Arial		10		**B**	*I*	<u>U</u>					$

	B2	▼	f_x	=(1.75*0.6*1.6)^(1/3)-1	

	A	B	C	D	E	F
1						
2		0.188784				
3						
4						
5						

本例的计算公式为：

$$\sqrt[3]{(1+0.75) \times (1-0.4) \times (1+0.6)} - 1$$

两个均值的差异很大，为什么会这样呢？算术平均值为31.7%，年化平均值为18.88%。从技术层面看，它们都是正确的，但年化平均值要比算术平均值更有用、更契合实际。

如果你在第一年年初花10000美元购买了指数基金，那么你在第三年年末可获得16800美元，这一点无可争议。但如果有人告诉你，该指数三年中每年的平均收益率为31.7%，那么你会期待在第三年年末得到22843.22美元。另外的那6000美元去哪里了呢？你没有任何损失，18.88%的年化收益率更好地体现了你资产的变化情况。现在就算一算，投资10000美元，按每年18.88%的复合收益率计算，三年后你会得到16800美元。

为什么要注意二者间的差别呢？因为你只有学会正确地计算投资组合的收益，才能做出正确的判断。假设有人向你兜售共同基金，他说该基金10年来的平均收益率为19%，基准的平均收益率仅为10%。他说的基金的平均收益率可能是有偏差的算术平均值，而基准的收益率可能是年化平均值。基金收益率在一两年内大幅偏离正常水平可能导致了较高的算术平均值，而其年化收益率可能要低得多。因此，要三思而后行，要向兜售的人询问基金的年化收益率是多少。

THE ONLY THREE
QUESTIONS
THAT STILL COUNT

附录 F

《奥兹国历险记》（*The Wizard of Oz*）和一盎司黄金

《奥兹国历险记》一书于1900年出版，后来被拍成了电影。在朱迪·加兰德（Judy Garland）、雷·博尔格（Ray Bolger）和伯特·拉尔（Bert Lahr）等明星的演绎下，它成为了不朽的传世经典。但你知道李·法兰克·鲍姆（L.Frank Baum）在最初动笔时，并不打算把它写成一个奇妙的儿童故事吗？他本来想写一部语言犀利的政治讽刺小说和货币寓言故事，以反映19世纪90年代的经济争论和政治人物。

　　不要试图解读电影的言外之意，1939年拍摄的电影原本就是为了促使人们在黑暗中看到光明。事实上，1900年读过原著的人都清楚多萝西（Dorothy）脚上穿的银鞋子的深层次含义。看到"Oz"这两个字母时，你也会马上联想到一盎司黄金，这正是鲍姆的本意。

　　19世纪90年代和20世纪初，支持金本位的人和反对金本位、支持双金属甚至银本位的人展开了激烈的争论。美国于1879年恢复金本位后出现了严重的通货紧缩，全国的物价和工资水平皆有下降。加上内外政策接连失误，美国于1893年出现了大恐慌，并引发了全球性的经济萧条。尽管这不是美国最严重的经济萧条，但其影响深远。我们知道，各种因素交织在一起导致了美国的经济萧条，而且美国的经济困境是全球经济趋势的反映，但人们认为，金本位制难辞其咎。

　　那时候，取消铸银限制的呼声突然高涨起来。威廉·詹宁斯·布赖恩就是"解放白银"运动的领军和核心人物。批评者认为，取消对铸银的限制必然会导致通货膨胀，但支持者认为适度的通货膨胀是合理的。在大众媒体上，两个阵营的人争论得不可开交。一方代表普通老百姓（银本位和通货膨胀对他们有利）的利益，另一方代表与政治人物关系密切的东岸银行家（维持现状对他们有利）的利益。顺便提一句，"普通老百姓"和"大企业"的故事今天仍在上演，有些事情永远不会改变，这还挺有趣的！

正是在这样的背景下，鲍姆精心构思了他的故事，表达了对"解放白银"运动的支持以及对格罗弗·克利夫兰（Grover Cleveland）、威廉·麦金莱（William McKinley）和其他拥护金本位制的政客的厌恶。世纪之交的观众都熟悉他故事中的人物原型。

故事的主人公多萝西来自贫瘠的堪萨斯州（民粹主义运动的发源地），她虽出身贫寒，却非常勇敢，是普通老百姓的代表。她天真、善良、年轻、充满活力和希望，这是许多美国人具有的特点。奥兹城代表美国，尤其是东海岸和曼哈顿，是一片金灿灿、实行金本位制的土地。当然，那里还有黄色的砖石路！黄色就代表黄金。

东方女巫是前民主党总统格罗弗·克利夫兰，在民粹主义者看来，他是个恶棍，因为他于1892年当选为总统［请记住，这是他第二次当总统，1885—1889年，他也是总统，1888年他输给了本杰明·哈里森（Benjamin Harrison）］，而且1893年金融恐慌爆发时，他是时任总统。他被视为恶棍的另一个原因是，他是支持金本位制的民主党成员，在民粹主义者眼中，民主党人应该反对共和党人支持的金本位制。如克利夫兰在政治上遭遇惨败一样，龙卷风（解放白银运动）把多萝西家的房子吹到了东方女巫身上，巫师被砸死，只留下了一双珍贵的银鞋。芒奇金人（Munchkins）居住在奥兹国东部的郊区，他们不了解这双鞋的威力，他们甚至在地图上找不到堪萨斯城，因此派多萝西去找奥兹国魔法师。

　　稻草人是第一个加入多萝西队伍的人，他代表的是被轻视的美国西部农民，但实际上他很精明。他对有关银的争论一无所知，奥兹国人认为他脑子太简单了，无法理解这么复杂的话题，至少在多萝西和她的银鞋解救了他之前，他就是这样的状态。接下来加入的是铁皮人。残忍的东部利益集团采用了机械化的生产方式，并偷走了他的机能，即他的心脏。与19世纪90年代的许多人一样，这个曾经快活而且精力充沛的劳动者失业了（生锈且无法举起斧头）。最后加入多萝西队伍的是胆小的狮子，它代表的是威廉·詹宁斯·布赖恩本人，他是1896年和1900年的民主党总统候选人，两次都败给了威廉·麦金莱。

　　表面上看，布赖恩威力十足，但他最终是个失败者，他没有狮子的能力和勇气。随着19世纪90年代后期经济的改善，他的支持者开始出现了分裂。有些支持者认为，他应当关注其他迫在眉睫的政治问题，另一些人则希望他继续在有关白银的争论中担任东部利益集团的旗手。他失去了勇气，缺乏狮子般的雄心。

　　奥兹国魔法师居住的翡翠宫当然指白宫，里面有许多唯命是从的官僚。魔法师似乎很友善，而且想提供帮助，但他却将4个伙伴送到了西方女巫的住地，但女巫对他们并不友好。魔法师实际上指的是马库斯·阿隆佐·汉纳（Marcus Alonzo Hanna），许多人认为他是麦金莱担任总统期间的"幕后推手"。来自俄亥俄州的汉纳是美国历史上权力最大的幕后政客。19世纪90年代，他在很大程度上控制着共和党的政治活动，也在很大程度上控制着总统麦金莱。魔法师的角色没有实际的权力，但会给人造成一种幻觉，这暗指美国的政治完全是幻象。

　　西方的邪恶女巫指的是同样来自俄亥俄州的总统威廉·麦金莱。来自俄亥俄州的人怎么能成为西方的邪恶女巫呢？这很好理解。故事是从鲍姆的视角写的，他认为，一切都被邪恶的纽约银行利益集团控制了，在他看来，纽约哈德逊河（Hudson River）以西的任何地方都属于"西部"。在当时，明尼苏达州和威斯康星州被视为"西北"地区的一部分。这就是为什么西北航空仍以明尼苏达州为基地的原因，其词义发生了变化。我们今天仍称俄亥俄州为中西部地区。相比之下，美国没有"中东部"地区这一说法。

在民粹主义者看来，麦金莱是金本位和征税的坚定支持者，比克利夫兰还要糟糕。（他执政期间，美国吞并了波多黎各、关岛、菲律宾和夏威夷等地，但他的政敌们并没有因此而喜爱他，而是将他视为贪婪的帝国主义者。）这位女巫急切地想在多萝西发现银鞋的威力之前抢走它们，并试图通过层层考验（对前述各地的吞并以及美西战争）分化多萝西和朋友们，削弱他们团结的力量，并杀死她（和白银运动）。南方善良的女巫格林达（Glinda）挥舞着魔杖，帮助多萝西和伙伴们渡过了难关，这反映的是南方人民在民粹主义最终消亡前对它的支持。多萝西最终回到了堪萨斯城，她没有穿着银鞋子。

这个故事饱含政治和货币寓意。会飞的猴子、被囚禁的温基人（在电影中看不到这些情节）、罂粟花田（金黄色），甚至是奥兹魔法师送给英雄们的礼物（例如，送给滴酒不沾的狮子的是液体的"勇气"，布赖恩就是有名的禁酒主义者），观众们都清楚它们的含义。

不相信我的话吗？休·洛克夫（Hugh Rockoff）于1990年发表了一篇精彩的论文，题目是《作为货币寓言的〈绿野仙踪〉》（ *The 'Wizard of Oz' as a Monetary Allegory* ），读者可在网络上或本地的图书馆查阅这篇文章。洛克夫深入研究了有关经济、货币和政治形势的细节以及人物及故事本身。读读这篇文章，然后再重读鲍姆的经典原著，你就会恍然大悟。有时候，即使你最喜欢的童话故事也不像表面上看起来那么简单。

资料来源：休·洛克夫（Hugh Rockoff），《作为货币寓言的〈绿野仙踪〉》《政治经济学杂志》（ *Journal of Political Economy* ），第98卷（1990年8月）：739—760。

T HE ONLY THREE
QUESTIONS
THAT STILL COUNT

附录 G

1980年再审视

以下内容源自我2000年3月6日的《福布斯》专栏文章[①]。

科技股正处于破裂前的最后阶段，今年晚些时候泡沫就会破裂。通常情况下，我不喜欢使用"泡沫"这个词，极端主义者常使用它。但我在19年前看到过类似的泡沫，而且目睹了泡沫的破裂过程。目前的科技股就如同1981年初的石油股。

回想一下，1980年的能源股是多么的势不可当。那时候，通货膨胀率居高不下，物价飞涨，欧佩克成了卡特尔，获取了大量利益，两伊战争爆发。到1980年末，石油价格为33美元1桶，市场普遍预计，4年后石油价格将达到100美元1桶。没有人会想到油价会下降。

这样的事情再次发生了，只不过这次不是油价在4年内增加了两倍，而是网络用户的数量。

还有许多其他令人不安的相似之处。比如，标准普尔500指数的成分股中，科技股的份额从1992年的6%提高到了1999年的30%，当年能源股份额从1972年的7%提高到了1979年的22%，1980年底则提高到了28%。从收益来看，1998年科技股的收益率为44%，1999年的为130%。1979年，能源股的收益率为68%，1980年的为83%。

---

① 资料来源：2000年3月6日《福布斯》，经《福布斯》杂志许可转载。版权为《福布斯》杂志所有。

之后能源股泡沫破裂了。到1981年底，能源股的比例下降为23%，主要发生在下半年。能源股下跌21%，标准普尔500指数下跌4.5%。1982年，能源股又下跌了19%，而标准普尔500指数上涨了21%。自1980年以来，能源股每年的收益率为9%，比标准普尔500指数涵盖的另一个业绩最差的板块低3个点。然而，能源消费量仍在稳定增长。

再来看看美国市值最高的30只股票，它们的市值占美国总市值的36%，恰好有一半是科技股。1980年底，规模最大的30只股票中，有一半是能源股。当然，如果你认为未来对科技股的需求会增加，那么今天这么高的比重就是合理的。但是，如果你认为股票的供给会增加，那么如此高的比重就不合理了。

还有一个令人胆战心惊的相似之处：当年能源股的市净率是标准普尔500指数市净率的2倍，而如今，科技股的市净率是标准普尔500指数市净率的2.5倍。

再看看1980年和现在的首次公开募股情况。1980年是忙碌的一年，能源股的IPO占了20%，这导致美国股市的股票总量增加了2%。1999年，科技股的IPO占了21%，同样使美国股市的股票总量增加了2%。看起来增幅并不大，但事实并非如此。新上市的公司消耗光现金之后就会成为泡沫破裂的导火索。

大多数能源公司首次公开募股是为了开发深奥的能源技术或者在奇特的地方开采石油。它们无法像埃克森美孚这类巨头那样开采、提炼和销售石油，它们的规模也不大：1980年的50大能源股中，没有一只是1979年或1980年的IPO，这些股票大多崩盘了。但现在，50只规模最大的高科技股中，有11只是1998年或1999年的IPO，这意味着，当这些股票崩盘时，股市受到的影响会更大。

大多数新成立的公司在本领域都显得比较弱势，就如同1980年的能源领域一样。哪家公司的互联网销售额最高呢？ 是亚马逊吗？ 不是，是英特尔。英特尔向其客户出售芯片，1999年的销售额高于其他互联网公司销售额的总和。联邦快递（Federal Express）的线上业务比美国在线（America Online）的多很多，比雅虎的多出了17倍。

大多数网络企业股票都是战略不明确的营销公司，大多数网络供应商都没有实际的销售利润，这些都可能导致灾难发生，可能今年晚些时候就会爆发。

与1980年能源企业的IPO一样，这些新科技公司为了吸引公众的关注疯狂地烧钱。与20年前一样，今年晚些时候将有数十家公司的现金耗尽，现在已经有140家公司无法满足12个月的现金需求了。到那时，人们会担心下一个资金耗尽的将是哪一家公司，这会导致许多资金状况良好的公司受牵连，它们的股票会下跌。对科技股的抛售会愈演愈烈，甚至连最坚挺的科技股也难逃厄运。

我不知道哪只股票会率先崩盘。一些公司坚持的时间可能长一些，但商业模式不可靠的一大批公司的股票可能会率先暴跌。这样的情形不会马上发生，但2000年下半年很危险。

上个月，我预测2000年标准普尔500指数会与上一年持平，科技股会下跌15%，现在我仍然坚持这一预测。现在你应该减持技术股，只保留规模最大、表现最稳定的公司的股票。今年应该投资外国股票、降低对美国股市的预期。

附录 H

流行但有缺陷的方法

许多流行的投资方法既存在缺陷，又代价高昂，它们之所以能长期流行，是因为它们迎合了我们盲目的大脑。我们感觉它们是正确的，但又不知道该如何深入思考它们。几十年前，经纪行业为了增加交易量，从而增加交易费用，大肆推广了一些投资方法（如止损或者平均成本法）。你可以运用问题一和问题三核验这些方法是否有效，并分析你的大脑是如何被它们诱导的。

止损？恐怕更多的是止利

止损的概念非常吸引人，我们很容易理解这一概念受欢迎的原因。止损意味着设定一定百分比（或金额）的跌幅，当股价达到该水平时，投资者便出售股票，转而投资其他产品。例如，你一直把止损率设为15%，那么你永远不会持有跌幅超过15%的股票。你不会遭受严重的损失，不会遭遇安然那样的股票，听起来很不错。你也可以设定其他止损率，比如，10%、20%或12.725%。止损是一种控制机制。

但止损的结果并不能令投资者满意。通常情况下，投资者没有赚到钱，反而亏了钱。他们感觉不错，但实际结果却很糟糕。为什么呢？因为股票不是序列相关的，这意味着股票维持和逆转原来走势的概率各为

50%。有大量的学术研究运用真实的数据证明，历史价格本身对未来的股票走势没有影响。即使股票下跌了一定的幅度，你也不能确定股票接下来会如何变化。

如果股票是序列相关的，那么你只需要像动量投资者那样，遵循抛售下跌股、买入上涨股的原则即可。若从长远来看，股票是序列相关的，那么动量投资者的收益率应该明显高于历史平均水平才对，但事实并非如此。

即使你仍坚持使用止损法（我尽了最大的努力也无法阻止你），你会设置什么样的止损率呢？人们往往喜欢10%和20%这样的整数，运用止损法的人一般不会选择大于20%的数值，因为如果你认为这一水平的止损率有作用，那为什么你要选择30%而不是20%呢？为什么要选择20%而不是15%呢？以此类推，将止损率设置为1%岂不是更好？无论如何，当股票下跌了一定的幅度并触及你的止损率时，股票继续下跌和转而上涨的概率各为50%，就如同你用抛硬币的方法决定交易一样。

如果你为个股设置的止损率为20%，那么当一只股票在暴涨50%之前下跌了22%时你该怎么办？你不仅遭受了20%的损失，你还要支付交易费用，还得另行选股。你能保证买入的下一只股票只涨不跌吗？如果它也下跌了你该怎么办？你可以一直买入下跌20%的股票，直到你赔得精光为止。历史记录显示，没有任何止损率，不管是10%、20%、30%还是53%，能带来高于大盘的收益。

再来看另一种情形。假设艾米（Amy）以50美元的价格买入了一只股票，后来这只股票上涨至100美元。苏（Sue）以100美元的价格也买入了这只股票，但不久后这只股票下跌至80美元，即从高点下跌了20%。此时，他们俩都应该以80美元的价格卖出股票吗？还是只有买入成本较高的苏应该卖出？这里没有正确的答案，因为过去的价格走势并不能预示未来的价格走势。

有人建议以同行业的相似股票弥补卖出股票的空缺。这么做有什么好处呢？当一个板块开始上涨时，板块内的每一只股票都可能会上涨。做出买卖决策时不应该考虑过去的价格走势或目标，而应该考虑股票的前景。

有些人建议运用止损方法时不需要另行购买其他股票，这样投资者就不会受熊市的不利影响了。但在正常的牛市调整期间，投资者使用止损方法时，往往会以较低的价格卖出股票。投资者不应该低吸高抛吗？怎么反过来了？止损的结果纯粹是随机的，换句话说，止损方法没什么用。

唯一能确定的是，运用止损法会增加交易成本。在一个只能产生随机结果的过程中，仅此一项就能使止损法变成致损法。

增加费用、降低收益的平均成本法

大多数投资者都坚信，平均成本法（即在长期内分摊成本）是降低风险、增加收益的好方法。如果你定期增加对401（k）计划或其他退休计划的投资，那么你实际上就是在运用平均成本法。

定期增加对401（k）计划的投资绝对是合理的做法。首先，许多投资者无法从工资中获得一次性投资401（k）计划或其他计划的足够资金，他们只能每月或者以其他频率进行小额投资；其次，许多公司都为员工制定了退休储蓄计划，这些账户里的资金可以无风险地保持增长，我一直喜欢无风险地赚钱；最后，你应当尽可能将所有的资金都用于退休储蓄计划投资。除了这些外，其他任何形式的平均成本法都是成本高昂的。

然而，平均成本法具有直观的吸引力。投资者可能担心他们在高点买入股票，将成本分摊于较长的时期能够降低高价买入股票的风险。当你以高价买入股票时，你会后悔不已。人们都讨厌这种情形。

但很少有人想到，当你分散投资时，你支付给经纪人的总佣金会明显增加，在其他条件相同的情况下，如果你没有获得更高的收益，那么增加的交易费用会让你得不偿失。

然而，历史数据显示，平均成本法确实增大了投资组合的风险，减少了投资组合的收益。布法罗大学（University at Buffalo, SUNY）的迈克尔·罗泽夫（Michael Rozeff）于1990年完成了一项研究，他在研究中比较了运用平均成本法进行投资和一次性总投资的效果。

他以标准普尔500指数作为投资对象，对比了1926年至1990年间一次性总投资和每个月分散投资的年收益率。结果显示：在约2/3的时间里，一次性投资的收益率高于分散投资，而且一次性投资收益率的变化幅度也比较小。更重要的是，在整个期间，一次性投资的年均收益率比分散投资高出1.1%。就小型股票投资组合而言，一次性投资方式的优势更为明显，其年均收益率比分散投资的高出了3.9%。[①]

我的公司近年来完成的研究也得出了类似的结论（我在2010年出版的《揭穿投资神话》一书中讨论过这个问题）。总体来看，一次性投资方法要比分散性投资更划算，因为未来股市更有可能上涨。虽然股市不一定总是上涨，但足以证明使用平均成本法是不合理的。

确认平均成本法的缺陷并不需要多复杂的数学计算和分析，而且我们的结论是令人信服的。可以运用问题三分析平均成本法神话依然存在的原因，即人们对经济损失的痛苦程度是他们获得收益的快乐程度的二倍。[②]许多投资者之所以接受有缺陷的平均成本法，是因为它能消除投资者重大失误的可能性，这样的错误会导致大量懊悔的累积，可能会使你的配偶把你

---

① 迈克尔·S.罗泽夫，《一次性投资法和平均成本法》（*Lump-Sum Investing Versus Dollar Averaging*），《投资组合管理杂志》（1994年冬），第45—50页。

② 理查德·H.泰勒、丹尼尔·卡尼曼、阿莫斯·特沃斯基和艾伦·施瓦兹，《短视和损失厌恶对承担风险的影响：一个实验》，《经济学季刊》（1997年5月），第647—661页。

视为白痴。人们认为平均成本法能降低风险，因此认为采用这样的方法很明智。历史数据表明，平均成本法实际上增加了风险，降低了未来的收益。从长期来看，无论投资者错失了多么丰厚的收益，他们放弃的收益带给他们的痛苦仅是损失带给他们的痛苦的一半。

简言之，平均成本法的效果与你想象中的不同，可能它只会增加交易费用。不采用这种方法时，即使你觉得自己的决策是错误的，你最终也可能得到更好的结果。此时，你的感觉再次站在了你的对立面，当你自以为击败了TGH时，它正在利用你的错误感觉对付你。

附录 I

有保护的看涨期权，保护了什么

有保护的看涨期权！跟止损一样，看到这个名字，你就会觉得很舒服。但不要被它蒙蔽了双眼！

有保护的看涨期权是把持有股票和卖出看涨期权相结合的方法。运用该方法的思路是，你通过卖出看涨期权立即获得收入，但把风险控制在期权范围以内。当问及一些人喜欢这种方法的原因是什么时，他们通常会说，它很"安全"或者"是获得收入的安全方法"。果真如此的话，谁会不喜欢这种方法呢？但这是事实吗？

要了解事实真相，我们必须先搞清楚什么是有保护的看涨期权。我们把期权执行日期的潜在收益绘制到图中（见图I.1）。与其他所有的期权一样，期权在执行日期可能获得的收益和可能遭受的损失的范围都是已知的。图中x轴表示执行日期的股价，纵轴表示持仓的收益或损失，X点表示期权的成交价。

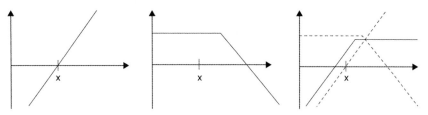

（a）股票S的价值与支付的股息永远相等。S的收益和损失可能无限大，具体看卖出价格。

（b）股价上涨时，看涨期权的收益受所获溢价的限制，损失可能是无限的。

（c）将S与看涨期权相结合后，股票的价值大于X，收益是固定的正数。但当S的价值降为零时，组合依然有损失的可能。

图I.1　运用有保护的看涨期权方法可能获得的收益

从图I.1中可以看出，当股价上涨时（上涨的幅度有限制），有保护的看涨期权的收益是固定的，但当股价下跌时，有保护的看涨期权方法仍是有风险的，因为股票的跌幅可能大于期权的溢价收益。

这样看来，有保护的看涨期权方法就不那么诱人了。事实上，这种方法与裸卖看跌期权方法获得的收益没什么区别（见图I.2）。金融学理论告诉我们，收益相同的两种证券实际上是相同的证券。

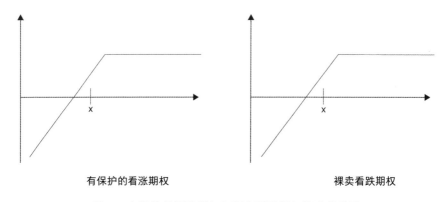

有保护的看涨期权　　　　　　　　　　　　　裸卖看跌期权

图I.2　有保护的看涨期权和裸卖看跌期权策略的差异

许多投资者不愿意运用裸卖看跌期权方法，但他们运用有保护的看涨期权得到的结果与运用裸卖看跌期权得到的结果是一样的。因此，运用有保护的看涨期权也不安全，所谓的安全是投资者凭空想象出来的。

运用裸卖看跌期权和运用有保护的看涨期权的效果是一样的，应对它们一视同仁。这是投资者被表象不同但实质相同的信息所迷惑的范例。在标准的金融学理论中，投资者都是理性的，从来不会被表象所迷惑，但实际上，人们盲目地认为运用有保护的看涨期权安全，运用裸卖看跌期权风险大，这都是被表象迷惑的结果。

因此，当下一次有人建议你投资有保护的看涨期权时，你应当建议他们投资裸卖看跌期权，因为投资它们的效果是完全一样的。